Clases y categorías en la semántica del español y sus interfaces

Beihefte zur Zeitschrift für romanische Philologie

Herausgegeben von
Claudia Polzin-Haumann und Wolfgang Schweickard

Band 432

Clases y categorías en la semántica del español y sus interfaces

---

Editado por
Dolores García Padrón, Héctor Hernández Arocha
y Carsten Sinner

DE GRUYTER

Este libro se publicó gracias al patrocinio económico del programa HISPANEX
del Ministerio de Educación, Cultura y Deporte de España.

ISBN 978-3-11-063362-7
e-ISBN (PDF) 978-3-11-063770-0
e-ISBN (EPUB) 978-3-11-063392-4
ISSN 0084-5396

Library of Congress Control Number: 2019934268

Bibliographic information published by the Deutsche Nationalbibliothek
The Deutsche Nationalbibliothek lists this publication in the Deutsche Nationalbibliografie;
detailed bibliographic data are available on the Internet at http://dnb.dnb.de.

© 2019 Walter de Gruyter GmbH, Berlin/Boston
Typesetting: Integra Software Services Pvt. Ltd.
Printing and binding: CPI books GmbH, Leck

www.degruyter.com

Contenido

Dolores García Padrón, Héctor Hernández Arocha
y Carsten Sinner
Introducción: clases y categorías en la semántica del español

[...]

CRATILO.— ¡Pero qué, Hermógenes!: ¿crees que sea fácil aprender o enseñar cualquiera cosa, sobre todo una de tal importancia, que parece debe ser incluida entre las más graves?
HERMÓGENES.— ¡Por Zeus!, que yo no lo creo. Pero me place aquel dicho de Hesíodo: que añadir un poco a otro poco, no es trabajo perdido. Y así, si eres capaz de dar un poco más de luz a esta discusión, no vaciles, te lo suplico; y haznos esta gracia a Sócrates y a mí.
SÓCRATES.— Y yo, querido Cratilo, no afirmo absolutamente ninguna de las cosas que he expuesto antes; sino que me he limitado a examinar la cuestión con Hermógenes, y a decir buenamente lo que me indicaba mi espíritu. Habla, pues, con resolución, y vive persuadido de que si propones alguna buena idea, estoy dispuesto a recogerla.

[...]

Platón, *Cratilo*, 427d–428a,
Escuela de Filosofía Universidad ARCIS, 47.

Como a Hermógenes en el *Cratilo*, nos place el dicho de Hesíodo, y, en razón de ello, presentamos este volumen monográfico que el lector tiene en sus manos con el deseo de aportar nueva luz al debate en el vasto y transversal campo de las clases y categorías semánticas en la lingüística hispánica. Una ojeada a la situación actual de la reflexión lingüística sobre la significación revela que hoy en día conviven planteamientos lingüísticos muy diversos, que en muchos casos son complementarios; y también que es patente la tendencia creciente a la exploración de ámbitos y disciplinas afines que abren el foco a la comprensión y explicación de múltiples problemas del lenguaje y de las lenguas en general. Lo que se propone en estas páginas es, pues, una mirada crítica sobre modos categorizadores del hecho lingüístico en la tradición lingüística hispánica, concretada en propuestas que van desde las interpretaciones más consensuadas a las más novedosas, desde las más terminológicas a las más conceptuales, desde las perspectivas más teóricas a las más prácticas, desde las más idiomáticas a las más centradas en el uso. Obligado es decir que los diez trabajos reunidos muestran lo más representativo de la diversidad de enfoques y temas del panorama actual; aquí tienen cabida, pues, las principales orientaciones investigadoras: lexemática, idiomática, funcional, cognitiva o formal, todas ellas al servicio de una

Dolores García Padrón, Universidad de La Laguna
Héctor Hernández Arocha, Universität Erfurt
Carsten Sinner, Universität Leipzig

https://doi.org/10.1515/9783110637700-001

adecuada explicación del funcionamiento del plano semántico de la lengua española.

Los tópicos que reciben atención en los distintos capítulos de la monografía son, a grandes rasgos, la gramaticalización, la lexicalización, las clases léxicas, la composicionalidad, la estructura argumental, las equivalencias léxicas, la categoría gramatical nominal, la categoría gramatical verbal, especialmente el aspecto léxico, y las categorías de la lengua y la realidad. Estos temas están dispuestos en la obra en dos partes: en la primera, que lleva por título *Semántica y gramática*, se reúnen las contribuciones de los profesores Bosque, García Padrón/ Wotjak, González Pérez, Hernández Socas y Morera; y en la segunda, titulada *Semántica y cognición*, se encuentran los trabajos de los profesores Cuartero, Dessì Schmid, Haßler/Böhm, Hernández Arocha/Zecua y Morimoto. Esta distribución que se propone está guiada por la conveniencia de presentar en primer lugar los trabajos de orden general y temática variada, y a continuación los que se ciñen a un tema concreto; pero caben otras formas de lectura transversales en función de los intereses del lector, pues no pocos de los aspectos abordados en la primera parte inciden en la cognición o el aspecto léxico y, viceversa, algunos enfoques expuestos en la segunda parte coinciden con ciertas propuestas expresadas en los trabajos de corte gramatical.

Así ordenados, el trabajo *Sobre la naturaleza composicional de las unidades gramaticales* de Ignacio Bosque, de la Universidad Complutense/RAE, abre la primera parte. Tal como expuso en la ponencia de inauguración del VIII Congreso Internacional de Lingüística Hispánica, celebrado en Leipzig en 2016, y se reproduce en este volumen, la noción de composicionalidad lingüística es un pilar de la morfología, la sintaxis y el léxico de las lenguas fundado en un modo general de constitución de cualquier sistema estructurado formalmente, como el de las unidades lingüísticas. En esta ocasión, Bosque, tras destacar la relevancia de esta categoría, en relación estrecha con la creatividad lingüística, separa la composicionalidad interna, menos estudiada, pero cuyo alcance más básico la hace menos compleja, de la externa, para centrarse en los factores que deben ser tenidos en cuenta para la adecuada interpretación semántica de las entidades gramaticales, más allá de la que se deriva del significado de las piezas léxicas. Frente a las nociones de *prototipicidad* y *gradualidad*, que a su juicio resultan limitantes para explicar la información externa a la oración o discursiva que, sin embargo, desempeña un papel crucial en la interpretación, y también frente a la otra estrategia posible, consistente en el establecimiento de clases y subclases de cada una de las nociones complejas, Bosque propone la *granularidad* como recurso de análisis más útil para describir la composicionalidad progresiva del significado de unidades superiores a las léxicas. Al estudiar la composicionalidad externa, reciben atención especial el homomorfismo, la interpretación semántica de los procesos de reanálisis, la infraespecificación de rasgos o la obtención de la referencia de las expresiones definidas.

La naturaleza de la categoría *nombre propio* en las lenguas es la cuestión que se aborda en la contribución de los profesores Dolores García Padrón, de la Universidad de La Laguna, y Gerd Wotjak, de la Universität Leipzig, titulada *¿Podría considerarse que el nombre propio es una categoría semiléxica?* Partiendo de la idea de que el nombre propio *significa* y tratando de encontrar la manera en que su significado y sus variadas funciones discursivas queden deslindadas y explicadas satisfactoriamente, los autores someten a análisis la viabilidad de considerarlo como categoría semiléxica, en tanto que *a priori* estas unidades se dejarían explicar como palabras funcionales con cierto grado de lexicalidad. Junto a ello, los autores reflexionan sobre los procesos de desgramaticalización progresiva del nombre propio, la especialización léxica de los contenidos que este va acumulando en el hablar y la definitiva lexicalización que se produce en el cambio semántico a sustantivo común o apelativo, adjetivo y verbo. Todo ello conduce a una propuesta explicativa del nombre propio como una categoría de naturaleza gramatical que en su semántica interna rechaza asociar contenido léxico-denotativo, que no obstante almacena de modo estable, junto a las connotaciones particularizadas y generalizadas que evoca, en la esfera externa de su contenido. De ahí que se postule la debilidad hermenéutica de considerarlo una categoría semiléxica.

Las nociones de clase y subclase léxica y modo de significar son conceptos que recorren varios trabajos de esta obra. De su categorización semántica en rasgos descriptivos y el traslado de esta información a los repertorios lexicográficos, que por definición disponen de una nómina reducida de marcas para indicarlas, se ocupa la profesora Rosario González Pérez, de la Universidad Autónoma de Madrid, en el capítulo tercero, que lleva por título *La categorización de las subclases léxicas en algunos diccionarios monolingües.* En concreto, estudia los principales diccionarios monolingües generales del español y señala que, en aras de salvaguardar la dimensión descodificadora del diccionario, es preciso que estas obras proporcionen la información suficiente para una interpretación adecuada y plena del comportamiento clasemático de estas unidades. Y a partir de este examen, que se centra especialmente en subclases de las categorías nominal y verbal como los nombres colectivos y algunos tipos aspectuales de verbos, González Pérez explica los heterogéneos procedimientos lexicográficos habituales de marcación de estos contenidos en el enunciado definitorio de ciertas unidades léxicas, esto es, a través de una voz hiperónima, mediante la paráfrasis de semas o recurriendo a esquemas definitorios prototípicos de subconjuntos clasemáticos de unidades, y cómo estos brindan al usuario la información clasemática de las unidades, al tiempo que ponen de manifiesto la interacción entre la clase y el modo de denotar.

Al problema de la equivalencia interlingüística se dedica el trabajo de la profesora Elia Hernández Socas, de la Universität Leipzig. Su contribución, titulada *Desmontando la equivalencia. A propósito de equivalencias interlingüísticas en la semántica de verbos prefijados*, se acerca al problema del significado desde la óptica de la llamada «semántica de dos niveles» y muestra mediante ella los problemas que plantea la noción de equivalencia interlingüística si no se establecen distintas dimensiones de análisis semántico, ya que estas se revelan determinantes para fijar el grado de comparabilidad o equivalencia existente entre los términos de comparación. De este modo, se demuestra que es posible abstraer un significado de naturaleza lingüística o idiomática, que organiza, a su vez, la estructura eventiva de la denotación, por definición cognitiva y referencial. Para definir el concepto de «forma semántica», dimensión clave de un modelo bidimensional, la autora se sirve del cálculo lambda y, en concreto, del desarrollo que este cálculo experimenta en la «semántica de dos niveles», al tiempo que toma las plantillas de infraespecificación del lexicón generativo de Pustejovsky y los marcos semánticos o «fórmulas archisemémicas genéricas» de Wotjak para codificar la «estructura conceptual», como dimensión cognitiva e enciclopédica del significado. Así, la autora pone de relieve las dificultades que plantea el concepto de equivalencia mediante un estudio de caso con verbos de 'construcción' prefijados en español, lenguas clásicas y alemán.

Cierra esta primera parte y sirve de tránsito a la segunda parte de esta obra la contribución *Categorías de la lengua y categorías de la realidad*, del profesor Marcial Morera, de la Universidad de La Laguna, a cargo de quien corrió la ponencia central de la sección de Semántica del citado congreso. En ella se desgranan los postulados de la semántica idiomática, que se sostiene en la idea de que las palabras, las oraciones y los textos son unidades de discurso construidas por signos de lengua que adquieren orientaciones de sentido diversas e incluso distantes. Separando pues los modos de categorización de la lengua y de la realidad a la que alude, ofrece una explicación de cómo las unidades lingüísticas imponen un modo semántico de percibir la realidad, que no es autónoma, sino el resultado de la sustanciación de las estructuras mentales idiomáticas. Morera señala que el estudio lingüístico debe partir del análisis de la estructura semántica de las palabras y trascender la dicotomía unidad léxica/unidad gramatical, pues estas se construyen mediante procedimientos léxicos, gramaticales y formales que pertenecen a planos distintos de la lengua: primario, categorial, morfológico y, en algunos casos, sintáctico. Siendo el significado así, independiente de las cosas, el hablante dispone de las palabras para categorizar la experiencia y archivarla en la memoria.

La aspectualidad es, como se sabe, una categoría cognitiva universal que se expresa de múltiples maneras en los idiomas del mundo. En las últimas décadas ha recibido una atención especial en los distintos modelos explicativos de la gramática y el léxico de las lenguas, y a ella está dedicada la segunda parte del volumen, en la que los cinco trabajos que la vertebran abordan complementariamente los aspectos más destacados de su caracterización semántica.

En el primero de ellos, *Dificultades para la distinción entre predicados télicos y atélicos*, el profesor Juan Cuartero Otal, de la Universidad Pablo de Olavide, revisa la distinción tan traída y llevada entre predicados télicos y atélicos. En su opinión, los estudiosos suelen manejar un concepto de telicidad consensuado muy básico que muchas veces se revela incapaz de explicar buena parte del comportamiento habitual de ciertos predicados. Deteniéndose en la ambigüedad de la aspectualidad de algunos tipos de verbos, Cuartero Otal muestra cómo los test clásicos a que se someten estos predicados no ayudan a determinar su temporo-aspectualidad única ni permiten discriminar los eventos télicos de los atélicos y, además, conducen al establecimiento de más clases, al menos la estativa y la de los eventos puntuales. Con vistas a formular una propuesta que satisfaga los distintos aspectos de esta clasificación de predicados, Cuartero Otal reclama un análisis mucho más exhaustivo de amplios corpus de datos para avanzar en las propiedades temporales y aspectuales de los eventos y enunciados.

La profesora Sarah Dessì Schmid, de la Universität Tübingen, reflexiona en su trabajo *Un modelo onomasiológico y cognitivo para el análisis de la aspectualidad en las lenguas románicas* sobre la distinción tradicional entre el aspecto gramatical y la *Aktionsart* o aspecto léxico de los verbos, en tanto categorías lingüísticas que pretenden dar cuenta de la estructuración temporal de los estados de cosas. Esta perspectiva bidimensional ha sido cuestionada especialmente en los estudios romanísticos y se ha propuesto uno de tipo monodimensional de orientación semasiológica que, a juicio de Dessì Schmid, resulta asimismo limitado para una explicación cognitiva de los modos en que se expresa la información aspectual en las lenguas románicas y, especialmente, en español. Por ello, la autora propone y justifica un nuevo modelo monodimensional de corte onomasiológico, más precisamente, de tipo onomasiológico controlado semasiológicamente, que, fundado en el ámbito de la semántica de marcos, hace más viable a su juicio la explicación de la aspectualidad del sistema de una lengua, y también abre el camino para la comparación y el contraste entre los distintos modos de verbalización de estas categorías en varias lenguas, de lo cual se pueden derivar importantes consideraciones tipológicas.

La caracterización de la noción de aspecto en las lenguas que lo codifican, como las eslavas, el griego o las románicas, y el modo en que las primeras gramáticas castellanas y la tradición lingüística española posterior han hecho uso de la noción de aspecto, tomada en sentido amplio, es el punto de arranque del trabajo de las profesoras de la Universität Potsdam Gerda Haßler y Verónica Böhm, titulado *La integración de la aspectualidad como categoría semántico-funcional en la lingüística española*. En este tercer capítulo de la segunda parte, se hace un recorrido por los principales aportes al estudio de esta categoría en la lingüística románica y en la gramaticografía del español. Las autoras señalan que, en el caso del español, la introducción de la denominación de *aspecto* en las gramáticas, que no su conceptualización, fue tardía, pues la impronta de la tradición latina en lo que respecta a la descripción de las formas compuestas del sistema temporal se dejó sentir hasta incluso después de consolidarse el español clásico. Por otra parte, Haßler y Böhm observan que, dado que el aspecto en español está parcialmente gramaticalizado, en la gramaticografía española no quedan convenientemente caracterizadas la aspectualidad gramatical y léxica; y asimismo constatan que en la gramaticografía del español la *Aktionsart* resulta mejor y más ampliamente descrita que el aspecto gramatical.

El penúltimo capítulo del volumen lleva por título *El estado es eterno mientras dura* y en él los profesores Héctor Hernández Arocha, de la Universität Erfurt, y Guillermo Zecua, de la Universitatea Babeş-Bolyai Cluj-Napoca, estudian las implicaciones del operador de cambio de estado BECOME para el análisis de logros y realizaciones del español. Partiendo de la definición fundacional dowtiana de cambio de estado, los autores someten a revisión crítica algunas de las definiciones formales propuestas posteriormente en el marco de la semántica de intervalos. Para superar las principales dificultades a las que nos enfrentamos al aplicar estas definiciones a una gama más amplia de datos, los autores proponen iniciar el cálculo de eventos definiendo un operador de tiempo irreductible, denominado STATE, como un primitivo semántico universal que se extiende sobre cualquier constante no lógica o idiomática. En consecuencia, el operador tradicional de cambio, BECOME, puede redefinirse como su complemento lógico. Este cambio de perspectiva teórica les permite arrojar luz sobre las causas de cambios semánticos detectados en el comportamiento de logros y realizaciones del español. Además, argumentan de un modo exhaustivo hasta qué punto la semántica de intervalos ofrece un marco teórico adecuado para definir el tiempo semántico o mental, relacionando concretamente sus propiedades con las del tiempo físico y sus modelos teóricos.

Otro de los tópicos que atraviesan varias contribuciones es el de la lexicalización. El estudio de la profesora Yuko Morimoto, de la Universidad Carlos III de Madrid, se ocupa específicamente de una de las formas de lexicalización en el capítulo décimo que cierra este volumen: *Expresiones de macroeventos en español: más allá de la tipología de la lexicalización*. En él, revisitando las teorías tipológicas al uso, que separan las lenguas de marco verbal y las de marco satelital, realiza un análisis de los mecanismos lingüísticos del español para la expresión de eventos complejos, contrastándolos con lenguas tipológicamente distintas como el inglés, de marco satelital, y el japonés, de marco verbal como las románicas. Al detectar la insuficiencia de estos modelos, Morimoto adopta una perspectiva construccionista y propone tomar las construcciones esquemáticas como unidad de análisis, así como extender la tipología, limitada al dominio del movimiento, llevándola al dominio general de los macroeventos. A su juicio, solo así es posible caracterizar la diferencia entre las construcciones con predicado resultativo del español y las construcciones resultativas de la lengua inglesa.

En definitiva, como esperamos se haya podido entrever a lo largo de esta breve presentación, las contribuciones que se ofrecen en este volumen trazan un panorama de las clases y categorías lingüísticas tocando la sincronía y la diacronía, lo lingüístico general y lo propio de la lengua española en particular, lo gramatical y lo léxico, lo codificado en la lengua, en el uso y en la realidad.

Volvemos a Sócrates y, como él a Cratilo, decimos al lector que, persuadidos de que aquí se contienen buenas ideas, nos hemos dispuesto a recogerlas, agradeciéndoles a los autores de los trabajos su buena disposición a ofrecerlos a la comunidad lingüística.

No queremos finalizar estas páginas sin expresar nuestra gratitud a la profesora Claudia Polzin-Haumann y al profesor Wolfgang Schweickard, quienes muy amablemente acogieron la publicación de esta monografía en los *Beihefte zur Zeitschrift für romanische Philologie*.

Parte I: **Semántica y gramática**

Ignacio Bosque
Sobre la naturaleza composicional de las unidades gramaticales

Abstract: Compositionality is one of the fundamental principles of grammar. In this paper, a distinction is introduced between *external compositionality* (E-compositionality) and *internal compositionality* (I-compositionality). The former is, basically, G. Frege's compositionality: the form and the meaning of any complex expression is obtained from those of the expressions which compose it, along with the linguistic principles that articulate its structure. I-compositionality refers to the fact that many units of analysis often considered to be primitive (phonemes, syntactic functions, word classes and subclasses, etc.) result from the combination of simpler units, whether or not these are interpreted as features. A number of challenges that E-compositionality must face are addressed with some detail, including homomorphism (strict correspondence between syntactic segments and meanings), semantic interpretation of reanalysis processes, feature underspecification, locality in bracketing relations, and reference retrieval (applied to defined expressions). As regards I-compositionality, it is argued that it cannot be reduced to either prototypicality or gradience, and it is suggested that it should be considered a form of so-called *granularity*, which refers to the need to replace the criteria commonly used to establish classes by other more subtle or fine-grained criteria.

Keywords: compositionality, gradience, prototypicality, syntax, semantics

Nota: Este es el texto de la ponencia inaugural que presenté en Leipzig en el VIII Congreso Internacional de Lingüística Hispánica el 26 de septiembre de 2016. Deseo agradecer a los organizadores, y muy especialmente al profesor Carsten Sinner, su amable invitación a participar en este congreso. Gracias también a los asistentes por las sugerencias y observaciones que me hicieron. Deseo extender mi agradecimiento a Antonio Fábregas y a Ángel Gallego por sus valiosos comentarios a la primera versión de este trabajo. Ni que decir tiene que los posibles errores que pudiera contener se me han de atribuir a mí exclusivamente.

Ignacio Bosque, Universidad Complutense de Madrid

https://doi.org/10.1515/9783110637700-002

1 Introducción: dos tipos de composicionalidad

La composicionalidad es la noción fundamental sobre la que descansa toda la sintaxis, así como una parte de la morfología. Como sabemos, el significado de cualquier expresión compleja se obtiene del significado de las palabras que la forman, junto con el de los principios que articulan su constitución interna. De hecho, la razón por la que los diccionarios contienen palabras y unidades idiomáticas, pero no sintagmas ni oraciones, no es otra que la naturaleza composicional de las unidades sintácticas. Afectan, por tanto, a la composicionalidad todos los recursos que nos permiten construir e interpretar las unidades superiores a las léxicas, pero también —en parte— las palabras derivadas y compuestas que los diccionarios no recogen porque su constitución y su significado son por completo transparentes.

En cierto sentido, el concepto de 'composicionalidad' proporciona una articulación formal de la noción de 'creatividad lingüística', o al menos le otorga un estatuto dentro de la arquitectura formal de la gramática. La diferencia fundamental radica en que la noción de 'composicionalidad' no contiene en sí misma una explicación del estatus cognitivo que posee el conjunto de pautas en las que se articula el conocimiento lingüístico, ni siquiera una formulación precisa de ese estatus. Aun así, la composicionalidad es una propiedad inherente de cualquier sistema que contenga constructos armados con recursos formales, lo que la convierte en una propiedad fundamental de las expresiones gramaticales.

Ciertamente, podría decirse que son muchos los sistemas composicionales, entre otros los que permiten crear obras musicales, rascacielos, novelas, automóviles y platos de cocina. Muchos juegos son asimismo composicionales, ya que se caracterizan por un conjunto de unidades (cartas, piezas, fichas, bolas, etc.) y una serie de reglas que determinan cómo han de relacionarse estas y cómo ha de procederse con ellas. En realidad, en un sentido muy amplio —y por tanto escasamente operativo—, casi todo es composicional. El concepto lingüístico de 'composicionalidad' es, desde luego, mucho más restrictivo. Podemos empezar por distinguir dos tipos de composicionalidad lingüística:

(1) Dos tipos de composicionalidad lingüística:
  a. Composicionalidad externa (composicionalidad-E)
  b. Composicionalidad interna (composicionalidad-I)

La composicionalidad-E es la composicionalidad de G. Frege (1892), aunque se atestiguan varios antecedentes a su propuesta, tal como muestran Janssen

(1997) y Jönsson (2009). Una formulación común de la composicionalidad-E es la que aparece en (2):

(2) El significado de una expresión compleja está determinado por el significado de sus partes constitutivas (=LÉXICO) junto con los principios que articulan su constitución interna (=SINTAXIS).

Aunque pocos lingüistas negarían hoy lo que (2) afirma, desde algunos ámbitos de la filosofía del lenguaje y de la psicolingüística se ha cuestionado en numerosas ocasiones el principio de composicionalidad, o al menos se ha rebajado su importancia con diversos argumentos. Existe, de hecho, una amplísima bibliografía sobre la noción de 'composicionalidad' y sus ramificaciones, publicada en los últimos años. Entre los libros solo mencionaré, en orden cronológico, Odijk (1993), Hall-Partee (2004), Jönsson (2009), Werning et al. (2012) y Barker/Jacobson (2012); entre los artículos, citaré únicamente Kazmi/Pelletier (1988), van Gelder (1990), Pelletier (1994; 2004), Janssen (1997), Szabó (2000; 2007), Dowty (2007), De Hoop/Hendriks/Blutner (2007), Pagin/Westerståhl (2010), Westerståhl (2012) y Goldberg (2016).

Ningún lingüista rebajaría la relevancia de la composicionalidad, ya que, en cierto sentido, cuestionar la composicionalidad vendría a equivaler a cuestionar la existencia de la sintaxis misma.[1] Lo que caracteriza el trabajo

---

1 En este trabajo no me puedo ocupar de la composicionalidad en la morfología, pero es evidente que son plenamente composicionales formaciones léxicas productivas como *lapicito, pseudointelectual* o *neorrevisionismo*. Una cuestión controvertida es la de si son o no estrictamente composicionales las palabras derivadas cuya segmentación no proporciona por sí sola el conjunto de interpretaciones semánticas que admiten. Un estudiante de español como segunda lengua puede reconocer los segmentos morfológicos de los sustantivos *iluminación* (ejemplo de Porto Dapena 2015) o *desmoralización* (ejemplo de la NGLE, § 5.1l), y también relacionarlos con sus bases léxicas respectivas. Sin embargo, no podrá extraer de dicha segmentación las interpretaciones semánticas precisas que esos sustantivos poseen; ni siquiera sabrá si designan acciones, efectos o ambas cosas. El problema no es solo que las lecturas de efecto no son sistemáticas, sino que no estamos del todo seguros de cómo detectarlas. Por ejemplo, el sustantivo *inclusión* (ejemplo de Porto Dapena 2015) no designa «lo incluido», de modo que es razonable preguntarse qué quiere decir el DLE cuando señala que *inclusión* denota el «efecto de *incluir*». En general, el simple hecho de que los diccionarios contengan centenares de palabras compuestas y derivadas (pero ningún sintagma) da a entender que la noción de 'composicionalidad' solo se aplica parcialmente a la morfología léxica, quizá por oposición a la flexiva. Ello es independiente, desde luego, de que la segmentación morfológica se pueda articular en los mismos términos en que se establece la sintáctica, como se argumenta con detalle en Fábregas (2016). La cuestión controvertida no es exactamente esa —me parece— sino más bien la de determinar «cuánto significado» podemos deducir de una estructura morfológica articulada sin tener que estipularlo expresamente.

lingüístico es el hecho de que no conocemos con suficiente profundidad ni las piezas que combinamos ni los principios que seguimos implícitamente cuando formamos combinaciones creadas composicionalmente. No se niega, pues, la composicionalidad-E por el simple hecho de reconocer que no conocemos bien el funcionamiento y los límites de los principios composicionales.

La composicionalidad-I revela que muchos conceptos lingüísticos que consideramos primitivos son el resultado de combinar nociones más elementales, que pueden especificarse o no en forma de rasgos. Quizá el ejemplo más claro de composicionalidad-I sea el análisis de los fonemas en rasgos fonológicos. Ciertamente, para el hablante común la /r/ de *carro* es una unidad elemental (en el sentido de 'no descomponible'). Para el fonólogo, en cambio, no es un concepto primitivo, sino el resultado de combinar cinco rasgos: [+ sonante], [– nasal], [+ coronal], [– continuo] y [+ tenso]. Nótese que el resultado es sumamente antiintuitivo para el hablante no especialista, que seguramente seguirá pensando (equivocadamente) que una /r/ es «una sola cosa», es decir, «una unidad primitiva o elemental».

Sucede algo muy similar en la sintaxis. Una aportación del modelo de Principios y Parámetros (P&P) que ha sido poco resaltada, en mi opinión, es el hecho de que este marco teórico descompuso las funciones sintácticas de manera similar a como la fonología (estructural y generativa) descompuso los fonemas en unidades menores. Ciertamente, las funciones sintácticas se han considerado siempre unidades relacionales (a diferencia de los tipos de sintagmas), pero en el modelo P&P se derivan o se deducen de otras unidades. Tomemos, por ejemplo, la noción de 'sujeto'. Como sabemos, existen sujetos en acusativo (los de las cláusulas reducidas; ing. *small clauses*); sujetos sin predicado verbal (los de las cláusulas absolutas y los de las exclamativas no copulativas)[2]; sujetos con predicado verbal, pero sin concordancia (los sujetos, expresos o tácitos, de infinitivos y gerundios); sujetos sin rasgos fonológicos, pero con rasgos morfológicos (también los sujetos nulos de infinitivos y gerundios)[3]; sujetos sin significado (los sujetos expletivos), y sujetos que pueden ocupar varias posiciones sintácticas, haya o no verbo.

---

2 Llamadas a veces «exclamativas bimembres»: *¡Muy interesante, tu último artículo!* En Bosque (2017a) se proporciona abundante bibliografía sobre estas construcciones. En cuanto a las cláusulas absolutas (*Una vez concluido el trabajo*), en Pérez Jiménez (2008) se cita un gran número de estudios que analizan sus propiedades sintácticas.

3 Como se sabe, el hecho de otorgarles rasgos morfológicos permite que participen en procesos de concordancia (inherentemente locales), como en *Le aconsejé* [PRO *no quedarse sola*] o en *Solo* [PRO *confiando más en sí misma*] *María logrará su propósito.*

Las unidades básicas que suelen usarse para recoger todas estas opciones son la MANIFESTACIÓN FORMAL de esa información (es decir, el que los sujetos posean o no rasgos fonológicos, y sean, en consecuencia, manifiestos o encubiertos), el PAPEL TEMÁTICO (básicamente, el que corresponde al argumento externo de un predicado), el CASO ABSTRACTO (representado por lo general en los rasgos concordantes de número y persona, pero excepcionalmente por el acusativo) y —por supuesto— las POSICIONES SINTÁCTICAS que dan lugar a todas estas configuraciones. Como en el caso de los fonemas, para el hablante común (incluso para muchos docentes), la noción de 'sujeto' es también «una sola cosa», por mucho que pueda demostrarse que no es un concepto primitivo.

En contra de lo que podría pensarse, la composicionalidad-I no puede reducirse a la prototipicidad. La PROTOTIPICIDAD (Geeraerts 1989; Tsohatzides 1990; Taylor 1995; 2005; Croft/Cruse 2004; Cruse 2008, entre otros muchos trabajos) permite distinguir entre elementos centrales y periféricos en varios dominios. Sin embargo, lo cierto es que posee un rendimiento mucho mayor cuando se aplica a la delimitación de conceptos en la semántica léxica (juguete, vasija, deporte, mueble, etc.) que en el campo de la gramática.

La composicionalidad-I tampoco se reduce a la GRADUALIDAD (ing. *gradience*), pero entiendo que puede abordarse en parte desde la llamada GRANULARIDAD (ing. *granularity*).[4] En efecto, la gradualidad se basa en la ausencia de límites claros entre unidades y en la presencia entre ellas de elementos fronterizos. La gradualidad puede aplicarse, por ejemplo, a la distinción entre piezas léxicas y funcionales (presento algunos ejemplos en Bosque 2015), así como a los procesos de gramaticalización, como en Closs Traugott/Trousdale (2010). En cambio, no es fácil extenderla a otras muchas unidades en el ámbito de la sintaxis. Ciertamente, un sujeto no es «más sujeto» que otro. El concepto de 'sujeto' no está, pues, sometido a grados, sino a variables gramaticales que pueden o no concurrir, lo que da lugar a una interpretación sumamente diferente. La presencia o ausencia de diversos rasgos en la caracterización de la noción de 'sujeto' no lleva a la conclusión de que existan «sujetos no prototípicos» (aunque puedan existir «sujetos no canónicos»: Helasvuo/Huumo 2015 y referencias allí citadas), puesto que vendrían a ser «sujetos no representativos del concepto de sujeto», noción difícilmente comprensible.

---

4 Es difícil separar la bibliografía que existe sobre estos dos conceptos, sobre todo porque algunos autores asimilan al segundo una de las interpretaciones que admite el primero. Puede obtenerse una buena composición de lugar sobre estas dos nociones a través de Aarts (2004a; 2004b; 2007), Allan (2004), Closs Traugott/Trousdale (2010), Fanselow et al. (2006) y Croft (2007), entre otros trabajos.

De manera análoga, ningún fonema es «más fonema» que otro, y tampoco existen fonemas prototípicos. Nótese que las llamadas «realizaciones prototípicas» de un fonema son alófonos que se ajustan a un mayor número de propiedades del fonema que se caracteriza, lo que resulta ser muy diferente de someter a gradación la categoría misma de 'fonema'. Podemos, pues, concluir que la composicionalidad-I no se asimila a la gradualidad ni tampoco a la prototipicidad. Como he adelantado, es razonable pensar, en cambio, que está cerca de lo que se denomina a veces GRANULARIDAD, que alude a la necesidad de sustituir los criterios habitualmente usados para establecer clases por otros más finos, más específicos, sutiles o desmenuzados (ing. *fine-grained*).[5]

En las páginas que siguen expondré algunos de los desafíos que deben afrontar los dos tipos de composicionalidad (-E/-I) que he introducido, así como algunas de las vías que, o bien se han explorado ya, o bien se pueden explorar para solucionarlos. El resultado no pretende en ningún caso cuestionar la composicionalidad, pero sí dirigir la mirada a ciertos aspectos de esa noción que, en mi opinión, todavía no comprendemos plenamente. A diferencia de lo que es habitual en los estudios sobre la composicionalidad abordados desde la filosofía del lenguaje, resaltaré la relevancia que posee para la gramática teórica cada uno de los problemas que iré mencionando.

2 La composicionalidad externa

Barbara Hall-Partee ponía el dedo en la llaga al apuntar que los principales desafíos a la composicionalidad suelen venir «from cases where the 'meanings of parts' seem not to be autonomous» (2004, 15). Dicho de otra forma, las formulaciones habituales del principio de composicionalidad suponen implícitamente que obtener el significado de las partes está garantizado, de modo que debemos poner el acento en la obtención del significado del conjunto. Las cosas no siempre son así, sin embargo, como veremos a lo largo de esta sección.

---

5 La composicionalidad-I se puede entender también en otro sentido (no relevante para esta presentación). Es el que S. Löbner (2012; 2013) llama *subcomposicionalidad*. Esta noción alude a que los componentes semánticos de las piezas léxicas pueden tener efectos en la sintaxis, a diferencia de lo que prevé el llamado *Principio de integridad léxica*. Sobre las posibles infracciones de este principio en español y sus consecuencias, véanse Bosque/Masullo (1998), Fábregas (2011) y Bosque (2012).

2.1 Problemas de homomorfismo y de reanálisis

Desde Montague (1973) al menos se suele asumir en la semántica formal que a cada constituyente sintáctico corresponde una forma y un significado. Dicho de otra manera, la semántica composicional es capaz de ensamblar los segmentos sintácticos de manera articulada para dar lugar a expresiones semánticamente complejas que se leen paso a paso. Así pues, los significados se arman de manera paralela a como se articulan las formas. La aceptación de este homomorfismo depende, como es lógico, de los constituyentes sintácticos que estemos dispuestos a reconocer. Consideremos un caso muy simple: el de los complementos de régimen:

(3)   Juan confía en María.

Como es evidente, (3) es una oración, y denota un juicio o un estado de cosas. A su vez, *Juan* y *María* son SNs, y denotan individuos, mientras que *confía en María* es un SV que denota un estado. Pero ¿qué denota exactamente la expresión *en María* en (3)? Nótese que tan difícil es dar respuesta a esta pregunta como lo sería contestar a otras similares que nos solicitaran la denotación de un buen número de proyecciones funcionales. No sería de extrañar que un semantista formal rechazara nuestra pregunta sobre (3) proponiendo la segmentación [*confía en*] [*María*], en lugar de [*confía*] [*en María*]; es decir, creando un predicado complejo al integrar la preposición con el verbo.

Ciertamente, nuestra pregunta se desvanecería si optáramos por esta otra segmentación. Sin embargo, este paso presenta varios inconvenientes, aunque posea algún punto a su favor. La nueva segmentación no puede explicar que el constituyente sintáctico *en María* es necesario porque se puede anteponer (¿[*En quién*] *confía Juan?*), coordinar con otros (*Juan confía* [[*en María*] *y* [*en Luisa*]]) o admitir la interpolación de otros segmentos (*Juan confía a veces en María*). En cambio, el predicado complejo creado permite explicar el hecho de que la preposición no selecciona por sí sola el modo de su posible complemento oracional. Si la preposición *en* no tuviera acceso al verbo que la rige no podríamos explicar por qué se construye unas veces con verbos en indicativo (como en *diferenciarse en que*. . .) y otras veces con verbos en subjuntivo (como en *confiar en que*. . .).[6] Todo ello conlleva algunas consecuencias inmediatas para la composicionalidad:

---

6 Muchos verbos que seleccionan complementos de régimen pueden considerarse inergativos (como sugiere Gallego 2010). De hecho, en francés no existe el equivalente de *confiar*, sino

(i) No es evidente que a las proyecciones funcionales (SP en este caso, pero también otras) correspondan significados tan claramente como corresponden a las proyecciones léxicas.

(ii) La limitación a la que apunta (i) se deduce de la naturaleza abstracta de las proyecciones funcionales. El que no podamos asignar un significado a la expresión *en María* dentro de (3) es consecuencia de que tampoco podemos asignarlo con claridad a la preposición *en* en ese mismo contexto.

(iii) La interpretación semántica de un constituyente sintáctico puede ser anterior o posterior a los procesos de reanálisis en los que este intervenga.

Los puntos (i) y (ii) nos indican que el homomorfismo al que alude este apartado (es decir, la correspondencia estricta entre constituyentes sintácticos e interpretaciones semánticas) es un requisito demasiado fuerte de la composicionalidad. Se debe —entre otras causas— al hecho mismo de que el concepto de 'proyección funcional' no desempeñe un papel relevante en la semántica composicional, a la vez que resulta esencial en la sintaxis formal.

El punto (iii) es importante porque a menudo se asume que el proceso de obtener la interpretación semántica de una estructura sintáctica[7] es anterior a los posibles procesos de reanálisis en los que sus constituyentes puedan participar (o bien que aquella no se ve afectada por estos).[8] Como hemos comprobado, el predicado complejo «V+P» se crea en (3) ANTES de la elección del modo (de forma que, una vez creado el predicado, se decide este), pero DESPUÉS de los procesos de movimiento o de interpolación, ya que estos procesos exigen que V y P tengan cierta independencia sintáctica.

Por oposición a estos casos, en otros muchos se obtiene una determinada interpretación semántica antes de los posibles procesos de reajuste sintáctico

---

únicamente una perífrasis con verbo de apoyo: *avoir confiance* 'tener confianza'. Pero, aunque se entienda que en estos casos el SP es complemento del sustantivo (expreso o subyacente), este sigue siendo un constituyente que debería poseer alguna denotación. Cabría pensar que dicho significado constituye una variante abstracta de una noción locativa (en el mismo sentido en que *de algo* en *depender de algo* procede de un complemento de origen o fuente). Aun así, el concepto de «lugar abstracto» o «lugar figurado» no posee un estatuto enteramente claro entre las unidades gramaticales.

7 En el marco minimista equivale a enviarla a una de las interfaces a través de la MATERIALIZACIÓN (ing. *spell-out*) o TRANSFERENCIA (ing. *transfer*), desde Chomsky (2000) en adelante.

8 En Bosque/Gallego (2014) se asume que, aunque el reanálisis tiene ciertos efectos semánticos, estos no modifican en lo esencial las relaciones predicativas básicas. En ese trabajo se proporcionan numerosas referencias a procesos sintácticos que requieren alguna forma de restructuración sintáctica, a pesar de que el concepto de 'reanálisis' no posea un lugar claro en la sintaxis formal contemporánea.

que hayan de aplicarse a una estructura sintáctica. Veamos un ejemplo de esta última situación. I. Boguslavsky (2009) introducía una interesante observación sobre el ruso que es perfectamente aplicable al español. Por sorprendente que pueda parecer, el posesivo *mi* no modifica en (4) al sustantivo *color*, sino que es el complemento del adjetivo *favorito*:

(4) a. Mi color favorito.
  b. <u>Mi</u> [color [favorito <u>h</u>]].

La interpretación semántica que proporciona Boguslavsky es correcta: el sintagma (4a) no nos dice que «yo tengo cierto color», y que además este resulta ser «favorito», como podría ser «oscuro» o «amarillo». Lo que nos dice, como es obvio, es que cierto color es el favorito entre los míos. Antes de ofrecer un análisis gramatical de esta interpretación, podemos pensar en algunos argumentos sintácticos que la apoyan. En primer lugar, el adjetivo *favorito* no alterna con otros adjetivos en (5a):

(5) Mi color {favorito / ??azul / ??brillante}.

En segundo lugar, el posesivo «compite» con el complemento de *favorito* en (6a), pero no lo hace en (6b), ya que en este último caso no mantiene relación alguna con dicho complemento:

(6) a. *Su color [favorito de María].
  b. Su actitud [digna de admiración].

En tercer lugar, *mi* alterna con *entre los míos* o con *de los míos* en (4a), mientras que *su* no lo hace con *entre las suyas* en (6b). Finalmente, *mi color favorito* no implica «mi color», mientras que *mi corbata azul* sí implica «mi corbata». En definitiva, el posesivo no se comporta semánticamente como se esperaría del determinante de un grupo nominal.

Mi propuesta de análisis sintáctico para dar cabida a la interpretación semántica de Boguslavsky es la siguiente. Supongamos que el complemento del adjetivo pasa a serlo del sintagma que este forma con el sustantivo, como se indica en (7):

(7) [color [favorito de x]] > [color favorito] [de x].

Si procedemos de esta forma, estaremos, en lo esencial, ante el mismo proceso que postula Sáez (1993) en relación con las oraciones copulativas, en las que V y A crean un predicado complejo que deja fuera al complemento de A. Este proceso permite que el adjetivo *adicto* en (8a) pueda convertirse en pronombre clítico, a pesar de que selecciona un SP:

(8) a. Es [adicto [al alcohol]] > [Es adicto] [al alcohol].
    b. <u>Lo</u> es al alcohol, pero no a las anfetaminas.

El posesivo en (8b) es un clítico del verbo *ser* porque el SP pasa a depender de un núcleo verbal. En el caso de *favorito*, pasa a depender de uno nominal, como en (9):

(9) <u>Mi</u> [color favorito] <u>h</u>.

¿Por qué se da este proceso con el adjetivo *favorito*, y no con otros? Entiendo que ello está relacionado con el vínculo que este adjetivo mantiene con los superlativos, y en particular con la forma en que se interpreta el complemento partitivo de ambos. Como hemos visto, la expresión *mi favorito* significa 'el favorito de los míos'. De hecho, otros complementos superlativos podrían considerarse, de forma parecida, complementos de un núcleo cuantificativo, como en *Era el [mejor de ellos]*, pero también de un verbo copulativo, como en *[Era el mejor] de ellos*. Hall-Partee (2004, 182 y ss.) menciona varias coincidencias semánticas entre el adjetivo inglés *favorite* y los superlativos, aun cuando no analiza el problema de (4a).

En Bosque y Gallego (2014) se extienden los casos de (8) a ciertos complementos del nombre, como el de *viaje* en (10). Algunos procesos similares a estos están sujetos a diferencias en las marcas de caso. Así, aparece genitivo en el complemento preposicional de *encima* y *cerca*, pero dativo en los clíticos correspondientes (10b,c). Estas diferencias de caso se estudian en Masullo (1992), entre otros trabajos.

(10) a. Planear [un viaje a Lisboa] > [Planear un viaje] [a Lisboa].
    b. Cayó [encima de las macetas] > Les [cayó encima] h.
    c. Andan [cerca de ti] > Te [andan cerca] h.

Retomemos ahora la composicionalidad. El posesivo es un clítico del sustantivo en (4a), pero no se interpreta semánticamente como modificador del nombre ni como complemento suyo, sino como un complemento del adjetivo *favorito*. De hecho, esta peculiar interpretación semántica explica que *mi favorito* constituya la única excepción conocida, por lo que se me alcanza, a la inusitada combinación en la que un posesivo y un adjetivo calificativo forman conjuntamente un sintagma nominal de núcleo nulo (cf. *mi azul, *su estupendo, *nuestro intere-sante*, etc.). La excepción es aparente porque no estamos ante un verdadero posesivo: nuestro *mi* es categorialmente un determinante definido (como *el*), pero no designa poseedor alguno. De hecho, su significado vendría a ser, apro-ximadamente, «el-que-lo-es-para-mí-entre-todos».

Ciertamente, no armamos el significado de las expresiones complejas exacta-mente al mismo tiempo que articulamos su forma. Mientras que unos procesos de reanálisis mantienen la interpretación semántica de las configuraciones origina-les, en otros casos obtenemos un determinado significado una vez que se crean ciertos predicados complejos, lo que tiene consecuencias para la sintaxis (entre otras, como veíamos, la elección del modo en los complementos de régimen). Es razonable pensar que ciertos segmentos sintácticos son opacos a la interpretación semántica, a menos que estén insertos en determinados dominios (que pueden coincidir o no con las *fases* sintácticas). De hecho, no son infrecuentes hoy las propuestas que independizan cada uno de esos dominios sintácticos. Por ejemplo, en Lohndal (2014) se propone una proyección sintáctica para cada argumento, junto con un proceso ('thematic integration') que integra sus respectivos significa-dos. Véanse también Pietroski (2005) y Pylkkänen (2008).

Como se sabe, las proyecciones funcionales son necesarias (entre otras razones) para fijar los entornos locales en los que se engarzan las piezas léxicas, junto con sus respectivas estructuras argumentales. Sin embargo, las proyeccio-nes funcionales no siempre encabezan segmentos a los que corresponda una determinada denotación, ni siquiera cuando están articuladas en función de «rasgos interpretables».[9] El homomorfismo estricto al que aludíamos podría ser deseable, en principio, pero —como hemos visto— resulta ser un requisito teórico demasiado fuerte para la sintaxis. En su lugar, podría tener cabida en una con-cepción articulada de la gramática en la que se permita DEMORAR la posible inter-pretación de ciertos constituyentes hasta que estén integrados en los dominios sintácticos adecuados. Retomaré en el § 2.3 la noción de 'demora'.

---

9 A veces no es fácil asignar un contenido a ciertas proyecciones funcionales que se interpre-tan semánticamente (SD y SF, entre otras.). Por ejemplo, no hay dificultad alguna para etiquetar sintácticamente A y B en (i), pero no es tan sencillo elegir las etiquetas semánticas que corresponden a esos constituyentes:

(i) Juan cree [_A_ que [_B_ Trump es una buena persona]].

Una opción posible es que A designe una proposición (noción semántica) y B un estado de cosas o un hecho, pero existen otras opciones.

2.2 Problemas de infraespecificación de rasgos

Algunas categorías léxicas deben buscar en el contexto inmediato ciertos rasgos gramaticales que no poseen ellas mismas, pero que son necesarios para su interpretación. Ello tiene consecuencias inmediatas para la composicionalidad, puesto que no podemos decir exactamente que cada una de esas piezas aporte un significado predeterminado que se vincule con el de otras piezas léxicas en cierto entorno sintáctico. La imagen habitual de los procesos sintácticos como operaciones similares a las que caracterizan el juego del LEGO está, pues, demasiado simplificada.

Las formas no personales del verbo constituyen quizá el ejemplo más claro de la indeterminación a la que me acabo de referir. Es curioso que una pregunta lingüística tan fundamental como «¿Qué significan los infinitivos?» sea relativamente extraña en nuestra tradición gramatical, por oposición a otras preguntas —repetidas una y otra vez— como: «¿Qué funciones sintácticas pueden desempeñar los infinitivos?». Aceptaré aquí (11), como suele hacerse:

(11) Los infinitivos argumentales[10] son verbos insertos en oraciones, si bien carecen de persona-número, tiempo-aspecto, voz y modalidad.

Podemos dar por bueno lo que dice (11), aunque sea claramente insuficiente. La pregunta que surge de inmediato es «¿Son relevantes semánticamente estas informaciones ausentes?». Podemos responder SÍ o NO. Si contestamos NO, surgirá de inmediato otra pregunta natural: «¿Cómo se explica entonces la considerable variación contextual que se observa en el significado de los infinitivos?». Si contestamos SÍ, la pregunta que se nos plantea será: «¿Cómo interpretamos entonces esas informaciones en los infinitivos?».

En mi opinión, son numerosos los argumentos para contestar SÍ. La persona y el número de los infinitivos son, como se sabe, propiedades de su sujeto. El llamado CONTROL (que desarrolla la noción tradicional de CONCERTACIÓN) no designa más que el proceso de obtenerlos composicionalmente.[11] En (12) se ilustra un contraste conocido (se representa por PRO el sujeto tácito y se subrayan las relaciones de correferencia).

---

10 Nada diré aquí de los perifrásticos, ni tampoco de los que aparecen en las relativas y en algunas de las (llamadas) adverbiales.
11 Se obtendrá una buena visión de conjunto sobre la noción de 'control' a través de Davies/ Dubinsky (2004) y Landau (2013). Para más referencias bibliográficas, remito a Engh (2011).

(12) a. <u>María</u> le prometió [<u>PRO</u> regresar].
     b. María <u>le</u> permitió [<u>PRO</u> regresar].

Pero el control no da respuesta a la identificación del resto de informaciones que los infinitivos pueden denotar. Por ejemplo, los infinitivos expresan contenidos relativos a la voz. Así, en (13a) se introducen dos opciones sinónimas, a diferencia de lo que sucede en (13b).

(13) a. Digno de ver [= de ser visto].
     b. Contento de elegir [≠ de ser elegido].

Estos contrastes pueden abordarse desde dos puntos de vista. Por un lado, indican que el llamado *tough*-movement, que ilustra (13a), constituye un tipo de movimiento-A (y no A', como se suele suponer). Esta idea se defiende para el inglés en Brody (1993) y Hornstein (2001), y para el español en Montalbetti/Saito (1983) y Bosque/Gallego (2011). Pero por otro lado, en (13a) se expresa un significado relativo a la voz sin que exista exponente gramatical alguno de esa interpretación. Se trata, como antes, de un significado inducido o «deducido del entorno inmediato»: en *de ver* no hay información lingüística (visible) que exprese «voz», de forma parecida a como tampoco la hay sobre el número o la persona.

    Algo muy parecido se puede decir en lo que respecta al tiempo y el aspecto, si bien la cuestión de cómo adquieren tiempo y aspecto los infinitivos posee mayor tradición. Entre los numerosos trabajos que existen sobre este punto, cabe destacar Stowell (1982), Abusch (2004) y Wurmbrand (2001; 2014). Lo que ahora me interesa señalar es que el «cálculo» de esa información se produce de forma similar a como se obtiene la que corresponde a la persona, el número o la voz. Simplificando un poco las cosas, podemos entender que el verbo *creer* induce en (14a) la INTERPRETACIÓN DE SIMULTANEIDAD en el infinitivo *tener*, mientras que en (14b) el verbo *esperar* induce la INTERPRETACIÓN DE POSTERIORIDAD. Por esta razón resultaría natural añadir el adverbio *pronto* en (14b), pero no en (14a).

(14) a. Juan cree tener [= que tiene] la respuesta.
     b. Juan espera tener [= que tendrá] la respuesta.

El cálculo se hace mucho más complejo en otros contextos sintácticos, tal como explica Wurmbrand (2014) con detalle, pero no podré ocuparme aquí de ellos. En lo que concierne específicamente al aspecto verbal, es oportuno recordar que la interpretación perfectiva de ciertos infinitivos puede estar también inducida léxicamente, como lo están la persona, el número, la voz o el tiempo:

(15) a. Después de hablar [= haber hablado] con ella.

    b. Quisiera hablar [≠ haber hablado] con ella.

Así pues, el infinitivo *hablar* no significa lo mismo en estas dos oraciones: solo es perfectivo en el complemento de *después* (Bosque/Torrego 1995), lo que implica que se interpreta en él cierta información aspectual retrospectiva, que ha sido obtenida —como en los casos anteriores— del predicado que lo selecciona (en este caso, *después*).

Algunas informaciones relativas al modo de acción (al. *Aktionsart*) en los infinitivos son también composicionales. Así, *salir a pescar* expresa en (16a) cierta acción puntual (LECTURA EPISÓDICA), mientras en (16b) expresa cierto hábito o determinada actividad (LECTURA GENÉRICA). En cambio, la oración (16c) es ambigua, ya que puede referirse a una situación concreta o bien a la forma de comportarse Juan en general:

(16) a. Juan decidió salir a pescar.

    b. Juan detesta salir a pescar.

    c. Juan dice actuar correctamente.

Finalmente, ciertos aspectos de la modalidad en los infinitivos se calculan también composicionalmente, como sucedía con la persona, el número, la voz, el tiempo o el aspecto. El infinitivo *hacer* en (17a) no da lugar a la interpretación de simultaneidad (= 'qué hago'), ni tampoco a la de posterioridad (= 'qué hice'), sino más bien a una interpretación modal (por tanto, prospectiva) que podríamos asociar con un núcleo modal tácito, como se indica en (17c). Sobre esta cuestión, véase NGLE, § 26.12d.

(17) a. No sé bien qué hacer [= 'qué puedo hacer'].

    b. No sé bien qué {hice / hago / haré}.

    c. No sé bien [$_{SC}$ qué [$_{SF}$ [$_{MODAL}$ Ø] PRO hacer]].

Nótese que en este caso el verbo modal supuesto expresa modalidad dinámica (por tanto, capacidad, habilidad o disposición). En mi opinión, la interpretación modal de los infinitivos se extiende a otros contextos. En efecto, la interpretación que corresponde a *hablar* en (18a) es la de simultaneidad (podría sugerir, por ejemplo, que María es médium). Pero no ocurre lo mismo en (18b). El infinitivo *hablar* no acepta en dicha oración la interpretación de simultaneidad ('que hablaba'), ni la retrospectiva estricta ('que habló') ni la dinámica ('que podía hablar'). De hecho, *hablar* en (18b) significa aproximadamente 'que tenía que hablar' o 'que debía hablar'. Se obtiene, por tanto, un modal tácito que expresa obligación o necesidad, y que está vinculado a las propiedades léxicas de *olvidar* (más detalles en Bosque 2017b).

(18) a. María creía hablar [= que hablaba] con Juan.
     b. María olvidó hablar [≠ que habló] con Juan.

También en este caso son evidentes las consecuencias para la composicionalidad. Los rasgos gramaticales de los que carecen aparentemente los infinitivos no se limitan a la persona y el número, sino que pueden extenderse al tiempo, el aspecto, la voz o la modalidad. Como he recordado, se ha dado en llamar CONTROL al proceso gramatical que nos permite recuperar los dos primeros, pero en mi opinión ello obedece a una visión demasiado restrictiva de dicho concepto. El control debería extenderse de forma natural a la recuperación de todas las informaciones que los infinitivos argumentales no pueden expresar (CONTROL GENERALIZADO), puesto que son categorías verbales defectivas. Estos contenidos son imprescindibles para interpretar su significado, y tienen en común la importante propiedad de estar inducidos por el predicado que los selecciona en contextos locales. Se trata, por tanto, de informaciones que los infinitivos no traen consigo desde el léxico, sino que se arman y se interpretan composicionalmente en la sintaxis mediante pautas sumamente restrictivas. Como antes, estas pautas proceden de las propiedades gramaticales de las piezas léxicas en los contextos de selección, y solo las conocemos en parte.

2.3 Problemas de localidad

Existen buenas razones para suponer que son los principios de la sintaxis los que nos permiten construir las interpretaciones semánticas de las expresiones complejas, y también que este proceso tiene lugar de forma local (es decir, paso a paso o de manera progresiva). Armamos, en efecto, la forma y el significado de los segmentos más incrustados y vamos pasando ordenadamente a los segmentos menos incrustados. El ejemplo de (19) es quizá demasiado sencillo, pero es útil para ilustrar este punto.

(19) María leía la novela en silencio.

Podemos suponer que el determinante *la* crea entidades familiares o conocidas, y que *novela* designa cierto tipo de entidad. Podemos llamar DETERMINACIÓN a la operación de construir la expresión *la novela* uniendo ambos segmentos. Esta operación (en el sentido de 'etiqueta semántica correspondiente a una de las opciones que permite el ensamble', ing. *merge*) designará, en consecuencia, cierta entidad familiar o conocida. Si suponemos ahora que *leía* expresa determinada acción especificada temporal y modalmente, podemos llamar SATURA-CIÓN ARGUMENTAL a un nuevo tipo de ensamble, que nos permite crear la expresión *leía la novela*. Esta expresión designará, como es lógico, cierta acción en la que se restringen los posibles objetos de lectura a uno particular que es familiar o conocido. Si *en silencio* es una locución adverbial (por tanto, un adverbio) que designa cierta forma de realizar acciones, podemos construir la expresión *leía la novela en silencio* mediante la MODIFICACIÓN POR UN ADJUNTO DE MANERA (en realidad, variante de la PREDICACIÓN), operación igualmente binaria. Designaremos así la acción de leer un objeto particular, restringida por la forma de llevarla a cabo. Finalmente, si otorgamos un sujeto (*María*) a todo ese sintagma, podemos crear (por PREDICACIÓN, ahora en sentido estricto) la expresión (19), que designará una información proposicional, es decir, el juicio resultante de predicar cierta acción de cierto individuo.

He repasado con cierta parsimonia todos estos pasos, a pesar de que son sumamente evidentes, porque están ordenados y porque tal ordenación es esencial para entender por qué la interpretación del significado de (19) es un proceso composicional. En general, se obtiene la situación prototípica de composionalidad-E cuando un sintagma recibe un determinado papel temático de un predicado en una posición determinada, y este se sintagma está construido a su vez mediante principios composicionales igualmente reconocibles.

Los problemas a los que alude el título de este § 2.3 surgen del hecho de que los significados proposicionales no siempre se arman de esta forma progresiva (es decir, ordenadamente o paso a paso). Existen, como sabemos, relaciones sintácticas A DISTANCIA que no nos permiten ir cerrando constituyentes ya interpretados e integrar progresivamente su significado en otros mayores. Esas relaciones son bien conocidas: movimiento de constituyentes y dependencias creadas con ellos (que requieren del llamado *cálculo-lambda* en la semántica formal), fenómenos de polaridad y de ámbito, parcelación de la estructura informativa de la oración, relaciones anafóricas, concordancia de tiempos, etc.

Repárese en que ninguna de estas relaciones sintácticas pone en cuestión los fundamentos de la estructura argumental. Es menos conocido, en cambio, el hecho de que las relaciones de modificación no respetan siempre la localidad que tan nítidamente reconocemos en la interpretación de (19). Consideremos los contrastes de (20):

(20) a. El choque se produjo violentamente.
　　 b. El encuentro tuvo lugar accidentalmente.
　　 c. Las conversaciones terminaron simultáneamente.

    d. La elección no se realizó democráticamente.

    e. La ceremonia se celebra anualmente.

    f. El cáñamo y el lino se daban allí abundantemente.

    g. La pelea continuó encarnizadamente.

    h. La fiesta se inició animadamente.

El factor que une todas estas oraciones es el hecho de que contienen adverbios que denotan indirectamente predicados de los sujetos, y no tanto de las acciones que se mencionan: (20a) habla de un choque violento (y no exactamente de una «producción violenta»); (20b) habla de un encuentro accidental, etc. Tenemos, pues, un problema de composicionalidad relativo a la forma en que se interpretan localmente los constituyentes sintácticos.

Curiosamente, todas las oraciones de (20) contienen verbos de acción que expresan conceptos abstractos de naturaleza aspectual: inicio, final, continuación o realización del evento. Alguien podría tal vez considerar que las oraciones de (20) se podrían asimilar a las que contienen adverbios orientados hacia el sujeto como en *Juan se acercó amablemente* (sobre estas oraciones pueden verse Alexiadou 1997, Geuder 2002, Ernst 2002 y Martin 2013, entre otros muchos estudios). Pero mientras que tiene sentido hablar de una acción amable (el acercamiento) y de una persona amable (Juan), en los casos de (20) tenemos adverbios que no restringen propiamente el predicado verbal. El SN de (20g) no habla de cierta «continuación encarnizada», puesto que las continuaciones no pueden ser encarnizadas, a diferencia de las peleas. Tampoco (20a) nos habla, como hemos visto, de cierta «producción violenta», sino de cierto «choque violento». Aun así, los sustantivos derivados admiten los adjetivos mencionados en algunos casos (*celebración anual, inicio animado, terminación simultánea*), lo que no contradice el que las relaciones semánticas que tienen lugar en (20) no sean estrictamente locales.

Los verbos aspectuales mencionados se acercan a los NÚCLEOS FUNCIONALES (como son los auxiliares de las perífrasis y los verbos de apoyo), de modo que no son enteramente NÚCLEOS LÉXICOS. En mi opinión, el problema de localidad que plantea (20) es una variante del que plantean los llamados NOMBRES LIGEROS (Bosque 2001; Koike 2003). Estos nombres «dejan pasar» aparentemente a sus modificadores las propiedades selectivas que ellos mismos deberían reflejar. Podemos llamar a este proceso EFECTO DE FILTRADO. El efecto de filtrado se observa claramente en los ejemplos de (21), extraídos de Bosque (2001):

(21) a. Estamos atravesando un momento crítico.

    b. *Estamos atravesando un momento.

    c. Estamos atravesando una crisis.

(22) a. Se hallaban al borde de una situación peligrosa.
    b. *Se hallaban al borde una situación.
    c. Se hallaban al borde de un peligro.

Como vemos, el efecto de filtrado contradice la localidad. El sustantivo *momento* deja pasar el rasgo de selección del núcleo verbal *atravesar* en (21a), de forma que este va a parar a una base léxica, que además, y por si fuera poco, es una unidad morfológica, no sintáctica, que subyace al adjetivo *crítico* (al que modifica *momento*): el sustantivo *crisis*. En este punto no me interesa particularmente elegir entre las posibles soluciones técnicas que puedan darse al problema de (21)–(22). Aun así, vale la pena señalar que la solución tendrá que darse en algún marco construccionista (como la Morfología Distribuida o la Nanosintaxis), aunque solo sea porque este fenómeno no tiene cabida en ningún modelo lexicista, en cuanto que cuestiona de manera radical la separación morfología-sintaxis.

Mi interés en este punto es establecer un puente entre los fenómenos de (20) y los de (21)–(22). Los sustantivos ligeros (*momento, borde,* en los ejemplos propuestos) se parecen a los verbos aspectuales de (20) en que se comportan como núcleos funcionales, o al menos semiléxicos. También se produce en (20) un efecto de filtrado, puesto que, aun siendo el núcleo del SV, el verbo aspectual no es tenido en cuenta por el adverbio que introduce cierta modificación, de manera que en realidad no le atañe. Por el contrario, el primero «deja pasar» ese contenido a uno de sus argumentos, como sucedía en (21)–(22).

También en este caso se obtienen consecuencias relevantes para la composicionalidad. No conocemos bien los casos a los que puede extenderse el «efecto de filtrado» que he introducido, pero sí sabemos que los verbos aspectuales, los nombres ligeros y los auxiliares «puros», entre otras unidades de naturaleza funcional, conculcan el carácter estrictamente local de las relaciones semánticas de selección. También en estos casos se hacen precisos ciertos MECANISMOS DE DEMORA para asegurar que la interpretación de los segmentos sintácticos sigue siendo composicional. Es más que probable que estos mecanismos formen parte de un fenómeno más general, como es el de la creación de predicados complejos.

2.4 Problemas de asignación de referencia

El asignar un referente a un pronombre o a un SN definido requiere un proceso de cálculo que puede estar determinado por diversas variables. Unas son estrictamente sintácticas, como sucede casi siempre que se asignan antecedentes a los pronombres reflexivos o a los relativos, pero otras son discursivas, como ocurre cuando se asignan antecedentes a otros pronombres (demostrativos, personales no reflexivos) y cuando se interpretan muchas expresiones nominales referenciales.

El aspecto que me interesa resaltar de este hecho es que el significado de una expresión compleja no siempre se compone o se arma con informaciones obtenidas del entorno sintáctico inmediato, sino que a menudo se construye, se calcula o se deduce mediante inferencias en las que el hablante puede acertar o equivocarse. Ciertamente, establecer el dominio contextual de un SN definido es una operación pragmática en buena medida, pero no por ello deja de ser composicional. Adaptando un ejemplo de A. Goldberg (2016), podemos preguntarnos qué significa la expresión *todo el mundo* en (23).

(23) Cuando nieva en Sierra Nevada, todo el mundo se pone muy contento.

Ciertamente, ese sintagma puede referirse a los esquiadores que van a Sierra Nevada, a los comerciantes que trabajan en Sierra Nevada o a los operadores turísticos relacionados con Sierra Nevada, entre otras opciones. Dicho con mayor precisión, la identificación del referente de la expresión *todo el mundo* en (23) depende de cuál sea el TÓPICO DISCURSIVO previo. Como es evidente, en casos como este la interpretación composicional de los enunciados pasa a depender de variables externas al enunciado mismo. No hay hablantes que se equivoquen al componer el significado de la expresión *después de hablar con ella* (= (15a)), pero resulta absolutamente natural equivocarse al componer el significado de la oración (23).

Entre nosotros no es del todo infrecuente confundir la identificación de estas variables (es decir, el hecho de reconocer que un determinado problema es de índole pragmática) con la solución misma del problema que se acaba de identificar. Consideremos brevemente, en este sentido, las llamadas EXPRESIONES DEFINIDAS DÉBILES (ing. *weak definites*). El SN *el hospital* designa en (24a) cierto hospital presentado en el discurso anterior, pero la condición de familiaridad asociada típicamente con los SNs definidos desaparece misteriosamente en (24b), ya que esa oración no se refiere necesariamente a cierto hospital mencionado antes.

(24) a. Juan ha diseñado el hospital.
     b. Juan ha ingresado en el hospital.

Se trata, desde luego, de un problema antiguo. De hecho, fue observado tempranamente por E. Coseriu (1956). Lo que caracteriza las hoy llamadas *expresiones definidas débiles* es el hecho de que pueden carecer aparentemente de referencia en ciertos contextos particulares que hemos de determinar. Entre los muchos estudios recientes que se les han dedicado mencionaré únicamente Poesio (1994), Aguilar-Guevara (2014), Aguilar-Guevara/Zwarts (2010), Schwarz (2014) y Aguilar-Guevara et al. (2014). Interesa resaltar que estas expresiones definidas no forman parte de locuciones (*ingresar en el hospital* no es un modismo), pero exigen asociaciones estereotipadas con determinadas acciones, situaciones o eventos prototípicos. Lo mismo sucede en el contraste de (25) —ahora con SNs en función de sujeto—, ya que en (25a) se habla de cierto médico particular, conocido de mi interlocutor, a diferencia de lo que sucede en (25b):

(25) a. El médico murió ayer.
     b. El médico me ha recomendado hacer más ejercicio.

Como acabo de señalar, la identificación de este problema como «una cuestión pragmática» es correcta, pero de tal identificación no se deduce el conjunto de contextos en los que se exige la condición de familiaridad, ni tampoco el de aquellos otros en los que esta queda misteriosamente suspendida. Según Zwarts (2014), estos sintagmas definidos se pueden restringir en función de los marcos (ing. *frames*) de Fillmore. En cambio, Aguilar-Guevara (2014) entiende que se pueden caracterizar según el modelo léxico de Pustejovsky (1995), en el que los llamados *qualia* aportan informaciones hiperespecíficas en las entradas léxicas, con consecuencias patentes en la sintaxis. Existen, desde luego, más opciones, entre ellas la que consiste en no poner toda la carga en el léxico, sino —al menos en parte— en las inferencias que caracterizan los llamados *modelos relevantistas* (Sperber/Wilson 1986; Wilson/Sperber 2003; Ariel 2008, entre otros).

No me es posible intentar dilucidar aquí cuáles son las ventajas y los inconvenientes de cada una de estas aproximaciones, aplicadas a (24) y (25), pero sí quisiera resaltar que los aspectos pragmáticos de la composicionalidad no se resuelven por el solo hecho de identificarlos. Antes al contrario, las teorías que se avancen para explicarlos han de estar formuladas de forma restrictiva, ya que de lo contrario no podrán ponerse a prueba. En último extremo, la asignación de referencia a una expresión nominal definida cualquiera es un problema para la composicionalidad por la razón que Hall-Partee apuntaba en la cita recogida arriba: cuando insertamos en la sintaxis un SN, suponemos que posee un determinado significado que contribuirá a la interpretación de una expresión más compleja (tal vez saturando una posición argumental o de alguna otra forma similar). Pero a veces olvidamos que la referencia que otorguemos a esa expresión puede construirse en la sintaxis misma, en lugar de venir preestablecida. Todo ello origina una especie de BUCLE CONCEPTUAL, cuya solución solo podemos entrever por el momento. Esperamos que la sintaxis arme la interpretación composicional de los fragmentos, pero es posible que estos no se puedan interpretar aisladamente, sino que adquieran su sentido o su referencia en función de pautas léxicas que proporciona la propia sintaxis, junto con otras informaciones que procederán del entorno discursivo.

2.5 Problemas de infradeterminación semántica

Las estructuras gramaticales nos ofrecen a veces menos contenido del que les pedimos o les pediríamos. En una serie de casos conocidos, la sintaxis no nos proporciona una lectura semántica precisa de los segmentos sintácticos, sino tan solo vínculos abstractos que admiten múltiples realizaciones significativas. Entre los ejemplos más conocidos de esta situación están los compuestos nominales de las lenguas germánicas (y particularmente del inglés), los adjetivos relacionales y los complementos nominales construidos con la preposición *de* (o su equivalente) en las lenguas románicas. Así, el SN de (26a) puede aludir, como es obvio, a la mujer que aparece en cierto periódico, pero también a la que lleva cierto periódico, a la que se menciona en cierto periódico o a la que trabaja en él, entre otras lecturas posibles. En cuanto a (26b), podría significar «la casa que aparece en cierto cuadro», pero también —y con igual naturalidad— «la casa que tiene cierto cuadro en su interior».

(26) a. La mujer del periódico.
    b. La casa del cuadro.

Aparentemente, hay algo antifuncional en el hecho mismo de que la lengua permita tantas opciones interpretativas para una estructura que está claramente infradeterminada en términos semánticos. Existe cierta relación entre este problema y el introducido en la sección precedente, en particular porque el tópico discursivo previo contribuirá a dilucidar la interpretación adecuada en ambos casos. Así, la lectura en la que se habla de una casa dentro de un cuadro será natural en (26b) si este SN aparece en una conversación sobre un museo, pero la interpretación contraria («la casa que tiene cierto cuadro en su interior») será la más natural en un contexto en el que se habla de varias casas y se desea identificar una por algún rasgo particular.

Nótese ahora que el que estos SNs se integren en un predicado (por ejemplo, que constituyan el complemento directo del verbo *ver*) no ayuda en absoluto a resolver el problema de composicionalidad que plantean. La «relación R» inespecífica (introducida en Williams 1981) que se asume a menudo para casos como los de (26) y otros similares constituye un buen nombre para un problema, pero no es propiamente una solución: el oyente no puede quedar satisfecho al saber que existe «cierta relación» entre dos entidades, sino que construirá mentalmente la lista de opciones significativas posibles en función de las relaciones semánticas abstractas disponibles (continente-contenido, objeto-lugar, etc.). Una forma de acotar el problema es preguntarse qué información tendríamos que introducir en un programa informático para que este diera con la opción correcta en cada caso, siguiendo quizás algún algoritmo.

A la cuestión suscitada en este apartado (infradeterminación estructural) y a la introducida en el apartado precedente (asignación de referencia) podrían añadirse otras similares que constituyen problemas para la composicionalidad-E por el solo hecho de que la información ausente se ha de recuperar a través de un cálculo que exige variables externas a los segmentos analizados. A menudo se asume que se trata de informaciones *extralingüísticas*, pero en mi opinión es más adecuado caracterizarlas como *discursivas*. La noción de tópico, por ejemplo, no es extralingüística, pero sí es discursiva, en cuanto que se obtiene de un marco sintáctico que excede la oración, y no exactamente de un conjunto de informaciones que exceden o superan el lenguaje como fuente de información.

La contribución de todas estas informaciones a la composicionalidad se diferencia de la que realizan las nociones introducidas en los apartados precedentes en que en aquellos casos se obtienen de manera casi automática del contexto sintáctico inmediato (casos de reanálisis, de control generalizado, etc.), mientras que en estos otros casos el cálculo exige inferencias que pueden ser correctas o fallidas. La existencia de este otro tipo de factores no pone en cuestión el principio de composicionalidad, pero fuerza a los investigadores a ordenar las variables que lo hacen posible, y sobre todo a no confundir la constatación de su mera presencia con la formulación de las teorías restrictivas necesarias para darles cabida.

3 La composicionalidad interna

Como he adelantado, la composicionalidad interna (o COMPOSICIONALIDAD-I) nos permite entender ciertos conceptos lingüísticos como conjuntos de informaciones específicas que debemos aislar, lo que nos lleva a establecer agrupaciones entre ellas y a caracterizar cada elemento por la posible presencia o ausencia de un subconjunto de esas propiedades. Como no me será posible mencionar los numerosos casos posibles de composicionalidad-I que pueden postularse en la gramática española, me conformaré con señalar algunos candidatos.

Distinguiré algunos ya conocidos de otros que me parecen posibles, viables e incluso prometedores. Los ejemplos que he mencionado hasta ahora de composicionalidad-I son los fonemas y las funciones sintácticas. Existen, sin embargo, muchos otros candidatos, algunos de los cuales han surgido dentro de la denominada GRAMÁTICA NO DISCRETA (ing. *fuzzy grammar*), sobre la que Aarts et al. (2004) reúnen una excelente antología de estudios (para el español, se ofrecía un buen panorama en Moure 1996). En esta sección me mantendré en el espíritu de esa corriente general, aunque no asumiré necesariamente sus desarrollos particulares.

Además de las funciones sintácticas mismas, podemos considerar como candidatos a la composicionalidad-I algunos de los componentes que solemos usar para identificarlas; por ejemplo, la noción de 'complemento'. El aspecto que deseo resaltar de esa noción es que el uso que se hace tradicionalmente de ella está demasiado circunscrito a uno solo de los posibles casos particulares: el de ciertas estructuras argumentales. Se aplica, pues, de modo general a (27a), ya que *pan* es —para todo el mundo— el complemento de *comían*. La mayor parte de los gramáticos tradicionales (y, en gran medida, también modernos) rechazarían una interpretación más abarcadora de la noción de 'complemento', según la cual *ti* lo es de *sin* en (27b); *esperarte* lo es de *puedo* en (27c); *estudies* lo es de *que* en (27d); *llamó* lo es de *no* en (27e); *la guerra* lo es de *cuando* en (27f); *María* lo es de *excepto* en (27g) y *tú* lo es de *como* en (27h).

(27) a. Comían pan.
   b. Sin ti.
   c. Puedo esperarte.
   d. Quiero que estudies.
   e. No llamó.
   f. Cuando la guerra.
   g. Excepto María.
   h. Gente como tú.

Sin embargo, en el modelo de Principios y Parámetros, así como en sus desarrollos, todos los ejemplos de (27) contienen algún complemento, ya que esta noción no se vincula a un núcleo sintáctico particular (nominal, verbal, preposicional, conjuntivo, incluso flexional), ni tampoco a otras informaciones que pueden darse independientemente (caso, tipo de sintagma, papel temático, etc.). Se deduce de ello que, al igual que existen muchas formas de «ser sujeto», como veníamos en el § 1, también las hay de «ser complemento». A diferencia de lo que es habitual en la tradición, no tenemos por qué vincular el constituyente adyacente a un núcleo específico o a una serie de informaciones sintácticas (categoría, caso, papel temático, etc.) que tan solo representan opciones particulares.

En Bosque/Gutiérrez-Reixach (2009, cap. 1) se hace notar que un problema clásico de nuestra tradición gramatical es el hecho de dar preeminencia a los tipos oracionales sobre los segmentos que los conforman. Dicho de otro modo, se consideran unidades básicas o fundamentales construcciones que contienen gran cantidad de información. Como allí se indica, es casi imposible definir con precisión conceptos tradicionales como 'oración negativa' u 'oración comparativa', lo que aconseja sustituirlos por unidades más pequeñas: operadores negativos o comparativos que interactúan con segmentos sintácticos de diversa complejidad interna en determinados entornos sintácticos. De hecho, la idea —hoy aceptada mayoritariamente— de que las oraciones no son más que expansiones de alguno de sus componentes tiene difícil encaje en la tradición. Lo cierto es que una oración de relativo no es más que una oración que contiene un relativo; una oración transitiva es la que contiene un verbo transitivo, etc. El resto de las propiedades de la oración (sea relativa, transitiva o de cualquier tipo) se deducirá de la estructura sintáctica en la que tenga cabida el término que da nombre a la oración.

Una de las principales aportaciones del modelo de Principios y Parámetros a nuestra compresión de la gramática fue el mostrar que las etiquetas con las que se suelen caracterizar las construcciones sintácticas resultan ser conjuntos de informaciones. Por ejemplo, hemos dado en llamar *transitividad* a una amalgama de diversas nociones que pueden darse por separado: núcleo verbal, argumento interno (sea nominal u oracional) de un predicado, caso acusativo, etc. Como antes, también en estos casos se alcanza una mejor compresión de las estructuras analizadas si optamos por descomponer los tipos de construcciones en sus elementos constitutivos.

El concepto de 'perífrasis verbal' proporciona otro de los ejemplos más característicos de esta situación. Todavía es presentado a menudo como una unidad sintáctica básica o primitiva en los análisis escolares, lo que dificulta operar por separado con sus elementos integrantes. De hecho, en esos análisis tienen difícil cabida construcciones como las de (28).

(28) a. Unas veces puedo dormir y otras veces no puedo.
     b. Podría uno imaginarse que. . .
     c. Puedo [leer libros y escuchar música].

En efecto, el segundo *puedo* de (28a) parece constituir «media perífrasis verbal»; el sujeto de (28b) fragmenta en dos la perífrasis sin que esta deje de ser, al parecer, una unidad sintáctica; a su vez, una parte de la perífrasis (el SV) se coordina con otra análoga en (28c), sin que a estos segmentos se les reconozca tradicionalmente independencia alguna. Como se sabe hoy, estos problemas —y algunos otros similares— se evitan si se reconoce la combinación de un verbo auxiliar y su complemento no oracional (SF o SV, según los análisis), y se otorga cierta independencia sintáctica a cada uno.

Proporcionan otro caso conocido de composicionalidad-I los llamados a veces *infinitivos híbridos,* como es *doblar* en (29), ya que presentan a la vez propiedades verbales (*doblar* posee aquí objeto directo) y nominales (aparece modificado por un adjetivo y por un determinante indefinido):

(29) «[...] un incesante doblar esquinas por el entramado de calles imposibles»
(*El País,* 03/06/1980, CREA)

Pueden verse otros ejemplos de esta pauta en NGLE (§ 26.3–26.4), así como en Bosque (1989/²2015), Demonte/Varela (1997), Anula/Fernández Lagunilla (1997), Torres Cacoullos (2006), Ramírez (2003), Fábregas/Varela (2006) y Rodríguez Espiñeira (2008), entre otros estudios. Podría decirse que existe hoy un acuerdo casi general en que el infinitivo no es a la vez verbal y nominal en estos casos, sino que es el resultado de una configuración sintáctica compleja cuyas capas más altas son nominales y cuyas capas más bajas son verbales. Los detalles dependen en gran medida de las diferencias que existen entre las diversas propuestas, en particular en las proyecciones funcionales intermedias que se postulen (pueden compararse, por ejemplo, los análisis presentados en Siloni 1997, Malouf 1998, Alexiadou 2001 o Panagiotidis 2010, entre otros). En cualquier caso, esos análisis coinciden en derivar el término *híbrido* de una estructura sintáctica articulada, de manera que la «hibridez» no es sino el resultado de combinar proyecciones nominales y verbales en cierta jerarquía.

Quisiera hacer referencia ahora a algunos ámbitos de la gramática a los que no se ha aplicado todavía la composicionalidad-I, y que en mi opinión sería interesante abordar desde este punto de vista. Un candidato natural es la noción de 'nombre colectivo', nunca bien explicada en las gramáticas clásicas. La razón por la que esta noción resulta borrosa es el hecho de que el conjunto de esquemas sintácticos que habrían de determinarla (argumentos en singular de predicados colectivos, como *reunir*; capacidad de ser cuantificados por el adjetivo *numeroso*, etc.) no da lugar a un único paradigma (NGLE, § 12.4). Por otra parte, algunos sustantivos que no son colectivos parecen denotar «conjuntos de entidades» usados como argumentos (igualmente en singular) de ciertos predicados, lo que da a entender que la propiedad de ser colectivo un nombre puede ser relativa al predicado del que es argumento:

(30) a. Hojear {un libro / las páginas del libro / *una página de un libro}.
  b. Hilvanar {un discurso / varias palabras / *una palabra}.
  c. Desparramarse por la colina {un pueblo / los edificios / *un edificio}.

A todo ello se añade que los nombres colectivos se comportan de forma considerablemente distinta en las relaciones de concordancia (Fält 1972; Soler 2012), así como el hecho —más que paradójico— de que los diccionarios caracterizan como conjuntos un gran número de sustantivos que no son colectivos. Entre otros muchos, el DLE lo hace con *acorde, biosfera, calavera, calefacción, capitalismo, ceremonial, ciencia, dentadura, filosofía, legislación, prensa, régimen, ropa, sexualidad* y *trigo*. En principio, merecería alguna aclaración el que estos nombres se caractericen (al menos en alguna acepción) como «conjuntos de cosas». En cierta forma, se reconoce indirectamente que estos no son nombres colectivos, pero a la vez se define *nombre colectivo* como el que denota en singular un conjunto de entidades. La idea de que los nombres colectivos denotan grupos de naturaleza muy diferente se expone (aunque sin reducirlos a conjuntos de rasgos) en Pearson (2011), Henderson (2017) y en otros trabajos a los que se remite desde allí.

Se dirá tal vez que la composicionalidad-I puede ayudar a establecer subclases de palabras (en este caso, nombre colectivo), pero no las clases propiamente dichas. No creo que esta sea tampoco una buena conclusión. Aunque existen varias unidades léxicas que la podrían poner en entredicho, elegiré aquí solo una, a modo de ejemplo: la clasificación de *usted/ustedes* entre los pronombres personales. Esta categorización es aceptada por todos los diccionarios y todas las gramáticas. Sin embargo, es muy dudoso que *usted* sea un pronombre personal. En cierta forma, decir que *usted* es un pronombre personal es como afirmar que lo son también formas como *su señoría* o *su excelencia*. Me parece que existen al menos seis argumentos en contra de que *usted* sea un pronombre personal:

a) Requiere de la extraña distinción (entre los pronombres) entre «persona gramatical» y «persona del discurso» para explicar que concuerda en 3.ª persona con el verbo, pero se dirige a los interlocutores:

(31) a. Esto es para {ti / usted}.
  b. Como usted {sabe / *sabes}.

b) Puede usarse (en los registros formales) como dativo o acusativo sin doblado. Ningún pronombre personal tónico posee esta propiedad en la lengua actual, pero es esperable en un SN:

(32) a. *Agradezco a ella que. . . / *Pido a ti que. . .

        b. «De antemano agradezco a usted, señor Director, la publicación de este escrito.» (*Excelsior*, 23/04/1996).

        c. «Respetuosamente pido a ustedes un breve tiempo para referirme a sólo un aspecto de este acuerdo» (CREA, lengua oral)

c) Se usa en imperativos sin lectura contrastiva:

(33) a. Pasa tú. [Solo contrastivo, por tanto 'por oposición a . . .']

        b. Pase usted. [No es contrastivo, como tampoco lo es *Pase la señora*]

d) Concuerda en 3.ª persona, pero no puede ser antecedente de pronombres de 3.ª persona. Los SNs que expresan formas de tratamiento poseen esa misma propiedad, no así los pronombres personales.

(34) a. [Ella]$_i$ dice que con [ella]$_i$ no cuenten.

        b. *[Usted]$_i$ dice que con [él/ella]$_i$ no cuenten.

        c. *[Vuestra majestad]$_i$ dice que con [él/ella]$_i$ no cuenten.

e) Se dobla con un clítico correspondiente a otro pronombre:

(35) a. <u>Me</u> parece a <u>mí</u> que. . . [*Me* y *mí* son variantes del mismo pronombre]

        b. Yo <u>le</u> digo a <u>usted</u> que. . . [*Le* y *usted* no son variantes del mismo pronombre]

f) Posee tercera persona, pero admite los dos géneros. Ningún otro pronombre de 3.ª persona lo hace, pero esta propiedad es común entre las formas de tratamiento.

(36) a. Ella estará {preocupada / *preocupado}.

        b. Usted estará {preocupada / preocupado}.

        c. Su alteza estará {preocupada / preocupado}.

Curiosamente, en los estudios gramaticales se insiste en resaltar que *usted* es un pronombre personal que procede de una forma de tratamiento (*vuesa merced*), pero no se plantea en ellos la cuestión misma de si *usted* muestra realmente las propiedades de un pronombre personal de tercera persona, lo que —como vemos— no sucede. Ciertamente, el concluir que *usted* es una forma de tratamiento, como *su señoría, su majestad* o *su excelencia*, en lugar de un pronombre personal, no constituye una solución enteramente satisfactoria, a menos que tengamos un lugar en la gramática para el concepto mismo de 'forma de tratamiento'. Se trata, de nuevo, de una noción «híbrida». En efecto, la llamadas *formas de tratamiento* son expresiones nominales que...

- ... están en el léxico, como los pronombres, por oposición a los sintagmas nominales.
- ... poseen rasgos de 3.ª persona, pero se dirigen a un interlocutor, como los pronombres de 2.ª persona (y también como los vocativos y los imperativos).
- ... admiten los dos géneros,[12] sin ser pronombres ni tampoco sustantivos ambiguos.
- ... no exigen ser doblados como acusativos o dativos, a diferencia de los pronombres.

Como en los casos anteriores, tiene más sentido crear clases gramaticales agrupando propiedades sintácticas relativamente independientes que asumir etiquetas demasiado abarcadoras (pronombre, conjunción, etc.) y suponer que cualquier pieza léxica que hayamos de encontrar habrá de corresponder a alguna de ellas.

El último ejemplo de composicionalidad-I que mencionaré se aplica a la noción de 'pronombre reflexivo', limitado aquí a la gramática española. Después de revisar un buen número de gramáticas tradicionales, he comprobado que —de manera un tanto paradójica— ninguna ofrece una definición de este concepto, por más que todas hablen de él. Asumamos, pues, la definición más común en la gramática contemporánea:

(37) Un pronombre reflexivo es un pronombre personal con un antecedente coargumental.

Existen definiciones de 'pronombre reflexivo' más restrictivas que (37), entre otras las que limitan su posible antecedente en términos de mando-c (como hace el principio A de la teoría del ligamiento; ing. *binding theory*), o bien a través de sus posibles rasgos de caso. Para mis propósitos en este punto, (37) es suficiente, aunque solo sea porque (i) excluye con claridad posibles antecedentes no coargumentales (como *Juan* en (38a)), y (ii) no acude a las

---

12 Con excepciones conocidas, en función de los ámbitos a los que se apliquen: *su eminencia, vuestra caridad*, etc.

funciones sintácticas para determinar el antecedente coargumental de un reflexivo, ya que —como es bien sabido—, este no siempre es el sujeto de su oración. En (38) se subrayan con trazo discontinuo los antecedentes, posibles e imposibles, de los reflexivos que allí aparecen:

(38) a. *El padre de Juan habla demasiado de sí mismo.
  b. Juan siempre la consideró fiel a sí {*mismo / misma}.
  c. «El matrimonio te saca de ti misma» [*El País*, Uruguay, 06/09/2001].
  d. María detesta la excesiva condescendencia de Juan consigo {mismo/ *misma}.

Hasta aquí, todo funciona como sería de esperar. La pregunta relevante es ahora la siguiente: ¿Son verdaderamente imprescindibles las condiciones que fija (37) para definir el concepto de 'pronombre reflexivo'? Nótese que en (39) tenemos un uso de *mí mismo* cuyo antecedente no es, desde luego, *mi actuación* (el otro coargumento de *habla*):

(39) «[...] mi actuación habla de mí mismo, de mi honestidad y particularmente, de la verdad que dirige mi vida» (J. R. Olivieri, *Amarme a mí mismo*, Google Books).

¿Hemos de concluir entonces que *mí* (*mismo*) no es un reflexivo en (39)? Ciertamente, una opción consiste en caracterizar este pronombre como reflexivo «enfático», pero lo cierto es que los llamados *reflexivos enfáticos* incumplen algunas propiedades definitorias de los reflexivos. Si es así, ¿son reflexivos o no lo son? No puedo reproducir aquí las respuestas a estas preguntas que intento ofrecer en Bosque (2016). Tan solo señalaré que se basan en la misma estrategia que puede aplicarse a otros muchos casos de composicionalidad-I. La estrategia es la siguiente: descompongamos la reflexividad en elementos menores. Entre sus ingredientes potenciales estarán la referencia, la (co)argumentalidad, el caso, la persona, el foco y la noción misma de antecedente (y su relación con la de referente). En lugar de preocuparnos por la cuestión (en gran medida nominalista) de qué agrupaciones de esas informaciones gramaticales merecen verdaderamente el nombre de «reflexividad» —sea esta enfática o no—, centrémonos en las opciones a las que esas nociones más elementales pueden dan lugar; fijémonos en la forma en que unas se deducen de otras y tratemos de llegar a ellas procurando no estipular todo aquello que pueda ser deducido.

4 Conclusiones

La composicionalidad externa es, a la vez, un requisito de la gramática y un quebradero de cabeza para los lingüistas. Es un requisito de la gramática porque constituye una parte fundamental de la caracterización misma de sus partes, en particular de la sintaxis y de la morfología. Es un quebradero de cabeza porque se fundamenta en la manera en que una serie de piezas se integran progresivamente en la constitución de conjuntos mayores que habrán de interpretarse necesariamente a partir de ellas, y —ciertamente— todavía es mucho lo que nos queda por comprender acerca de las diversas formas en las que esa «integración progresiva» se lleva a cabo.

Como hemos comprobado, suele suceder que la interpretación semántica de las partes tiene lugar en la sintaxis misma, en lugar de venir prestablecida. Si todo se redujera a procesos como la saturación argumental, la composicionalidad-E sería casi trivial. Sin embargo —y recordando algunos de los problemas analizados—, hemos de obtener del entorno inmediato un buen número de rasgos ausentes en las piezas léxicas que son aportados por sus vecinas en contextos locales (control generalizado). Hemos de reajustar ciertas relaciones locales (reanálisis) antes o después de formar unidades de predicación que habrán de interpretarse semánticamente. Necesitamos asimismo recursos para calcular la interpretación de un segmento en función de informaciones externas a la oración, por ejemplo para otorgar referencia a una expresión definida o para dejar en suspenso su posible referencialidad, como veíamos. A estas necesidades, planteadas desde el ámbito estricto de la gramática, se añaden, desde luego, otras que se suscitan más a menudo en la filosofía del lenguaje, como en los títulos mencionados en el § 1.

Aunque la composicionalidad interna haya sido menos estudiada que la externa, podemos comprobar su existencia empíricamente. Solemos manejar como primitivos conceptos que constituyen en realidad conjuntos de informaciones: «sujeto», «transitividad», «oración», «perífrasis verbal», «nombre colectivo», «forma de tratamiento», «pronombre reflexivo», etc. Buena parte del esfuerzo analítico realizado en relación con nociones complejas como estas se ha orientado tradicionalmente en dos direcciones: una consiste en postular escalas de prototipicidad o de gradualidad en ellas; la otra se ha basado en establecer clases y subclases en cada noción compleja. En las páginas precedentes he intentado apartarme de ambas direcciones, y he apoyado la idea de que la llamada *granularidad* proporciona una estrategia analítica más adecuada que las que provienen de la *prototipicidad* o la *gradualidad*. Desde este punto de vista, tales unidades gramaticales (y otras similares que se podrían añadir) constituyen complejos de informaciones que hemos de deslindar. No será necesario que todas las informaciones aisladas se den a la vez, pero sí será necesario que estas se articulen internamente (en el sentido de que se apoyen unas a otras o se deduzcan unas de otras).

No es difícil entrever que una parte de los desafíos que plantea la composicionalidad-I entroncan con la fuerte tradición nominalista que el análisis gramatical arrastra entre nosotros. Con ser importantes, entiendo que estos problemas son menos serios que los que plantea la composicionalidad-E. La razón es que la resolución de los primeros serviría sobre todo para poner un poco de orden en nuestras herramientas conceptuales más básicas. La solución de los segundos, en cambio, tendría un alcance mucho mayor, nada menos que el permitirnos entender cabalmente la misteriosa manera en que interpretamos todo aquello que el lenguaje tiene de arquitectura: exactamente lo que los diccionarios no nos pueden ofrecer.

Bibliografía

Aarts, Bas, *Conceptions of gradience in the history of linguistics*, Language Sciences 26 (2004), 343–389 (=2004a).

Aarts, Bas, *Modelling linguistic gradience*, Studies in Language 28:1 (2004), 1–49 (=2004b).

Aarts, Bas, *Syntactic gradience: The nature of grammatical indeterminacy*, Oxford, Oxford University Press, 2007.

Aarts, Bas/Denison, David/Keizer, Evelien (edd.), *Fuzzy grammar: a reader*, Oxford, Oxford University Press, 2004.

Abusch, Dorit, *On the temporal composition of infinitives*, in: Guéron, Jacqueline/Lecarme, Jacqueline (edd.), *The syntax of time*, Cambridge, Massachusetts, MIT Press, 2004, 27–53.

Aguilar-Guevara, Ana, *Weak definites. Semantics, lexicon and pragmatics*, Tesis doctoral, Universidad de Utrecht, 2014, https://www.lotpublications.nl/weak-definites-weak-definites-semantics-lexicon-and-pragmatics [último acceso: 29.04.2019].

Aguilar-Guevara, Ana/Zwarts, Joost, *Weak definites and reference to kinds. Proceedings of the 20th conference on semantics and linguistic theory (SALT 20)*, 2010, 1–15.

Aguilar-Guevara, Ana/Le Bruyn, Bert/Zwarts, Joost (edd.), *Weak referentiality*, Amsterdam, Benjamins, 2014.

Alexiadou, Artemis, *Adverb placement*, Amsterdam, Benjamins, 1997.

Alexiadou, Artemis, *Functional structure in nominals, nominalization and ergativity*, Amsterdam, Benjamins, 2001.

Allan, Keith, *Aristotle's footprints in the linguist's garden*, Language Sciences 26 (2004), 317–342.

Anula Rebollo, Alberto/Fernández Lagunilla, Marina, *Infinitivos nominales y verbales en español*, Espéculo 5 (1997), https://webs.ucm.es/info/especulo/numero5/a_anula.htm [último acceso: 29.04.2019]

Ariel, Mira, *Pragmatics and grammar*, Cambridge, Cambridge University Press, 2008.

Barker, Chris/Jacobson, Pauline, *Direct compositionality*, Oxford, Oxford University Press, 2012.

Boguslavsky, Igor, *Enlarging the diversity of valency instantiation patterns and its implications*, in: Bosch, Peter/Gabelaia, David/Lang, Jérôme (edd.), *Language, logic and computation. Lecture notes in computer science 5422*, Heidelberg, Springer, 2009, 206–220, https://link.springer.com/chapter/10.1007/978-3-642-00665-4_17 [último acceso: 29.04.2019].

Bosque, Ignacio, *Las categorías gramaticales*, Madrid, Síntesis, 1989/²2015.

Bosque, Ignacio, *On the weight of light predicates*, in: Herschenson, Julia/Zagona, Karen/ Mallén, Enrique (edd.), *Features and interfaces in Romance. Essays in honor of Heles Contreras*, Amsterdam, Benjamins, 2001, 23–38.

Bosque, Ignacio, *On the lexical integrity hypothesis and its (in)accurate predictions*, Iberia. An International Journal of Theoretical Linguistics 4:1 (2012), 140–173.

Bosque, Ignacio, *Los rasgos gramaticales*, in: Gallego, Ángel (ed.), *Perspectivas de sintaxis*, Madrid, Akal, 2015, 309–387.

Bosque, Ignacio, *La reflexividad paso a paso*, conferencia plenaria, IX Congreso internacional de la asociación asiática de hispanistas (IX AAH), Bangkok, enero de 2016. Actas en edición electrónica a cargo de Nunghatai Rangponsumrit et al. Monográficos SINOELE, n.º 17, 15–58, http://www.sinoele.org/images/Revista/17/monograficos/AAH_2016/ AAH_2016_ignacio_bosque.pdf [último acceso: 29.04.2019].

Bosque, Ignacio, *Spanish exclamatives in perspective: a survey of properties, classes, and current theoretical issues*, in: Bosque, Ignacio (ed.), *Advances in the analysis of Spanish exclamatives*, Ohio, Ohio State University Press, 2017, 11–52 (2017a).

Bosque, Ignacio, *Sobre los verbos de memoria y la interpretación semántica de sus argumentos*, Lingüística (Alfal) 33:1 (2017), 9–32 (= 2017b).

Bosque, Ignacio, *Lexical integrity in morphology*, in: Lieber, Rochelle, et al. (edd.), *Oxford encyclopedia of morphology*, Oxford University Press, en prensa.

Bosque, Ignacio/Gallego, Ángel, *Spanish double passives and related structures*, Linguística. Revista de Estudos Linguísticos da Universidade do Porto 6:1 (2011), 9–50.

Bosque, Ignacio/Gallego, Ángel, *Reconsidering subextraction: evidence from Spanish*, Borealis. An International Journal of Spanish Linguistics 3:2 (2014), 223–225.

Bosque, Ignacio/Gutiérrez-Rexach, Javier, *Fundamentos de sintaxis formal*, Madrid, Akal, 2009.

Bosque, Ignacio/Masullo, Pascual J., *On verbal quantification in Spanish*, in: Fullana, Olga/ Roca, Francesc (edd.), *Studies on the syntax of Central Romance languages*, Girona, Universitat de Girona, 1998, 9–63.

Bosque, Ignacio/Torrego, Esther (1995), *On Spanish HABER and tense*, Langues et Grammaire 1 (Université de Paris 8) (1995), 13–29.

Brody, Michael, *Theta theory and arguments*, Linguistic Inquiry 24 (1993), 1–23.

Chomsky, Noam, *Minimalist inquiries: the framework*, in: Lasnik, Howard, et al. (edd.), *Step by step. Essays on minimalist syntax in honor of Howard Lasnik*, Cambridge, Massachusetts, MIT Press, 2000, 89–155.

Closs Traugott, Elizabeth/Trousdale, Graeme (edd.), *Gradience, gradualness and grammaticalization*, Amsterdam, Benjamins, 2010.

Coseriu, Eugenio, *Determinación y entorno. Dos problemas de una lingüística del hablar*. Romanistisches Jahrbuch 7 (1956), 29–54, reimpreso en Coseriu, Eugenio, *Teoría del lenguaje y lingüística general*, Madrid, Gredos, 1967, 289–323.

CREA = Real Academia Española, *Corpus de referencia del español actual*, http://corpus.rae. es/creanet.html [último acceso: 29.04.2019].

Croft, William, *Beyond Aristotle and gradience. A reply to Aarts*, Studies in Language 31:2 (2007), 409–430.

Croft, William/Cruse, Alan, *Cognitive linguistics*, Cambridge, Cambridge University Press, 2004.

Cruse, David Alan, *Lexical semantics without stable word meanings: a dynamic construal approach*, in: Casas Gómez, Miguel/Rodríguez Piñeiro, Isabel (edd.), *X Jornadas de lingüística*, Cádiz, Universidad de Cádiz, 2008, 35–58.

Davies, William D./Dubinsky, Stanley, *The grammar of raising and control*, Oxford, Blackwell, 2004.
De Hoop, Helen/Hendriks, Petra/Blutner, Reinhard, *On compositionality and bidirectional optimization*, Journal of Cognitive Science 8 (2007), 137–151.
Demonte, Violeta/Varela, Soledad, *Spanish event infinitives. From lexical-semantics to syntax-morphology*, in: Mendikoetxea, Amaya/Uribe-Etxebarria, Myriam (edd.), *Theoretical issues at the morphology-syntax interface*, Supplement of International Journal of Basque Linguistics and Philology XI (1997), 253–277.
DLE = Real Academia Española y Asociación de Academias de la Lengua Española, *Diccionario de la lengua española*, Madrid, Espasa, 2014.
Dowty, David, *Compositionality as an empirical problem*, in: Barker, Chris/Jacobson, Pauline (edd.), *Direct compositionality*, Oxford, Oxford University Press, 2007, 14–23.
Engh, John, *Control. A bibliography*, Oslo, *Universitetet i Oslo*, 2011, http://folk.uio.no/janengh/KONTROLL/index.html [último acceso: 29.04.2019].
Ernst, Thomas, *The syntax of adjuncts*, Cambridge, Cambridge University Press, 2002.
Fábregas, Antonio, *On why word phases cannot account for lexical integrity effect*, Lingue e Linguaggio 10 (2011), 3–28.
Fábregas, Antonio, *Las nominalizaciones*, Madrid, Visor Libros, 2016.
Fábregas, Antonio/Varela, Soledad, *Verb classes with eventive infinitives in Spanish*, in: Sagarra, Nuria/Toribio Almeida, Jacqueline (edd.), *Selected proceedings of the 9th hispanic linguistics symposium*, Somerville, Cascadilla Proceedings Project, 2006, 24–33.
Fält, Gunnar, *Tres problemas de concordancia verbal en el español moderno*, Uppsala, Acta Universitatis Upsaliensis, Studia Romanica Upsaliensia 9 (1972).
Fanselow, Gisbert/Féry, Caroline/Schlesewsky, Matthias/Vogel, Ralf (edd.), *Gradience in grammar. Generative perspectives*, Oxford, Oxford University Press, 2006.
Frege, Gottlob, *Über Sinn und Bedeutung*, 1892, cito por la version inglesa, *On sense and reference*, in: Geach, Peter T./Black, Max (edd.), *Translations form the philosophical writings of Gottlob Frege*, Oxford, Blackwell, 1952, 56–78.
Gallego, Ángel, *El complemento de régimen verbal*, Lingüística Española Actual 32:2 (2010), 223–258.
Geeraerts, Dirk, *Prospects and problems of prototype theory*, Linguistics 27:4 (1989), 587–612.
Geuder, Wilhelm, *Oriented adverbs. Issues in the lexical semantics of event adverbs*, Tesis doctoral, Universität Tübingen, 2002, https://publikationen.uni-tuebingen.de/xmlui/bitstream/handle/10900/46179/pdf/geuder-oriadverbs.pdf?sequence=1&isAllowed=y [último acceso: 29.04.2019].
Goldberg, Adele, *Compositionality*, in: Riemer, Nick (ed.), *Routledge semantics handbook*, London, Routledge, 2016, 419–432.
Hall-Partee, Barbara, *Compositionality in formal semantics: selected papers*, Malden, Massachusetts, Blackwell, 2004.
Helasvuo, Marja-Liisa/Huumo, Tuomas (edd.), *Subjects in constructions. Canonical and non-canonical*, Amsterdam, Benjamins, 2015.
Henderson, Robert, *Swarms: spatiotemporal grouping across domains*, Natural Language & Linguistic Theory 35 (2017), 161–203.
Hornstein, Norbert, *Move! A minimalist theory of construal*, Oxford, Blackwell, 2001.
Janssen, Theo, *Compositionality*, in: van Benthem, Johan/ter Meulen, Alice (edd.), *Handbook of logic and language*, Amsterdam, Elsevier, 1997, 417–473.
Jönsson, Martin L., *On compositionality. Doubts about the structural path to meaning*, Tesis doctoral, Lund University, 2009, https://lup.lub.lu.se/search/publication/1227758 [último acceso: 29.04.2019].

Kazmi, Ali/Pelletier, Francis J., *Is compositionality vacuous?*, Linguistics and Philosophy 21 (1988), 629–633.

Koike, Kazumi, *Sustantivos «ligeros»*, Moenia 9 (2003), 9–20.

Landau, Idan, *Control in generative grammar: a research companion*, Cambridge, Cambridge University Press, 2013.

Löbner, Sebastian, *Sub-compositionality*, in: Werning, Markus/Hinzen, Wolfram/Machery, Edouard (edd.), *The Oxford handbook of compositionality*, Oxford, Oxford University Press, 2012, 220–241.

Löbner, Sebastian, *The principle of sub-compositionality*, Presentado en ESSLLI 2013, Düsseldorf, 13 August 2013 (2013).

Lohndal, Terje, *Phrase structure and argument structure, A case study of the syntax-semantics interface*, Oxford, Oxford University Press, 2014.

Malouf, Robert. P., *Mixed categories in the hierarchical lexicon*, Tesis doctoral, Stanford University, 1998, https://www.researchgate.net/publication/261662513_Mixed_Categories_In_The_Hierarchical_Lexicon [último acceso: 29.04.2019].

Martin, Fabienne, *Oriented adverbs and object experiencer «psych-verbs»*, in: Arsenijevic, Boban/Gehrke, Berit/Marín, Rafael (edd.), *Studies in the composition and decomposition of event predicates*, Berlin, Springer, 2013, 71–97.

Masullo, Pascual J., *Incorporation and case theory in Spanish: a crosslinguistic perspective*, Tesis doctoral inédita, Washington, 1992.

Montague, Richard, *The proper treatment of quantification in ordinary English*, in: Hintikka, Jaakko/Suppes, Patrick/Moravcsik, Julius M. (edd.), *Approaches to natural language*, Dordrecht, Reidel, 1973, 221–242.

Montalbetti, Mario/Saito, Mamuro, *On certain (tough) differences between Spanish and English*, in: Sells, Peter/Jones, Charles (edd.), *Proceedings of the thirteenth annual meeting of the north east linguistics conference*, Amherst, Massachusetts, GLSA publications, 1983, 191–198.

Moure, Teresa, *La alternativa no-discreta en lingüística. Una perspectiva histórica y metodológica*, Santiago de Compostela, Universidade de Santiago de Compostela, 1996.

NGLE = Real Academia Española y Asociación de Academias de la Lengua Española, *Nueva gramática de la lengua española*, 2 vol., Madrid, Espasa, 2009.

Odijk, Jan, *Compositionality and syntactic generalizations*, Tesis doctoral, Universidad de Brabante, 1993, https://pure.uvt.nl/ws/portalfiles/portal/1209742/3955551.pdf [último acceso: 29.04.2019].

Pagin, Peter/Westerståhl, Dag, *Compositionality I: definitions and variants*, Philosophy Compass 5 (2010), 250–264.

Panagiotidis, Phoevos, *Nonargumental mixed projections*, Syntax 13:2 (2010), 165–182.

Pearson, Hazel, *a new semantics for group nouns*, in: Byram Washburn, Mary, et al. (edd.), *West coast conference on formal linguistics (WCCFL) 28*, Somerville, Cascadilla Proceedings Project, 2011, 160–168.

Pelletier, Francis J., *The principle of semantic compositionality*, Topoi 13:1 (1994), 11–24.

Pelletier, Francis J., *The principle of semantic compositionality*, in: Davis, Steven/Gillon, Brendan S. (edd.), *Semantics: a reader*, New York, Oxford University Press, 2004, 133–156.

Pérez Jiménez, Isabel, *Las cláusulas absolutas*, Madrid, Visor Libros, 2008.

Pietroski, Paul, *Events and semantic architecture*, Oxford, Oxford University Press, 2005.

Poesio, Massimo, *Weak definites*, in: *Proceedings of the fourth conference on semantics and linguistic theory (SALT 4)*, 1994, 282–299.

Porto Dapena, Álvaro, *Sobre la formula definicional acción y efecto de + verbo. Una nueva propuesta de tratamiento lexicográfico de los sustantivos de acción*, Revista de Lexicografía 31 (2015), 93–116.

Pustejovsky, James, *The generative lexicon*, Cambridge, Massachusetts, MIT Press, 1995.

Pylkkänen, Liina, *Introducing arguments*, Cambridge, Massachusetts, MIT Press, 2008.

Ramírez, Carlos J., *The Spanish nominalized infinitives: a proposal for a classification*, Toronto Working Papers in Linguistics 21 (2003), 117–133.

Rodríguez Espiñeira, María José, *El infinitivo como categoría híbrida o ambivalente*, in: Rodríguez Espiñeira, María José/Pena, Jesús (edd.), *Categorización lingüística y límites intercategoriales*, Anexo 61 de Verba (Santiago de Compostela), 2008, 127–148.

Sáez, Luis, *En torno al reanálisis*, Cuadernos de Lingüística (Instituto Universitario Ortega y Gasset) 1 (1993), 221–247.

Schwarz, Florian, *How weak and how definite are weak definites?*, in: Aguilar-Guevara, Ana/Le Bruyn, Bert/Zwarts, Joost (edd.), *Weak referentiality*, Amsterdam, Benjamins, 2014, 213–235.

Siloni, Tal, *Noun phrases and nominalizations*, Dordrecht, Kluwer, 1997.

Soler, María Ángeles, *La concordancia de número en español*, México, Universidad Nacional Autónoma de México, 2012.

Sperber, Dan/Wilson, Deirdre, *Relevance. Communication and cognition*, Oxford, Blackwell, 1986.

Stowell, Timothy, *The tense of infinitives*, Linguistic Inquiry 13 (1982), 561–570.

Szabó, Zoltán, *Compositionality as supervenience*, Linguistics and Philosophy 23 (2000), 475–505.

Szabó, Zoltán, *Compositionality*, in: Zalta, Edward N. (ed.), *Stanford encyclopedia of philosophy*, 2007, https://plato.stanford.edu/entries/compositionality/ [último acceso: 29.04.2019].

Taylor, John R., *Linguistic categorization: prototypes in linguistic theory*, Oxford, Oxford University Press, 1995.

Taylor, John R., *Prototype semantics*, in: Brown, Keith (ed.), *Encyclopedia of language and linguistics*, Oxford, Elsevier, 2005, 238–240.

Torres Cacoullos, Rena, *Las nominalizaciones de infinitivo*, in: Company Company, Concepción (ed.), *Sintaxis histórica de la lengua española*, vol. 2, tomo 2, México, Fondo de Cultura Económica, 2006, 1673–1738.

Tsohatzides, Savas (ed.), *Meanings and prototypes: studies in linguistic categorization*, London, Routledge, 1990.

van Gelder, Tim, *Compositionality: a connectionist variation on a classical theme*, Cognitive Science 14 (1990), 355–384.

Werning, Markus/Hinzen, Wolfram/Machery, Edouard (edd.), *The Oxford handbook of compositionality*, Oxford, Oxford University Press, 2012.

Westerståhl, Dag, *Compositionality in Kaplan-style semantics*, in: Werning, Markus/Hinzen, Wolfram/Machery, Edouard (edd.), *The Oxford handbook of compositionality*, Oxford, Oxford University Press, 2012, 192–219.

Williams, Edwin, *Argument structure and morphology*, The Linguistic Review 1 (1981), 81–114.

Wilson, Deirdre/Sperber, Dan, *Relevance theory*, Oxford, Blackwell, 2003.

Wurmbrand, Susi, *Infinitives: restructuring and clause structure*, Berlin/New York, de Gruyter, 2001.

Wurmbrand, Susi, *Tense and aspect in English infinitives*, Linguistic Inquiry 45:3 (2014), 403–447.

Zwarts, Joost, *Functional frames in the interpretation of weak nominals*, in: Aguilar-Guevara, Ana/Le Bruyn, Bert/Zwarts, Joost (edd.), *Weak referentiality*, Amsterdam, Benjamins, 2014, 265–286.

Dolores García Padrón y Gerd Wotjak

¿Podría considerarse que el nombre propio es una categoría semiléxica?

Abstract: The fact that it is very difficult to distinguish the meaning of the proper name (PN) from that of the pronoun and the common noun contributes to the belief that it has a semi-lexical nature, like prepositions, possessives, adverbs in *mente*, etc. (Corver/van Riemsdijk 2001, among others). The PN shares with the pronoun the so-called "third person" deixis and with the common noun the denotative and connotative functions. In this work, we defend a semantic perspective according to which the PN cannot be considered a semi-lexical category, somewhere in between grammar and lexicon. Although its semantic interpretation is variable and gradual, going from fully grammatical to definitely lexicalized uses, the grammatical and lexical information that it projects in speech cannot be confused, since they are stored in different strata of its content.

Keywords: proper name, semi-lexical category, propriality, grammaticalization, lexicalization

1 Introducción

Una explicación semántico-lingüística del nombre propio (NP) requiere introducir criterios lingüísticos a partir de los cuales su comportamiento quede explicado y sistematizado, en la lengua y en el hablar. En las páginas que siguen trataremos de justificar estas ideas sirviéndonos de la noción de *propialidad* (*propriality*) (Wotjak 1985; 1989; van Langendonck 2007a; 2007b; entre otros) como característica constante de esta clase de entidades y, apoyándonos en algunos ejemplos españoles en los que constataremos el paso de nombre propio (NP) a nombre común (NC) (Migliorini 1968[1927] sigue siendo hoy en día una referencia

---

Nota: Esta contribución se enmarca en el Proyecto de investigación *Los desarrollos semántico-lingüísticos del nombre propio en español: adjetivos de relación, hipocorísticos y lexicalizaciones* (FFI 2014-58260-P/ Ministerio de Economía y Competitividad), llevado a cabo por investigadores de la Universidad de La Laguna (Instituto universitario de lingüística Andrés Bello), Universidad de Las Palmas de Gran Canaria y Universität Leipzig.

Dolores García Padrón, Universidad de La Laguna
Gerd Wotjak, Universität Leipzig

https://doi.org/10.1515/9783110637700-003

obligada) o de nombre común a nombre propio, daremos cuenta de los procesos y mecanismos implicados en el *significar* y el *funcionar* de estos nombres.

2 El signo «nombre propio»

Desde el inicio de la reflexión sobre el lenguaje en la Antigüedad clásica hasta nuestros días, el nombre propio ha ocupado un lugar preponderante en la descripción de las categorías del pensamiento y su expresión lingüística. Filósofos, lingüistas y, más recientemente, psicólogos coinciden en que su naturaleza es compleja y multifacética. No son pocos los estudiosos que consideran que los NP no pertenecen a los idiomas, que no son signos en el sentido lingüístico de esta palabra, a pesar de que ya Dionisio de Tracia lo caracterizó como el *nombre por antonomasia*, estableciendo así una diferencia y una jerarquía entre el NP (*name*) y el NC (*noun*), ideas que en el seno de la lingüística actual ha defendido tempranamente Coseriu, quien se ha manifestado en este sentido:

> El significado primitivo de ὄνομα κύριον, lat. *Nomen proprium*... era ... el de 'nombre auténtico', 'nombre propiamente tal' (Coseriu 1973 [1955]: 267–268); [U]na teoría adecuada a su objeto no puede dejar de comprobar que los nombres propios no se hallan «al lado» de los nombres comunes, sino en un escalón superior, puesto que un nombre propio lingüístico sólo se aplica a objetos ya clasificados mediante nombres comunes (Coseriu, ms. III).

Precisamente por esto último, porque la atribución de un NP requiere la existencia de un ente (sustantivo) previamente delimitado al que se refiere, algunos autores han señalado que carece de significado; este, entendido exclusivamente como contenido simbólico, está ausente en sus empleos más idiosincrásicos, en los que solo hay deixis y se limita a señalar en la realidad, como se ha repetido desde siempre, *una* persona, *un* animal o *una* cosa.

No haremos aquí una revisión de las distintas teorías filosóficas, psicológicas y lingüísticas sobre el NP,[1] asunto que excede los límites de esta contribución, pero no queremos pasar por alto en este punto dos aspectos en los que buena parte de los autores, si no todos, coinciden: por un lado, sus reflexiones

---

1 Remitimos al lector esencialmente al mencionado trabajo de Coseriu (ms.) y a la monografía de van Langendonck (2007b): en ambas se trazan y discuten de modo claro y sucinto las ideas clásicas y las actuales; y en la propuesta del lingüista belga se hallan aspectos de mucho interés para abordar el tema de forma renovada. También cf. el trabajo de Osuna García (2003), quien las resume de modo preciso a la luz de las fronteras entre los pronombres, especialmente los demostrativos, y los nombres propios, sobre lo que volveremos.

se circunscriben básicamente al nombre propio antroponímico, en tanto NP por antonomasia (entre otros, van Langendonck 2007a)[2]; y por otro lado, dan por sentado el hecho indiscutible de que estas palabras significan *designando unívocamente* entidades a las que se asocian en el contexto comunicativo un conjunto de elementos sociales y personales cognitivos semejantes a los que denota la significación simbólica. Sobre todo por esto último, el nombre NP se percibe en el hablar como una unidad gramatical y léxica al mismo tiempo, de ahí que en ocasiones se observe que las fronteras entre el NP y el NC se traspasan gradual o definitivamente (Migliorini 1968 [1927]) y se generen sustantivos, adjetivos y verbos deonomásticos (Schweickard 1992; 1995; 2002–2013; Morera 2015; 2017b; 2019; García Padrón 2015; 2018; García Padrón/Batista 2018; García Padrón 2019), en los que el NP de la base sufre, como venimos señalando, procesos de desgramaticalización, especialización semántica e, incluso, la total lexicalización de su contenido.

Varios estudiosos han reclamado que, siendo importante describir las particularidades referenciales, sociales, cognitivas y comunicativas del NP, el estudio de sus propiedades como unidad lingüística es insoslayable y anterior a cualquier descripción de su funcionamiento. Entre estas voces destaca la de Coseriu (1973[1955]), que ya en la década de los cincuenta del pasado siglo había publicado un importante artículo sobre el plural de los nombres propios, y del que se conoce un manuscrito incompleto, redactado al parecer en esos mismos años y aún inédito, en el que hace una revisión global exhaustiva de las principales aportaciones sobre estas unidades y expone su propio enfoque del asunto.

Establecido, pues, que el NP significa, se impone entonces su definición como signo lingüístico en las lenguas, su delimitación frente a otras unidades significativas. Tanto en las gramáticas[3] como en los ya abundantes trabajos sobre el nombre propio y sus desarrollos sustantivos, adjetivos y verbales en las lenguas se insiste en la dificultad de su caracterización lingüística. Todos los modelos lingüísticos se han acercado a su descripción, pero teniendo en cuenta la especificidad del nombre propio, así como que con frecuencia no se suele aclarar previamente en las distintas propuestas qué se entiende por significado, denotación, designación, sentido, connotación, referente, etc., resulta casi una utopía compararlas para tratar de encontrar una vía útil para su categorización (Bahr/Hernández Arocha 2018, 336).

En general parece haber coincidencia en la descripción «ancha» del NP: se trata de un *sustantivo* que alude a un *único referente*, que en su uso muchas

---

[2] Sobre los tipos de NP, cf., por ejemplo, Jonasson (1994), Gary-Prieur (1994) y van Langendonck (2007b).

[3] Para una síntesis de cómo han tratado las gramáticas españolas el nombre propio, cf. Pérez Vigaray (2019).

veces presenta *contenido léxico* y que evoca un amplio conjunto de *connotaciones*. Digamos que esta es «la foto» del NP. Pero Coseriu ha explicado acertada y suficientemente que esto no lo identifica lingüísticamente. De modo que, si se trata de caracterizar, definir o categorizar este signo, hay que entrar a señalar sus propiedades lingüísticas, que son constantes e independientes de sus manifestaciones en el hablar. Y eso se ha hecho estableciendo similitudes y diferencias con otros signos, obviamente con aquellos más cercanos en su significación: los pronombres y los nombres comunes. La carga léxica que presenta el nombre propio en buena parte de sus empleos ha determinado que se haya destacado sobre todo su estrecha relación con el nombre común; a ello ha contribuido también la evidente facilidad (diacrónica y sincrónica) con que los nombres comunes se convierten en propios y los propios en comunes (Migliorini (1968[1927]).[4]

Para unos, el NP está más cerca del pronombre, especialmente del pronombre personal (en la tradición española, desde Nebrija),[5] aunque para otros está más cerca del demostrativo (Osuna García 2003); la mayoría los sitúa en el mismo nivel que los nombres comunes, frente a los pronombres; y, por último, otros como van Langendonck (2007a; 2007b), por ejemplo, hablan de una gradación en la que el NP propio ocupa una posición intermedia entre ambos, aunque parece estar más cerca del nombre común. Gardiner (1954), por su parte, propuso incluso considerar una categoría intermedia NP-NC, la de los «common proper names», sobre la que Coseriu (1973 [1955], 272) nos previno, señalando que,

---

4 Cf. para el español los trabajos de García Gallarín (1997; 2017a; 2017b), Herrero Ruiz de Loizaga (2002), Reinhardt (2010), Riera (2012), Morera (2017a; 2017b) o García Padrón (2015; 2018).

5 En la lingüística española, la descripción del NP está ya, como no podía ser de otro modo, en Nebrija, cuyas ideas, que son básicamente las de los gramáticos clásicos, pueden rastrearse, con mayor o menor fidelidad y algunas matizaciones, en todas las gramáticas del español posteriores. Fuera de ellas hay escasez de trabajos que se hayan acercado a definir las propiedades lingüísticas de estos signos; destacamos los siguientes: López García (1985; 2010) y Fernández Leborans (1999), que tratan de abarcar los aspectos generales y de uso del NP; Osuna García (2003), que se centra fundamentalmente en justificar su estatuto semántico gramatical cercano al pronombre demostrativo (morfema y no lexema); Bahr/Hernández Arocha (2018), que es una aproximación al debate sobre el nombre propio y el común, con interesantes reflexiones sobre la traducción del NP; Morera/Pérez Vigaray (2019), que se ocupan fundamentalmente de la caracterización semántica (morfológica, sintáctica y denotativa) de estas unidades; y la de Pérez Vigaray (2019), que recoge la tradición gramatical hispánica sobre el NP. En cambio disponemos de muchos repertorios que dan cuenta de la onomástica española; en ellos los materiales toponomásticos están bien catalogados y muchas veces explicados etimológicamente. La antroponomástica está, sin embargo, menos descrita, aunque hay que destacar los trabajos recopilatorios de García Gallarín y su grupo de investigación, especialmente el *Diccionario histórico de nombres de América y España* (2014). Todos estos trabajos recientes dan muestra del interés progresivo que ha ido despertando el estudio de estas unidades en español.

pudiendo ser «práctica» a efectos de simplificar su descripción, resulta a su juicio teóricamente muy discutible. En realidad, estos tres tipos de signos son bien distintos y su diferenciación/identificación depende de qué criterios se tomen en consideración. Se trataría, en fin, de saber no solo qué elementos o propiedades de su contenido semántico comparten, sino también en qué nivel de la significación del NP operan cada uno de ellos. Así,

1) si nos atenemos a su modo de significar, los NP estarían más cerca de los pronombres, en razón de que ambos poseen significación gramatical, ya sean estos pronombres

   1.1) personales, cuando se considera su designación de 'persona', y hablamos ahora en concreto de los antropónimos, o

   1.2) demostrativos, cuando se considera su significación deíctica de 'tercera persona'; pero

2) si nos atenemos a su capacidad para llevar asociadas denotaciones más o menos normativizadas y connotaciones más particularizadas o convencionalizadas en grado diverso, los NP estarían más cerca de los nombres comunes.

El problema de definir lingüísticamente los NP es, pues, más que evidente. Parece claro que su estudio requiere tomar en consideración su forma de referir, sus modos habituales de construcción, los modificadores que acepta o rechaza, etc. (Osuna García 2003; Morera/Pérez Vigaray 2019), pues estos datos nos hablan de las particularidades que se hacen patentes tanto cuando se usan idiosincrásicamente, diríamos como etiquetas puras (cuando es puro NAME), como cuando se emplean prototípicamente y esas etiquetas asocian además contenidos léxicos y connotativos en formato casi enciclopédico (Wotjak 1985; 1989; 2006; 2010a; 2010b) (cuando es un NAME$_{LEX}$), y también cuando ya no son nombres propios, sino nombres comunes (NOUN). Pero su definición debe ser capaz de explicar todo su campo de realizaciones.

Y como, por encima de todo, el NP es un nombrar que requiere la existencia sustantiva de un ente referencial, dice Coseriu (ms., II–III) a propósito de ello que las designaciones del NP son estrictamente *monovalentes, individuales* y *unidimensionales*:

> [...] los nombres propios pueden ser *multívocos*, pero son siempre *monovalentes*, no son nombres de «clase». En efecto, «*Guido*» y *«*Lapo*» no son nombres propios como meras palabras, sino sólo en cuanto nombran a un 'Guido' y a un 'Lapo' determinados. [...]

Siendo esto así, para identificar lingüísticamente al NP deberíamos poder responder a las cuatro preguntas siguientes:

1. ¿qué es lo que hace que un sustantivo[6] sea NP?,
2. ¿cuáles son las propiedades semánticas que se mantienen en sus variados empleos?,
3. ¿de qué tipo son los contenidos que almacena de modo estable?, y
4. ¿en qué estratos funciona esa variedad de contenidos?

Para aproximarnos a las posibles respuestas, veamos los siguientes ejemplos tomados de la prensa española de los últimos meses, en los que podemos observar distintos modos de funcionamiento de NP antroponímicos españoles como *La Manada* y *Chiquito de la Calzada*:

(1) «¿Por qué tarda tanto la sentencia del juicio a La Manada?»[7]

(2) «Se inventó los falsos abusos de la ‹Manada gallega› para evitar una bronca en casa»[8]

(3) «Una estudiante denuncia a varios compañeros por hablar en WhatsApp ‹de [marcarse una manada]› con ella. Una joven estudiante del campus de la Universidad de Castilla- La Mancha en Albacete ha denunciado ante la Policía Nacional a un grupo de alumnos del mismo campus por hablar en un grupo de WhatsApp de ‹marcarse una manada› o ‹violar› al tiempo que difundían imágenes de ella tomadas de Instagram.»[9]

(4) «Muere el humorista Chiquito de la Calzada a los 85 años en Málaga»[10]

(5) «¿Por qué necesitas un Chiquito de la Calzada en tu vida?»[11]

---

6 Hablamos aquí de sustantivos porque es lo más común, pero, por supuesto, también otras clases de palabras o incluso sintagmas u oraciones enteras pueden funcionar como NP. Lo veremos enseguida.

7 En adelante, los subrayados son nuestros. Disponible en: http://www.abc.es/sociedad/abci-tarda-tanto-sentencia-juicio-manada-201801161128_noticia.html [último acceso: 13.11.2018].

8 Disponible en: https://www.euribor.com.es/2017/12/21/se-invento-los-falsos-abusos-la-ma nada-gallega-evitar-una-bronca-casa/ [último acceso: 13.11.2018].

9 El corchete es nuestro. Disponible en: http://www.publico.es/sociedad/estudiante-denuncia-varios-companeros-hablar-whatsapp-marcarse-manada-ella.html [último acceso: 13.11.2018].

10 Disponible en: https://elpais.com/cultura/2017/11/11/actualidad/1510356335_044866.html [último acceso: 13.11.2018].

11 Disponible en: https://as.com/epik/2016/11/29/portada/1480417529_789542.html [último acceso: 13.11.2018].

(6) «El PP sigue haciendo el 'chiquito de la calzada' sobre la reforma constitucional. El PP lleva jugando al pasito para adelante pasito para detrás, como se movía Chiquito de la Calzada, sobre la posible reforma de la Constitución desde hace tiempo.»[12]

El NP *La Manada* es un claro ejemplo de cómo el nombre común de valor colectivo *manada* ha pasado a interpretarse en clave de NP complejo; la adjunción del artículo determinado ha contribuido, en primera instancia, a la definitud requerida para poder significar como tal; ha necesitado de un «bautismo», en este caso, al parecer es un «autobautismo»[13]: por ese nombre han querido ser conocidos los autores de estos hechos y así han pasado a ser *identificados*. Refiere este NP una entidad única, es decir, no se comporta ya como *manada*, un nombre de clase, sino que unívocamente señala ese y solo ese *designatum*. Por su parte, *Chiquito de la Calzada*, seudónimo del humorista español Gregorio Sánchez Fernández,[14] es otro NP complejo construido a partir de la transformación del adjetivo *chico* 'pequeño' en sustantivo en el contexto de la combinación [*chiquito*$_{LEX}$ + *de la Calzada*]; una vez convertida la construcción en apodo, la significación léxica nominal (adjetiva/sustantiva) queda neutralizada por la fuerza identificadora de la unidad constituida [*Chiquito de la Calzada*]$_{NP}$. Y así se usa, *sensu strictu*, en los ejemplos (1) y (4), respectivamente. No es baladí en estos casos el uso de la mayúscula inicial, preceptiva en los NP españoles.

Una vez creados como etiquetas referenciales directas, estos NP acumulan elementos propios de las entidades referidas en el hablar. Los rasgos físicos, psicológicos, actitudinales, etc., de las personas señaladas monovalentemente pasan a acompañar de modo relativamente estable al NP que los designa. Y en ciertos contextos de habla, estos son precisamente los elementos prominentes de su contenido. Lo podemos ver en los ejemplos (2) y (5). En (2), la *Manada* (incluso sin el artículo) ya no solo identifica un referente colectivo único, sino sobre todo un comportamiento, el de la 'violación en grupo', característica destacada del referente del nombre propio designado inicialmente. Ahora incluso recibe elementos modificadores como el adjetivo, que concreta la referencia aludida. Del mismo

---

12 Disponible en: http://www.publico.es/politica/pp-sigue-haciendo-chiquito-calzada-re forma-constitucional.html [último acceso: 13.11.2018].

13 Según ciertas informaciones, ese era el nombre del grupo de WhatsApp integrado por los autores del delito. Disponible en: https://www.elindependiente.com/opinion/2018/04/26/por-que-se-llaman-la-manada-conviene-recordarlo/ [último acceso: 13.11.2018].

14 Según se dice en Wikipedia, comenzó su carrera siendo chico ('pequeño') y vivió durante su niñez en la calle Calzada de la Trinidad. Disponible en: https://es.wikipedia.org/wiki/Chi quito_de_la_Calzada [último acceso: 13.11.2018].

modo, en (5) el NP queda en el trasfondo y son los rasgos personales del referente, presumiblemente conocidos para el hablante y su interlocutor, los relevantes para maximizar la interpretación del enunciado: «colaborar con el bienestar común y hacer de este mundo un lugar del que reírse en cualquier situación».[15]

Cabe además encontrar usos en los que el NP se ha convertido prácticamente en un nombre de clase; en ellos, los rasgos de cualquier naturaleza propios del referente ocupan buena parte del espacio del contenido del NP, y apenas hay deixis identificadora; el contenido léxico prominente es susceptible de simbolizar múltiples referencias, como podemos ver en los ejemplos (3) y (6). En (3), el primitivo NP entra como entidad léxica en una combinación estable como *marcar(se)/ hacerse un/el (NP)*[16] y denota 'actuar como lo hace habitualmente el NP', interpretación que en este caso se particulariza en 'llevar a cabo una violación en grupo'. De igual manera, en (6) se requiere del cotexto para precisar la denotación del NP y se echa mano de un procedimiento léxico para extender una característica del referente, su modo particular de caminar dando pasos cortos hacia delante y hacia atrás, y convertirla en rasgo preponderante del contenido de la unidad. No por casualidad aparecen estas unidades escritas en minúscula: el hablante (periodista) percibe que el referente personal que tuvo el NP originario no es lo más relevante para la adecuada interpretación del signo en ese contexto.

3 El NP como ¿categoría semiléxica?

Una posible respuesta conjunta a las preguntas que nos formulábamos más arriba es considerar que el NP es una entidad que almacena contenido gramatical deíctico junto al contenido léxico en un mismo nivel de su significación. Llevando esta idea a la explicación de los ejemplos (1) a (6) anteriormente vistos, diríamos entonces que las unidades *La Manada* y *Chiquito de la Calzada* se mantienen como NP en todos ellos, con independencia de los distintos usos que se hagan de él en cada caso. Es decir, cualquier significante-NP es un nombre propio.

---

15 Disponible en: https://as.com/epik/2016/11/29/portada/1480417529_789542.html [último acceso: 13.11.2018].

16 Cf. Portolés (2017), donde se defiende que en la construcción española *XhaceunNp* el valor del NP permanece inalterado y que el objeto directo «un NP» se interpreta como un evento dinámico delimitado, cuya interpretación depende del entorno cognitivo compartido por los hablantes. Sobre la construcción equivalente en inglés: *to do a PL on someone*, Vandelanotte/ Willemse (2002, 17) señalan que se trata de un subtipo de esquema construccional no-restrictivo en el que el *proprial lemma* (PL) funciona como un nombre común, mediante una extensión metonímica del NP.

Otra contestación plausible es que solo es NP en (1) y (4), esto es, cuando se emplea idiosincrásicamente señalando un referente único, pues en el resto de ejemplos señalados hay contenido léxico, lo cual es indicativo de que se ha convertido en nombre común.

Cabría plantearse también describir el NP como una categoría semiléxica, al modo en que van Riemsdijk (1990) o Corver/van Riemsdijk (2001), entre otros, conciben el significado de las preposiciones, los adverbios en -*mente* o los llamados sustantivos, adjetivos y verbos *ligeros*, esto es, palabras que exhiben un comportamiento ambiguo, a caballo entre lo gramatical y lo léxico, con la suficiente independencia sintáctica para no ser consideradas meros morfemas. En su opinión, esta categoría permite trascender la dicotomía entre palabras léxicas y palabras gramaticales, dada la existencia de palabras léxicas con un fuerte componente funcional y palabras gramaticales con un alto grado de lexicidad. Los NP podrían ser vistos así, pues su significado parece no encajar plenamente ni en el modelo de palabra gramatical ni en el de palabra léxica, pues en su comportamiento presentan valor deíctico y muchas veces valor descriptivo, constituyen clases abiertas, son independientes oracionalmente, son tónicos, etc., por lo que, desde este punto de vista, se dejarían categorizar mejor como palabras funcionales con contenido léxico o, afinando un poco, como palabras funcionales con cierto grado de lexicalidad, más que como palabras léxicas con función gramatical. Estas últimas encajarían más adecuadamente en lo que Emonds (1985) llama clases «in between», esto es, subclases gramaticales nominales y verbales, cuyo significado es menos específico que el de los nombres, adjetivos y verbos léxicos «correspondientes» y suelen presentar una frecuencia de uso mayor. No obstante, a nuestro juicio, el NP no parece caber en esta categoría intermedia, pues no tiene equivalentes léxicos más específicos y, a pesar de que en el uso presenta a veces grados distintos de lexicalidad, tal como hemos visto en (2) y (5), su contenido deíctico-referencial se mantiene estable.

Para poder evaluar la capacidad explicativa del valor y usos del NP como unidad semiléxica, volvemos a los ejemplos mencionados. Esta noción difícilmente explicaría los usos genuinos del nombre propio, en los que se muestra exclusivamente en su pura función identificadora, como ocurre en los ejemplos (1) y (4). Podría servir para explicar el comportamiento del NP en casos como los de los ejemplos (2) y (5), en los que hay deixis y cierto contenido léxico, pero aún así habría que hacer las siguientes observaciones: en ambos casos, el *significado* deíctico gramatical del NP está presente y codificado en el nivel semántico interno, en tanto que sin las referencias 'La Manada' y 'Chiquito de la Calzada' no es posible entender las *funciones* léxicas 'violación en grupo' y 'colaborar con el bienestar común y hacer de este mundo un lugar del que reírse en cualquier situación' que se encuentran codificadas o almacenadas fuera de su significación deíctica sustantiva, en la «percha para colgar descripciones», si rescatamos la imagen que Searle (1991[1967], 92) evocaba en su aproximación al significado de los NP. Y, desde luego, creemos que difícilmente una concepción del NP como categoría semiléxica permite explicar los usos que se observan en los ejemplos (3) y (6), en los que hay un nombre propio evocado en el significante, pero ya no hay *name*, sino *noun*, es decir, el NP se ha desgramaticalizado y se ha especializado en sustantivo común.

3.1 Proprial lemma, *nombre propio y nombre común*

Esta última circunstancia descrita, la de que una determinada secuencia fónica es a veces el significante de un NP (con carga deíctica plena y carga léxica nula o gradual) y otras es el significante de un NC (con carga deíctica nula y plena carga léxica), nos lleva a considerar la idea coseriana de la palabra-signo, que, para el caso del NP, coincide parcialmente con lo que se ha llamado la *Proprialität* (Wotjak 1985; 1989), *propriality* (van Langendonck 2007b) y estas con la *properhood* (Coates 2006). Llevando la idea de Coseriu a los ejemplos (1) a (6) vistos, *La Manada* y *Chiquito de la Calzada* no son nombres propios por sí mismos, sino solo cuando son etiquetas, esto es, solo cuando refieren de modo monovalente un 'grupo de personas' o a una 'persona' determinadas, designados rígidamente en el sentido en que lo entiende Kripke (1972), cuando estos referentes no varían en ningún mundo posible y son señalados mediante la secuencia significante de cada una de esas expresiones.

En la propuesta de van Langendonck, la idea de propialidad va necesariamente asociada a la de *proprial lemma* (PL),[17] en un intento de superar la dicotomía intensión/extensión. Para explicar el comportamiento del NP, resulta muy útil considerar la forma citativa (Wotjak 1994; 2006) como lema propio, como «entrada léxica» —entendida aquí como lema o palabra-entrada lexicográfica, no como palabra con significado léxico— con potencial para funcionar como NP puro, como NP con contenido léxico asociado o como NC. No obstante, significante y *proprial lemma* no son equivalentes para el lingüista belga, pues este último implica además la categoría sustantiva (van Langendonck 2007b, 15). De modo más preciso, la función primaria del PL es la del NP (*name*) y son funciones secundarias todas aquellas en las que el NP muestra algún contenido léxico adicional (todavía *name*) o incluso ya es NC (*noun*). La propialidad de un signo es un factor constante consolidado por convención lingüística (van Langendonck

---

17 Para una síntesis gráfica, cf. van Langendonck (2007b, 102).

2007b, 65 y ss.), a diferencia de la *properhood*, una noción de carácter pragmático que hace depender la condición onímica del NP de factores discursivos, lo cual niega la existencia de una categoría NP propiamente dicha (Coates 2006, 369).

En la estela de Jespersen (1924), cuyas reflexiones se centran sobre todo en cómo se usan los NP, y siguiendo a van Langendonck, Vandelanotte/Willemse (2002) han advertido que los PL que podríamos considerar NP «verdaderos» se desempeñan a menudo más como nombres comunes que como verdaderos NP. Y separando estas funciones de aquellas en las que el PL es un nombre común pleno y por tanto se ha producido un cambio semántico que ha dado lugar a un epónimo —p. ej., ing. *sandwich* 'bocadillo' (Vandelanotte/Willemse 2002, 29–30)—, y también de aquellas otras en las que el NP se usa metalingüísticamente —p. ej., ing. *John is a common name* (ibídem 30)—, han intentado caracterizar los esquemas construccionales y los procesos implicados en estas funciones periféricas o secundarias. En su descripción señalan dos tipos de modificaciones que afectan al NP: las restrictivas o léxicas, que causan que el NP denote otro referente distinto al prototípico mediante la extensión semántica metonímica y metafórica de lo referido o la evocación de imágenes vía metáfora[18]; y las no-restrictivas, en las que el NP señala su referente prototípico y son el cotexto y el contexto en sentido amplio quienes determinan la interpretación más plausible.[19] Parece razonable pensar que los elementos que, en un determinado contexto, modifican al PL usado como NP determinan la interpretación referencial de los NP; y también que el cotexto, el *mental contact* entre el hablante, el oyente y el referente señalado en el discurso (Langacker 1991), así como el conjunto de las imágenes y el conocimiento «enciclopédico» compartido por la comunidad de habla constituyen un paquete informativo léxico-denotativo semánticamente muy potente que el NP asume con naturalidad (Wotjak 1985; 1989). Otra cosa distinta es qué podemos considerar lo propio del NP y en qué nivel de su contenido permanece estable para ser tomado como tal; y consecuentemente, dónde se aloja ese contenido informativo denotativo y connotativo que suele conllevar (Wotjak 2003; 2010a; 2010b).

---

18 Algunos ejemplos de esquemas construccionales de este primer subtipo serían los siguientes (véase la tabla 1 en Vandelanotte/Willemse 2002, 32).

I.   'Person with name X': *There are two Davids in the office.*

II. 'Person with characteristics of X': *This country will be fine until the next Margaret Thatcher.*

III. 'Maker for product': *That Picasso is not on exhibition at the moment.*

19 Son algunos ejemplos de modificaciones no restrictivas los siguientes (véase la tabla 1 en Vandelanotte/Willemse 2002, 32):

I.   'Disclaiming': *A Mr. Smith won the first prize.*

II. 'Family relations': *That Bach had genius.*

III. 'Exemplary': *An Oliver Stone or a Francis Coppola would use six or eight cameras to shoot this scene.*

La noción de propialidad también es de gran ayuda para entender cómo un nombre común o una expresión se convierten en NP: mantienen el significante más la categoría sustantiva y el cambio se produce en el contenido. Se ha señalado frecuentemente que la mayoría, si no todos, los NP han sido creados vía onimización (Bahr/Hernández Arocha 2018, 331), lo cual implica que ha habido una pérdida de la significación léxica en favor de una significación deíctica que no puede ser entendida más que gramaticalmente. Tal vimos en el caso del *proprial lemma La Manada*, un NP construido a partir de un sustantivo común (*manada*) que se ha deslexicalizado y, ganando determinación, en una primera fase, con la adjunción del artículo, se ha convertido en elemento deíctico, en un PL complejo; y así es usado con propialidad en los ejemplos (1), (2), (4) y (5). Es en los ejemplos (3) y (6) donde parece no haber ya propialidad: ahora *manada* no es el primitivo sustantivo común *manada*, sino el resultado de la desgramaticalización o despropialización del NP *La Manada*, proceso en el cual la información externa almacenada en su esfera conceptual ha pasado a ocupar todo el espacio semántico del sustantivo común recién creado: 'violación en grupo'. Expresado esquemáticamente:

manada CONT. LEX. 'cuadrilla o pelotón de gente' > *La Manada* 'NP de una cuadrilla' CONT. GRAMAT + 'acusada de violación en grupo' CONT. LÉX' > *manada* CONT. LÉX. 'violación en grupo'

3.2 Los contenidos del nombre propio

Otra respuesta posible a las preguntas que nos hemos formulado, la cual se ha ido vislumbrando a través de nuestra exposición, se fundamenta en los hechos siguientes: si bien la mayoría de los empleos de un lema propio usado como NP revela que junto al contenido gramatical deíctico «se cuelgan» en ellos ciertos contenidos léxicos (denotativos y connotativos), aunque el grado de prominencia que muestran en cada caso pueda ser distinto, hay que destacar que el contenido deíctico es un factor constante que a menudo casi se reduce a un leve soporte gramatical para la expresión de contenidos de naturaleza simbólica. De este carácter permanente o estable de la 'identificación referencial directa' depende la condición de NP de un signo-palabra (simple o compleja). Muestra de ello es el hecho de que los empleos primarios del NP aislados del cotexto y del contexto contienen exclusivamente este rasgo semántico. Y que solo cuando la deixis identificadora desaparece nos encontramos ante un signo polirreferencial, abierto a denotar elementos pertenecientes a una clase.

El NP, como hemos visto, es también capaz de estabilizar, en el sentido de normativizar, el conjunto de los valores simbólicos que ha ido acumulando en su empleo. En muchos casos se trata de interpretaciones consensuadas socialmente que funcionan para una colectividad más o menos amplia de hablantes. Pero estos rasgos denotativos varían de un acto de habla a otro, de una situación a otra, e incluso dependen de la relación interpersonal entre los participantes, por lo cual no parece que se hallen estratificados en el mismo nivel semántico interno, junto a la significación identificadora independiente. Por otra parte, la información simbólica suele estar acompañada de otra de carácter enciclopédico (muy variada) que participa de las mismas características: estabilidad y normatividad dependientes del contexto en sentido amplio.

De la misma manera, suele adherirse al NP el conjunto de las connotaciones generalizadas y particularizadas que haya ido desarrollando en el hablar. No podemos olvidar el fuerte valor evocativo que sobre todo los antropónimos y topónimos, los NP por excelencia, despliegan en el hablar, valor que se incrementa en los casos en que estas unidades se han formado a partir de nombres comunes, pues estos suelen acarrear de modo inevitable las imágenes asociadas históricamente a la significación léxica de tales palabras.

Así, desde una perspectiva semántica e idiomática global, debemos considerar que, aunque los contenidos gramatical-deíctico, denotativo simbólico-enciclopédico y connotativo funcionen simultáneamente en la mayor parte de sus empleos, cada uno de ellos está estratificado en niveles semánticos autónomos. Y es preciso tener en cuenta algo esencial, la *direccionalidad* del vínculo entre ellos: es en la referencia donde el NP se carga de elementos característicos de los entes que identifica y, traspasando la frontera entre realidad y lengua, los transforma en rasgos semánticos connotativos y denotativos que constituyen el nivel semántico externo, en el que se acomodan de modo independiente, pero no permanente.

Sobre estos supuestos, explicados y matizados en esta contribución a la luz de la reflexión sobre los procesos escalares de desgramaticalización y especialización semántica del NP, así como la lexicalización o apelativización del NP, podemos hacer las siguientes puntualizaciones:

1. El nombre propio es una categoría lingüística, un modo de significar y referir entidades ya sustantivadas o sustantivables. Usando las palabras de Coseriu (ms., 40): «[...] como categoría, el nombre propio es un *modo significativo* y no una convención, ni una clase de palabras, ni un esquema formal[20] [...]», «[...] el nombre propio no admite cuantificadores porque es *unidimensional*; no admite particularizadores porque es *monovalente*, es decir, su objeto es siempre «definido»: no puede ser *uno* entre *varios*; no recibe seleccionadores porque es siempre *individual*, es decir que su objeto

---

20 En el sentido de forma significante.

mental se relaciona necesariamente con un objeto real (aunque éste puede ser solo *intencional* y no existir como objeto de la naturaleza); y no recibe situadores porque es *independiente de la situación*» (ibídem, 83); este modo significativo puede ser parafraseado como una 'deixis de etiquetación de una entidad singularizada', una función puramente semántica (Morera/ Pérez Vigaray, 2019). Y es categorialmente sustantivo, rasgo semántico que comparte con los pronombres y los nombres comunes (Coseriu, ms., 50).

2. Por su significación gramatical deíctica, se halla cercano a los pronombres personales y demostrativos (Osuna García 2003), pero, a diferencia de estos, el signo NP carece de la proyección designativa personal y espacio-temporal que comportan estos significados. Desde nuestro punto de vista, mantiene una relación más estrecha con el llamado pronombre personal de tercera persona[21]; y, en todo caso, frente a ambos pronombres, el NP es capaz de estabilizar valor simbólico, enciclopédico y connotativo en la esfera externa de su contenido.

3. En su esfera semántica interna, este modo de significar rechaza combinarse con cualquier tipo de significación léxica, aunque en su campo de usos exhibe una enorme permeabilidad (Fernández Leborans 1999, 89) para asociar contenidos denotativos y connotativos, que obtiene en el acto de habla, dando lugar a sus usos menos idiosincrásicos, por cierto los más frecuentes. Esta capacidad natural del NP para almacenar en su esfera conceptual una lexicidad semejante a la que caracteriza el significado de los signos léxicos puede conducirnos a categorizarlo como un híbrido semántico, como un signo semiléxico; pero, como hemos visto, el modo significativo NP no solo no acumula contenido simbólico en su esfera semántica interna, sino que el contenido descriptivo que asimila en su esfera conceptual no es más que referencia conceptualizada (*de lo extralingüístico a lo intralingüístico*) (véase la figura 1). En cambio, la denotación que presentan los signos léxicos es posibilitada por los rasgos de su contenido descriptivo (*de lo lingüístico a lo extralingüístico*) (figuras 2 y 3).

---

[21] Hay que precisar que se trata de la 'tercera persona' o la 'no-persona' de Benveniste: «la ‹3ª persona› no es una ‹persona›; es incluso la forma verbal que tiene por función expresar la *no-persona*», ([4]1974, 164); y más adelante: «La ‹tercera persona› representa de hecho el miembro no marcado de la correlación de persona. [...] Así, en la clase formal de los pronombres, los llamados de ‹tercera persona› son enteramente diferentes de *yo* y *tú*, por su función y su naturaleza. Como se ha visto desde hace mucho, las formas como *él, lo, esto*, no sirven sino en calidad de sustitutos abreviativos (‹Pedro está enfermo; *él* tiene fiebre›); reemplazan o relevan uno u otro de los elementos materiales del enunciado» (ibídem, 176–177).

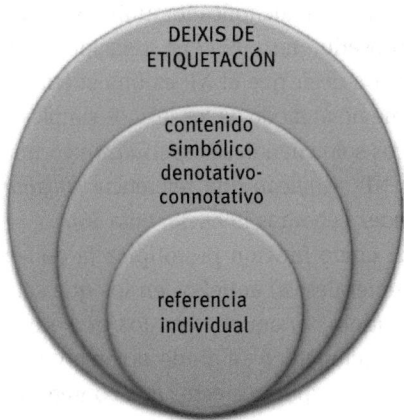

Figura 1: Nombre propio.

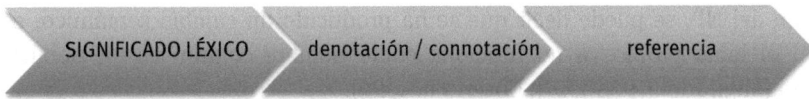

Figura 2: Significado léxico.

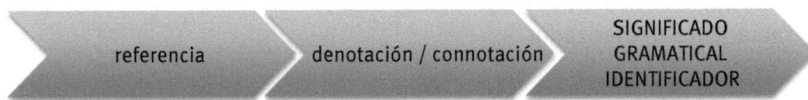

Figura 3: Significado del nombre propio.

Esto se traduce semánticamente en dos modos distintos de significar y de denotar: la semántica del NP no proyecta denotaciones, solo transforma datos de la realidad en contenido conceptual y, por tanto, sus referencias, siempre monovalentes, son potencialmente ilimitadas, tantas como el hablante social o individualmente decida; mientras que las denotaciones del signo léxico, en tanto que provienen de su contenido descriptivo, están limitadas por dicho valor simbólico, que controla el campo de dispersión y las posibles interpretaciones de la unidad. Así pues, el NP no contiene el germen de sus presumibles interpretaciones, pero las acepta naturalmente y las normativiza para una comunidad de hablantes dada (véanse las figuras 2 y 3).

4. Todo ello hace del NP un término gramatical identificador unirreferencial concreto en la situación de habla. (Coseriu, ms., 65). En relación a su carácter referencial monovalente, se podría decir que el NP es una suerte de signo «terminológico» gramatical, aunque no al modo de los léxicos simples o complejos, pues estos son signos técnicos solo cuando se *especializan* en una referencia *particular*, mientras que los NP *significan* una referencia *singular* cada vez (Coseriu, ms., 112 y 126; Fernández Leborans 1999, 38, nota 36).

5. Un lema propio (*proprial lemma*) tiene como función prototípica la de ser un NP, y así despliega sus usos más generales: a) aquellos en los que solo está presente su significación identificadora; b) aquellos en los que a ella se añade contenido léxico simbólico-enciclopédico en grado diverso y más o menos estable; y por último, c) los que incorporan a estos dos contenidos el conjunto de las connotaciones generalizadas y particularizadas.

Cuando el contenido denotativo y connotativo va desplazando la prominencia del contenido gramatical y logra ocupar la totalidad del espacio semántico interno del NP, se puede decir que se ha producido un cambio semántico, es decir, el lema propio ya no funciona como nombre común: *es* un nombre común (Migliorini (1968[1927]; Coseriu ms., 96).

Del mismo modo, cualquier unidad simple o compleja sustantiva, adjetiva o verbal puede propializarse mediante el desprendimiento paulatino de su contenido semántico simbólico (Ullmann 1978) de naturaleza composicional (Wotjak 1985; 1989; 2006; 2010b), haciendo suyo este nuevo modo significativo gramatical singularizador.

4 Procesos de propialización / despropialización

La historia de todas las lenguas nos ofrece a cada paso ejemplos de propialización y despropialización de los signos. También es posible observar estos procesos sincrónicamente, dándose la circunstancia de que con frecuencia interactúan en los distintos estadios del cambio semántico que se opera hacia la onimización o la lexicalización. Para ver con detenimiento la complejidad de estos mecanismos semánticos (Wotjak 2003) y de qué manera resultan involucrados en ellos no solo la información extralingüística, sino también el plano fónico de la lengua, tomaremos como ejemplo la creación del neologismo español *kelly*, y trataremos de ver cómo funcionan distintos elementos pertenecientes a niveles lingüísticos autónomos con un objetivo común: responder a las necesidades comunicativas de los hablantes.

Kelly es un nombre común formado recientemente en español a partir del sintagma nominal de valor denotativo unitario [*las* + *que* + *limpian*], integrándose inicialmente en el vocabulario español con una única acepción, la de 'camarera de piso'.[22] Conviene saber que, hace unos pocos años, las limpiadoras de las habitaciones de los hoteles de las zonas turísticas españolas comenzaron a organizarse para la defensa de sus derechos laborales. En el año 2016 se constituyeron como asociación, a la que dieron el nombre de *Las kellys*; esta circunstancia da lugar a que *kelly* comience a ser utilizado a partir de ese momento también con el sentido de 'camarera de piso afiliada a la asociación',[23] una subacepción de la primera. Véase en la figura 4 el logo de la asociación; en (7) un fragmento extraído de su página web; y en (8) a (15) una serie de muestras de titulares de prensa española de los últimos meses:

Figura 4: Logotipo de la asociación LasKellys.

(7) «¿Qué es ‹Las Kellys›? **Las Kellys es una Asociación** a nivel español de camareras de piso (lee el manifiesto). El nombre ‹Las Kellys› proviene de un popular juego de palabras: ‹*la Kelly, la que limpia*›; en nuestro caso limpiamos hoteles.»[24]

(8) «La portavoz de las Kellys de Lanzarote: ‹Te explotan igual en un hotel de tres estrellas que de cinco›.»[25]

---

22 *Kelly* entra en el vocabulario español formando una homofonía con la voz coloquial o jergal *queli* 'casa, hogar', probablemente del caló (s. v. ²DEA; no se documenta en el DLE.). Y también es homónima de *kelly* 'modelo de bolso de la firma *Hermès* que popularizó la actriz Grace Kelly en 1956'. Disponible en: http://www.vogue.es/moda/modapedia/hitos/kate-wins let/32 [último acceso: 13.11.2018].
23 En su web, también se señala que reciben ese nombre las 'responsables del departamento de pisos, etc.', pero no hemos documentado este empleo.
24 Disponible en: https://laskellys.wordpress.com [último acceso: 13.11.2018].
25 Disponible en: http://www.eldiario.es/canariasahora/sociedad/anonimato-lucha-precarie dad-laboral_0_685582124.html [último acceso: 13.11.2018].

(9) «Las camareras de hotel de Canarias harán huelga por las duras condiciones de trabajo. El subsector de las 'kellys' quiere parar los días 25 de diciembre y 1 de enero para pedir una mejora en la seguridad laboral y en la calidad del empleo.»[26]

(10) «Vida de ‹kelly›: limpiar hoteles a 2,15 euros la habitación.»[27]

(11) «Las que limpian, las ‹Kellys› de Benidorm, denuncian los abusos de sus empleadores, la sobrecarga de trabajo y el empeoramiento de sus condiciones laborales por la externalización del servicio, circunstancias que son comunes en el gremio en la mayoría de las autonomías. Kellys de diferentes partes del estado se concentran hoy 26 de septiembre en la madrileña plaza España, a partir de las 18.»[28]

(12) «Una ‹kelly› habla en el Senado.»[29]

(13) «Las kellys llevan sus reivindicaciones más allá de La Moncloa.»[30]

(14) «Maroto: ‹Hay que dignificar el trabajo de las kellys›.»[31]

(15) «Diputada cuatro años, kelly por un día.»
«La secretaria general de Podemos en Canarias, Noemí Santana, ha acudido a trabajar como camarera de piso por un día. Las Kellys han anunciado que la nueva ministra de Turismo les ha llamado para mostrarle su apoyo y han acordado tener una reunión.»[32]

---

26 Disponible en: https://elpais.com/economia/2017/12/07/actualidad/1512637690_537859. html [último acceso: 13.11.2018].
27 Disponible en: https://elpais.com/economia/2016/12/07/actualidad/1481107132_924681. html [último acceso: 13.11.2018].
28 Disponible en: https://elsaltodiario.com/las-kellys/las-kellys-plantan-cara-a-la-precarie dad [último acceso: 13.11.2018].
29 Disponible en: http://www.laprovincia.es/economia/2017/06/22/kelly-habla-senado/ 952027.html [último acceso: 13.11.2018].
30 Disponible en: https://www.elsaltodiario.com/laboral/kellys-reivindicaciones-mas-alla-moncloa [último acceso: 13.11.2018].
31 Disponible en: http://www.preferente.com/noticias-de-turismo/maroto-hay-que-dignificar-el-trabajo-de-las-kellys-277434.html [último acceso: 13.11.2018].
32 Disponible en: https://www.eldiario.es/canariasahora/politica/Diputada-Kelly-dia_0_ 780072776.html [último acceso: 13.11.2018].

Como se observa, hay en ellos cierta disparidad en lo tocante al uso de la mayúscula o minúscula inicial, las comillas y la letra cursiva y el plural: en el primer caso, probablemente es un reflejo del problema de trasladar a la lengua escrita la condición de NP o NC que subyace en los respectivos empleos de la forma citativa; en el segundo caso, es una evidencia de la percepción de la voz como un extranjerismo neológico para la comunidad de hablantes; y por último, hay dos tipos de plural: el morfológico asociado en este caso a su empleo como nombre común, y el plural lexematizado en el nombre propio de la asociación.

Veremos con detalle, aunque sucintamente, la interacción de los procesos semánticos de propialización y despropialización con los fónico-gráficos que, en fases sucesivas, han intervenido en la formación de esta voz:

a) Una **acronimización**[33] del segmento [laske'limpian], mediante dos apócopes: la de la última sílaba de la tercera palabra y la de la consonante final de la primera sílaba del verbo truncado [las.ke.'li#], para ajustarla al esquema de combinación silábica más frecuente en español (CV)

b) Un **traslado acentual** para ajustar el educto a las pautas prosódicas prototípicas del español [las.'ke.li].

c) La **desgramaticalización** del relativo más la **deslexicalización** del segmento *li-*, que dan paso a una **lexematización** o **univerbación** de ambos elementos en clave de significante-palabra (Wotjak 1994; 2006) autónomo.

d) La **gramaticalización** del segmento ['keli], mediante la proyección de ese significante como nombre propio, como una etiqueta identificadora, llenándolo de propialidad, sobre la base de la evocación del antropónimo (muy raramente, también topónimo) de origen celta (usado sobre todo en Irlanda) *Kelly*; esto tiene también efecto en la escritura: la <k> inicial va en mayúscula y, a la manera de la lengua inglesa, el fonema /l/ se representa con el grafema <ll> y la /i/ final con el grafema <y>, o sea, <Kelly> (Herrera Santana, en prensa).

e) La **lexicalización** de *Kelly* > *kelly*; sobre la base de las características del referente al que alude el nombre propio antroponímico, 'mujer' 'limpiadora', esta secuencia significante pasa, primero, a almacenar estos elementos referenciales como su denotación habitual (es decir, el *name* se va especializando léxicamente), para, en segundo lugar y finalmente, concluir el proceso codificándola en el nivel significativo (Morera/Pérez Vigaray, 2019: del nivel de la *parole* al de la *langue*), en el que no queda nada del *name* y todo es sustantivo léxico o *noun: kelly* 'mujer que limpia' + 'en los hoteles' > 'limpiadora de hotel'.

---

33 Sobre la palabra acronímica y la acronimización, cf. el excelente trabajo de Martín Camacho (2017); García Padrón (2019).

f) La **especialización denotativa** ocurre una vez se ha incorporado la voz al vocabulario. Es a partir de 2014, según ellas mismas cuentan en su página web, cuando las mujeres que limpian las habitaciones de hoteles comienzan a organizarse para defender sus derechos como colectivo laboral específico; esta referencia concreta va moldeando el proceso de **terminologización léxica** que conduce a que una *kelly* sea la 'camarera de hotel', más exactamente 'camarera de piso', es decir, la que se ocupa de la limpieza y mantenimiento de las habitaciones.

A nuestro juicio, todo esto pone de relieve que cuando nos encontramos con las funciones menos genuinas del nombre propio, esto es, aquellas en que la significación de un lema propio no es solo pura deixis etiquetadora que se superpone a un ente sustantivado, parece preferible detallar los estadios de desgramaticalización, especialización denotativa, lexematización, lexicalización, etc., en que se encuentra cada uno de los signos en el proceso de ajuste de la información lingüística y extralingüística en los distintos niveles de su contenido.

5 Conclusiones

Por todo lo expuesto, creemos que, desde una perspectiva semántica e idiomática global que tenga por objetivo identificar la significación del signo y a partir de ello explicar cómo y en qué grado está implicada en el uso, considerar el nombre propio como una categoría semiléxica ni se ajusta a su significado como signo lingüístico ni permite explicar sus funciones o empleos semánticos más frecuentes y normales; ni tampoco sus desarrollos nominales y verbales, en los que se constatan diversos grados de pérdida de la deixis, ni la apelativización o cambio semántico.

Nuestro objetivo a lo largo de estas páginas ha sido ofrecer una perspectiva de análisis para una mejor comprensión de la semántica del nombre propio como un universal semántico,[34] un signo lingüístico[35] o modo de significar que

---

34 No parece que se usen de la misma manera en las distintas lenguas y quizá no establezcan las mismas relaciones con otros signos en el contexto, pero no se conocen lenguas que carezcan al menos de topónimos y antropónimos, aunque estos últimos suelen ser más idiosincrásicos y, por ejemplo, en muchas de ellas tienen un fuerte carácter apotropaico.
35 Coseriu (ms., 116) señala que el NP pertenece al sistema de la lengua y que cada lengua tiene su propio sistema onomástico construido históricamente (ibídem, 119–120). Sobre los aspectos de la traducción y estandarización de los nombres propios, cf. Bahr (2013) y Bahr/Hernández Arocha (2018).

en el hablar es prototípicamente la amalgama de una función primaria identificadora y otra secundaria simbólico-descriptora que están estratificadas de manera independiente en los distintos niveles de su contenido.

Bibliografía

Bahr, Christian, *La traducción de los nombres propios: un estudio del desarrollo y la traducción de los topónimos de las Américas*, in: Sinner, Carsten (ed.), *Comunicación y transmisión del saber entre lenguas y culturas*, München, Peniope, 2013, 325–340.

Bahr, Christian/Hernández Arocha, Héctor, *¿Tienen significado los nombres propios? Una aproximación al debate inconcluso en torno a la semántica y (difusa) categorización de nombres propios y comunes*, Zeitschrift für romanische Philologie 134:2 (2018), 329–348.

Benveniste, Émile, *Problemas de lingüística general*, México, Siglo XXI, ⁴1974, 161–178.

Coates, Richard, *Properhood*, Language 82 (2006), 356–382.

Corver, Norbert/van Riemsdijk, Henk, *Semi-lexical categories*, in: Corver, Norbert/van Riemsdijk, Henk (edd.), *Semi-lexical categories: the function of content words and the content of function words*, Berlin, de Gruyter, 2001, 1–22.

Coseriu, Eugenio, *Teoría del nombre propio* (manuscrito inédito: ms.) Montevideo, c. 1955, [edición en preparación por María Xesús Bello Rivas y Johannes Kabatek].

Coseriu, Eugenio, *El plural en los nombres propios*, in: Coseriu, Eugenio, *Teoría del lenguaje y lingüística general*, Madrid, Gredos, (1973[1955]), 261–281.

DEA = Seco, Manuel/Andrés, Olimpia/Ramos, Gabino, *Diccionario del español actual*, Madrid, Aguilar lexicografía, ²2011.

DLE = Real Academia Española y Asociación de Academias de la Lengua Española, *Diccionario de la lengua española*, Madrid, Espasa, 2014.

Emonds, Joseph, *A unified theory of syntactic categories*, Dordrecht, Foris, 1985.

Fernández Leborans, María Jesús, *El nombre propio*, in: Bosque, Ignacio/Demonte, Violeta (dirs.), *Gramática descriptiva de la lengua española*, Madrid, Espasa, 1999, vol. 1, 77–128.

García Gallarín, Consuelo, *Diccionario histórico de nombres de América y España*, Madrid, Sílex, 2014.

García Gallarín, Consuelo, *De Magnol a la magnolia. Diccionario histórico de deonomástica*, Madrid, Guillermo Escolar, 2017 (= 2017a).

García Gallarín, Consuelo, *Deonomástica hispánica. Un acercamiento metodológico*, Bulletin of Hispanic Studies 94:10 (2017), 1045–1062 (= 2017b).

García Gallarín, Consuelo/García Gallarín, Celeste, *Deonomástica hispánica. Vocabulario científico, humanístico y jergal*, Madrid, Editorial Complutense, 1997.

García Padrón, Dolores, *La lexicalización de los gentilicios en español*, in: Morera, Marcial (coord.), *El gentilicio en español: aspectos teóricos y prácticos*, Madrid, Arco/Libros, S.L., 2015, 97–135.

García Padrón, Dolores, *Los derivados de nombre de lugar en el «Diccionario de autoridades»*, Bulletin Hispanique 120:1 (2018), 69–86.

García Padrón, Dolores, *Abreviamiento de estructuras nominales y propialidad*, in: Díaz Galán, Ana/Morera, Marcial (edd.), *Nuevos estudios de lingüística moderna*, Frankfurt, Lang, 2019, 153–167.

García Padrón, Dolores/Batista Rodríguez, José Juan, *Adjetivos deantroponímicos con el sufijo «-ano» en español*, Estudios de Lingüística del Español 39 (2018), edición a cargo de Cristina Buenafuentes de la Mata y Matthias Raab, 161–179.

Gardiner, Alan, *The theory of proper names*, Oxford, Oxford University Press, 1954.

Gary–Prieur, Marie–Noëlle, *Grammaire du nom propre*, Paris, Presses Universitaires de France, 1994.

Herrera Santana, Juana, *Procesos fonéticos-fonológicos en la formación de hipocorísticos en español*, ponencia presentada en el VIII Congreso Internacional de Lingüística Hispánica (Leipzig, 26–29 de septiembre de 2016), 2019, en prensa.

Herrero Ruiz de Loizaga, Javier, *El paso de nombres propios a nombres comunes en español*, Lingüística Española Actual 24:2 (2002), 225–252.

Jespersen, Otto, *The philosophy of grammar*, London/New York, Routledge, 1924.

Jonasson, Kerstin, *Le nom propre. Constructions et interprétations*, Louvain-la-Neuve, Duculot, 1994.

Kripke, Saul A., *Naming and necessity*, Cambridge, Massachusetts, Harvard University Press, 1972.

Langacker, Ronald W., *Foundations of cognitive grammar*, vol. 2: *Descriptive applications*, Stanford, Stanford University Press, 1991.

López García, Ángel, *Lo propio del nombre propio*, Lingüística Española Actual VII (1985), 37–54.

López García, Ángel, *Clases de nombres propios*, in: Wotjak, Gerd (ed.), *En torno al sustantivo y adjetivo en español actual*, Frankfurt/Madrid, Vervuert/Iberoamericana, 2000, 181–189.

Martín Camacho, José Carlos, *La acronimia. Delimitación, rasgos generales y vitalidad de un procedimiento morfológico «artificial»*, in: Pena, Jesús (ed.), *Procesos morfológicos. Zonas de interferencia*, Verba 76 (2017), Santiago de Compostela, Universidad de Santiago de Compostela, 105–139.

Migliorini, Bruno, *Dal nome proprio al nome comune*, Firenze, Olschki, 1968[1927].

Morera, Marcial (coord.), *El gentilicio en español: aspectos teóricos y prácticos*, Madrid, Arco/ Libros, S. L., 2015.

Morera, Marcial, *Cortesía, apodos e hipocorísticos en español*, Madrid, Arco/Libros, S. L., 2017 (= 2017a).

Morera, Marcial, *La lexicalización del nombre propio como fuente de raíces léxicas*, Lingüística Española Actual 39:1 (2017), 85–101 (= 2017b).

Morera, Marcial, *La adjetivación del nombre propio*, in: García Padrón, Dolores (coord.), *Desarrollos del nombre propio en español: adjetivos de relación y lexicalizaciones*, Madrid, Arco/Libros, S. L., 2019.

Morera, Marcial/Pérez Vigaray, Juan Manuel, *El nombre propio visto desde el punto de vista de la lengua: significación y sentidos*, in: García Padrón, Dolores (coord.), *Desarrollos del nombre propio en español: adjetivos de relación y lexicalizaciones*, Madrid, Arco/Libros, S. L., 2019.

Osuna García, Francisco, *Los nombres propios: ¿lexemas o morfemas?*, Revista de Filología Española LXIII 1,2 (2003), 93–132.

Pérez Vigaray, Juan Manuel, *El nombre propio en la tradición gramatical hispánica*, in: García Folgado, María José/Sinner, Carsten/Toscano y García, Guillermo (edd.), *Clases y categorías en la gramática española desde una perspectiva historiográfica*, Leipzig, Leipziger Universitätsverlag, 2018.

Portolés Lázaro, José, *Significado y sentidos de la construcción X hizo / se marcó un nombre propio*, Círculo 19 (2017), 306–338.

Reinhardt, Jan, *El proyecto de un «Deonomasticon iberoromanicum»* (DIR), Zeitschrift für romanische Philologie 126 (2010), 593–601.

Riera, Jorge (ed.), *La suerte de los nombres propios*, Madrid, Silex, 2012.

Schweickard, Wolfgang, *Deonomastik. Ableitungen auf der Basis von Eigennamen im Französischen (unter vergleichender Berücksichtigung des Italienischen, Rumänischen und Spanischen)*, Tübingen, Niemeyer, 1992.

Schweickard, Wolfgang, *Morphologie der Namen: Ableitungen auf der Basis von Eigennamen*, in: Eicker, Ernst, et al. (edd.), *Namenforschung/Name Studies/Les noms propres*, Berlin/New York, de Gruyter, 1995, 431–435.

Schweickard, Wolfgang (ed.), *Deonomasticon Italicum. Dizionario storico dei derivati da nomi geografici e da nomi di persona*, 4 vol., Tübingen, Niemeyer/Berlin, de Gruyter, 2002–2013.

Searle, John R., *Nombres propios y descripciones*, in: Valdés Villanueva, Luis Ml. (ed.), *La búsqueda del significado*, Madrid/Murcia, Tecnos/Universidad de Murcia, 1991[1967], 83–93.

Ullmann, Stephen, *Semántica. Introducción a la ciencia del significado*, Madrid, Aguilar, 1978.

van Langendonck, Willy, *Proper names as the prototypical nominal category*, Names 55.4 (2007), 437–444 (= 2007a).

van Langendonck, Willy, *Theory and tipology of proper names*, Berlin/New York, de Gruyter, 2007 (= 2007b).

Vandelanotte, Lieven/Willemse, Peter, *Restrictive and non-restrictive modification of proprial lemmas*, Word 53:1 (2002), 9–36.

Wotjak, Gerd, *Zur Semantik der Eigennamen (EN)*, in: Eichler, Ernst/Walther, Hans/Bily, Inge (edd.), *Beiträge zur Onomastik*, vol. 2, Leipzig, Akademie der Wissenschaften, 1985, 425–431.

Wotjak, Gerd, *Zum Problem der Eigennamen aus der Sicht der Semantiktheorie*, in: Debus, Friedhelm/Seibicke, Wilfried (edd.), *Germanistische Linguistik 98–100, Reader zur Namenkunde I*, Hildesheim/Zürich/New York, Olms, 1989, 51–66.

Wotjak, Gerd, *El potencial comunicativo de las unidades léxicas*, Voz y Letra 5:1 (1994), 155–173.

Wotjak, Gerd, *Sobre la interfaz entre léxico e gramática, significado léxico e combinatória morfosintáctica*, in: *Língua portuguesa: estruturas, usos e contrastes*, Porto, Centro de Linguística da Universidade do Porto, 2003, 111–132.

Wotjak, Gerd, *Las lenguas, ventanas que dan al mundo*, Salamanca, Servicio de Publicaciones de la Universidad de Salamanca, 2006.

Wotjak, Gerd, *Funktionale Lexikologie und Zweiebenensemantik*, in: Döll, Cornelia, et al. (edd.), *De arte grammatica. Festschrift für Eberhard Gärtner zu seinem 65. Geburtstag*, Frankfurt, Valentia, 2010, 479–512 (= 2010a).

Wotjak, Gerd, *Un hueso duro de roer: el significado léxico. Enfoques y sugerencias para su descripción*, in: Iliescu, Maria/Siller-Runggaldier, Heidi M./Danler, Paul (edd.), *Actes du XXVᵉ congrès international de linguistique et de philologie romanes* (Innsbruck 2007), vol. 1, Berlin, de Gruyter, 2010, 119–152 (= 2010b).

Rosario González Pérez
La categorización de las subclases léxicas en algunos diccionarios monolingües

Abstract: In this work we discuss the relationship between lexical class and mode of signification and its treatment in the general monolingual dictionaries of Spanish. In order to fulfill their coding function and increase their predictivity, it is essential for this kind of repertoires to have the functional information of the defined units in relation to the content that is made explicit in the discourse. However, in semantic-based dictionaries, the encoded categorization mechanisms, i.e., the grammatical marks, are certainly scarce. For this reason, our study, by focusing mainly on the collective names and some aspectual classes of verbs, analyzes how these repertoires make this information accessible to the consultant in the defining utterance; sometimes as hyperonyms that indicate the semantic class of the defined (*ejército* 'conjunto de', mark of collective name, DLE); other times as content features (*robledo* 'sitio *poblado de* robles', DLE) or through defining schemes fit for a subclass of elements (*tragable* 'que se puede tragar', DLE). Although they do not have homogeneity and therefore cannot be interpreted as codified elements, the previous procedures reveal the relation between class and mode of signification and can orient implicitly on the operation of some classes and subclasses of lexical units.

Keywords: lexical class, coding function, defining utterance, categorization mechanisms

1 Introducción

El trabajo que proponemos tiene como objetivo explorar las relaciones entre la descripción semántica de las unidades léxicas que pertenecen a determinadas subclases (nombres colectivos, clases aspectuales de verbos como los causativos

Nota: Este trabajo se inserta dentro del Proyecto de investigación *Significado conceptual y significado procedimental en semántica y sintaxis latino-románicas. Diferencias conservadoras e innovadoras del latín al español y afinidades con otras lenguas* (FFI2012-34826), dirigido por el IP Benjamín García Hernández y financiado por el Ministerio de Economía y Competitividad.

Rosario González Pérez, Universidad Autónoma de Madrid

https://doi.org/10.1515/9783110637700-004

o adjetivos de posibilidad) y su tratamiento lexicográfico. Nuestra investigación intentará responder a las siguientes preguntas:

1. ¿Es posible ofrecer información sobre la categorización de las unidades definidas más allá de las marcas?
2. ¿Es posible ofrecer información sobre la categorización de las unidades definidas a través de rasgos semánticos o semántico-funcionales (clasemas, rasgos léxicos) contenidos en la perífrasis definitoria?
3. ¿Es posible hacerlo de forma sistemática?

Responder a estas preguntas supone abordar uno de los problemas más espinosos a los que se enfrentan los diccionarios monolingües a la hora de cumplir su función codificadora: cómo categorizar informaciones léxico-funcionales en repertorios de base eminentemente semántica. Partiendo de la hipótesis de que las clases léxicas especifican su contenido nocional cuando se activan discursivamente dentro de una construcción específica que puede comportar restricciones combinatorias, tenemos que admitir que los diccionarios monolingües disponen de un reducido catálogo de marcas gramaticales para la notación de estos contenidos. Numerosos lingüistas, como Bosque (2006), han señalado que la subcategorización de las clases de palabras en el diccionario general resulta excesivamente parca en algunos casos; así, por ejemplo, en los diccionarios generales no suelen aparecer marcas como *animado* o *contable* para los nombres o *perfectivo* o *incoativo* para los verbos. Nuestro estudio analiza, tomando como fuente algunos diccionarios monolingües (DLE, DEA de Seco, Andrés y Ramos, DUE de María Moliner y *Clave* de SM), la accesibilidad del consultor a estas informaciones a partir de las perífrasis definitoria. Llamaremos a este mecanismo, que categoriza a las unidades a partir de la definición, «procedimiento semántico de categorización léxica» (PSCL).

2 La función codificadora en los diccionarios monolingües: dificultades

Ofrecer información sobre la categorización de las unidades que integran la nomenclatura de un repertorio aumentaría la capacidad predictiva del diccionario y reforzaría su función codificadora. Por función codificadora entendemos cualquier tipo de información incluida en un diccionario que sirve para producir discurso. De las dos funciones del diccionario en relación con el conocimiento y el uso de un sistema lingüístico, la pasiva o codificadora y la activa o descodificadora, la más visible y, probablemente, la más utilizada por los posibles usuarios sea la pasiva: se acude al diccionario para acceder a determinados aspectos de una unidad léxica en el nivel oral o en el escrito. Las dudas suelen centrarse fundamentalmente en la ortografía o en el significado. Pero los consultores buscan también a veces información sobre la combinatoria y la subclase de las unidades que suscitan dudas, es decir, el usuario se pregunta intuitivamente sobre las condiciones para convertir una pieza léxica en pieza discursiva. Este último tipo de dudas no suele resolverse acudiendo al diccionario monolingüe. Tampoco es frecuente que el usuario esté atento a estas informaciones cuando consulta el diccionario general, en parte porque no está familiarizado con la capacidad predictiva de este tipo de recursos. Lo usual es que las búsquedas en este sentido queden reservadas a usuarios especializados. Pero aun así, cualquier consultor accede, sea o no consciente de ello, a una cantidad ingente de informaciones de distinto tipo, con un peso desigual según los repertorios, que arman la pieza léxica buscada de todo lo necesario para convertirse en pieza discursiva. Las posibilidades predictivas de un repertorio aumentan cuando la información léxico-semántica se encuentra organizada teniendo en cuenta que las unidades léxicas no son elementos aislados, ni en relación con otras unidades ni en relación con los entornos en los que aparecen. Y los entornos sintácticos en que aparece una unidad están muchas veces vinculados a la transmisión de ciertos sentidos o significados. La relación entre construcción y significado no es en absoluto novedosa, sino que está presente, ya sea de forma intuitiva, en trabajos clásicos como el *Diccionario de construcción y régimen* de Rufino José Cuervo (1953). En la actualidad, obras lexicográficas que organizan sus artículos en torno a la solidaridad entre los esquemas sintácticos de las unidades que forman su nomenclatura y el significado o sentido que les corresponde (Porto Dapena 2007) están reconociendo el nexo entre la forma que es soporte de un determinado significado y la conceptualización de la realidad que esa forma nos permite representarnos.[1] Esto significa aceptar la solidaridad entre construcción y significado léxico considerando que una construcción determinada puede funcionar como marca semántica de una unidad léxica, lo que implica, siguiendo a Goldberg (2006), que no se puede hacer una división tajante entre la sintaxis y el significado conceptual de los signos almacenados en el lexicón mental. Por eso también las perífrasis definitorias

---

[1] En otro sentido, la teoría del Lexicón generativo concibe el significado léxico como una red de combinaciones entre unidades en determinados tipos de entornos. Esta selección de unidades y entornos permite especificar los significados de las unidades léxicas que, por definición, se encuentran infraespecificadas cuando las consideramos de forma aislada. Este es el punto de partida del diccionario combinatorio *Redes*, dirigido por el profesor I. Bosque (2004).

pueden contener, cuando los usan con cierta regularidad, elementos que se refieren a la clase o subclase a la que pertenece el definido.

Lo cierto es que la inclusión en un repertorio monolingüe de informaciones sobre la categorización como clase o subclase léxica de sus unidades no siempre es fácil de codificar. El espacio reducido que supone el diccionario en papel añade dificultades a una tarea complicada *per se*. Además, conceptos como categoría o clase léxica no son, en absoluto, fáciles de acotar. Pensemos en que las clases léxicas, concebidas como inventarios abiertos y de contenido descriptivo (lo que ha dado en llamarse «clases mayores»: nombres, verbos, adjetivos y adverbios fundamentalmente) no constituyen paradigmas cerrados ni rígidos, de modo que las lenguas tienen zonas de flexibilidad a la hora de organizar las clases léxicas que funcionan en ellas.[2] Por ejemplo:

(a) En español, una unidad léxica puede funcionar como nombre o como adjetivo, según los entornos; esto es relativamente frecuente con numerosos gentilicios (*los vinos españoles son de gran calidad, los españoles viajan mucho fuera de su país*) y también con muchos adjetivos agentivos acabados en *-dor* (*corredor*), que pueden funcionar, con las restricciones combinatorias o semánticas pertinentes, como adjetivos (*galgo corredor*) y como sustantivos (*el corredor de la casa, el corredor del Henares, un corredor muy competitivo*).

(b) Una unidad léxica puede especificar su pertenencia a una clase, es decir, formar parte de una subclase, con un significado o sentido y de otra con otro significado o sentido. Esto es relativamente frecuente con verbos que desarrollan en alguna de sus acepciones un significado factitivo, como *enfermar*, que en la primera acepción del DLE se define como 'tr. Causar enfermedad' y en la tercera 'intr. Contraer enfermedad. U.t.c.prnl.' (v. Porto 2014, 181). En un diccionario en papel (con parquedad en las marcas por limitaciones de espacio), de orientación semasiológica y con orden exclusivamente alfabético, queda opaca la relación entre las construcciones de ambos significados: *La proteína láctea enferma a María / María enferma con la proteína láctea*, ejemplos en los que se comprueba cómo el sentido no factitivo se activa en otra construcción.

Sin embargo, la generalización del empleo de herramientas informáticas en la confección y elaboración de diccionarios de lengua y la posibilidad de concebir y utilizar el diccionario como un hipertexto pueden contribuir a que la gestión férrea del espacio que imponía la difusión en papel se pueda mitigar considerablemente. Así, la posibilidad de más espacio para abordar la inclusión de

---

2 Que no tienen por qué ser las mismas en todas las lenguas ni tienen por qué organizarse de la misma manera (García-Miguel 2013).

unidades (macroestructura) y los distintos aspectos de su descripción lexicográfica (microestructura) podría llevar a la elaboración de perífrasis más explicativas o al aumento de marcas de categorización funcional, dado que economizar espacio ya no sería una necesidad funcional.

3 La categorización de las subclases léxicas a través de marcas gramaticales

Como ya hemos señalado, en este trabajo nos centramos en los procedimientos que utilizan los diccionarios monolingües generales, por tanto de base eminentemente semántica, para hacer explícita la categorización como subclase léxica de las unidades definidas dentro de la perífrasis definitoria. Las marcas gramaticales constituyen el procedimiento clásico y general en este tipo de repertorios lexicográficos, pero son parcialmente eficaces para explicitar propiedades categoriales más precisas. Por eso es muy frecuente que las características de la subclase queden dentro de la descripción semántica del definido, muchas veces en la perífrasis definitoria y otras dentro del primer enunciado lexicográfico (información del definido en cuanto signo, situada en distintos lugares del repertorio, también tras la perífrasis definitoria). Si consultamos el catálogo de abreviaturas del DLE, comprobamos que arroja un total de 336 abreviaturas, de las que 66 pueden considerarse marcas gramaticales, aunque no todas lo son de categorización como clase o subclase léxica de una unidad (*abl.* 'ablativo', *acus.* 'acusativo', ilat. 'ilativo'). Como se verá en el listado que aportamos, la selección de las marcas parece heterogénea porque el DLE sigue un criterio topológico (consigna lo que aparece efectivamente en el interior del repertorio). Así, el DLE usa marcas aparentemente aspectuales (de subclase léxica) como *incoat.* o *frec.*, pero, sin embargo, no aparecen las marcas *perfect.* ('perfectivo') o *fact.* ('factitivo')[3]:

> *adj.* ('adjetivo'), *art.* ('artículo'), *adv.* ('adverbio'; 'adverbial'), *aux.* ('auxiliar'), *conj.* ('conjunción'), *copulat.* ('copulativo'; 'verbo copulativo'), *dem.* ('demostrativo'), *deter.* ('determinado'), *distrib.* ('distributivo'), *excl.* ('exclamativo'), *f.* ('femenino'; 'nombre femenino'), *frec.* ('frecuentativo'), *ger.* ('gerundio'), *ilat.* ('ilativo'), *imperf.* ('imperfecto'), *impers.* ('impersonal'; 'verbo impersonal'), *incoat.* ('incoativo'), *indef.* ('indefinido'), *indet.* 'indeterminado'), *infinit.* ('infinitivo'), *interj.* ('interjección') *interrog.* ('interrogativo'), *intr.* ('intransitivo'), *m.* ('masculino'; 'nombre masculino'), *n.* ('neutro'), *n. p.* ('nombre propio'),

---

3 Hemos omitido del listado las marcas que se refieren al componente fonético-fonológico o marcas estrictamente morfológicas como *reg.* 'regular' / *irreg.* 'irregular', *pres.* 'presente' / *pret.* 'pretérito', *subj.* 'subjuntivo', *suf.* 'sufijo').

part. ('participio'), *pas.* ('pasivo'), *perf.* ('perfecto'), *pers.* ('persona'), *person.* ('personal'), *poses.* ('posesivo'), *prep.* ('preposición'), *prepos.* ('preposicional'), *prnl.* ('pronominal'; 'verbo pronominal'), *pron.* ('pronombre'), *pronom.* ('pronominal'), *refl.* ('reflexivo'), *relat.* ('relativo'), *s.* ('sustantivo'), *sup.* ('superlativo'), *sust.* ('sustantivo'), [*conj.*] *t.* (['conjunción] temporal'), *tr.* ('transitivo'; 'verbo transitivo'), *verb.* ('verbal').

Como puede observarse en la lista, a través de la marcación hay muy poca información sobre la categorización de subclases léxicas. Para los verbos contamos con *copulat., tr., intr.*; para los determinantes y pronombres tenemos *art., dem., deter., distrib., excl., interrog., n., person., poses., refl.* o *relat.*; los sustantivos vienen marcados por *f., m.* y *n. p.* y en la clase de los adjetivos no hay marcas explícitas de subcategorización. Las marcas *frec.* e *incoat.* no se emplean para indicar la clase aspectual del verbo definido, sino que aparecen en todos los casos en el paréntesis etimológico, en dos ocasiones la abreviatura *incoat.*: cuando se explica la etimología de los verbos *descaecer* (se relaciona su origen con CADESCĚRE, incoativo de CADĔRE 'caer') y *fallecer* (según la Academia, de un incoativo del latín, FALLĔRE, 'engañar', 'quedar inadvertido'); y en 15 ocasiones[4] la abreviatura *frec.*, normalmente para indicar también la etimología a partir del latín o de otras lenguas. Pero existen dos casos interesantes en cuanto a la abreviatura *frec.: corretear* y *hocicar*, que la Academia define como

(1) **corretear** (Frec. de *correr*) intr.. coloq. 1. 'Correr en varias direcciones [. . .].'
     ‖ 2. intr. coloq. 'Andar de calle en calle o de casa en casa.' ‖ [. . .]

(2) **hocicar** (Deriv. frec. vulg. de *hozar*) 1. tr. 'Levantar la tierra con el hocico.'
     ‖ 2. tr. coloq. **besuquear.** ‖ [. . .].

La marca gramatical es demasiado general (*intr.* o *tr.*) y se deja la responsabilidad de una posible categorización como frecuentativos al paréntesis etimológico y a rasgos específicos de las definiciones: 'en varias direcciones' y 'de calle en calle', 'de casa en casa' para *corretear*; mientras que en *hocicar*, en la perífrasis definitoria no encontramos pista alguna sobre su uso frecuentativo o iterativo. Sin embargo, otros verbos derivados del mismo tipo no ofrecen información sobre la clase aspectual a la que pertenecen en el paréntesis etimológico o, sencillamente, carecen de paréntesis etimológico:

---

4 La abreviatura *frec.* aparece en el paréntesis etimológico de 14 verbos y un participio de presente: *agachar, agitar, apellidar, balitar, cantar¹, captar, chachalacar, corretear, crocitar, hocicar, nictitante, osar², retratar, saborgar* y *ventar².*

(3) **fisgonear** (De *fisgón*) 1. tr. 'Fisgar, husmear por costumbre [. . .]'

(4) **toquetear** 1. tr. 'Tocar reiteradamente algo [. . .]' ‖ 2. 'Tocar reiterada-mente a alguien [. . .]'

(5) **besuquear** (De *besucar*) 1. tr. coloq. 'Besar repetidamente [. . .]',[5]

y son nuevamente rasgos específicos de la definición ('por costumbre', 'reitera-damente', 'repetidamente') los que sirven como índice de categorización léxica.

4 La categorización de las subclases léxicas en la perífrasis definitoria

Como acabamos de ver, las perífrasis definitorias pueden orientar sobre la catego-rización como clase léxica o subléxica de las unidades definidas, situando la infor-mación categorial implícita en determinados rasgos de contenido, combinados o no con esquemas definitorios. Lo relevante es comprobar si esta orientación puede regularse como procedimiento de categorización funcional en la práctica lexicográ-fica. Es lo que hemos denominado más arriba «procedimiento semántico de cate-gorización léxica», cuya rentabilidad y funcionalidad vamos a poner a prueba en el resto del trabajo, a través del análisis detallado de la clase léxica de los sustanti-vos colectivos y, de forma más general, de algunas clases aspectuales de verbos.

4.1 Los sustantivos colectivos

Para Bosque (1999, 32), «[l]os sustantivos colectivos designan en singular con-juntos de entidades, como *familia* o *arboleda*, mientras que los individuales, que son la mayoría, designan una sola entidad, como *casa* o *árbol*». La NGLE (2009, § 12.4a, 813) categoriza esta subclase léxica como un subgrupo de los nombres contables e incide en que «el problema fundamental de esta clase gra-matical afecta a la distinción clásica entre los signos lingüísticos y las realida-des a las que se refieren». En efecto, García Meseguer (2008, 39) insiste en los problemas que supone definir los nombres colectivos teniendo en cuenta su significado, pues numerosas entidades están compuestas de elementos, cosas o

---

5 En el mismo caso están los verbos *manosear* o *parlotear*.

individuos cuando tenemos en cuenta el referente al que aluden, pero no incluiríamos esos sustantivos en el listado de lo que tradicionalmente hemos entendido por nombres colectivos, como *familia, arboleda*[6] o *ejército*. Ejemplos clásicos de esta posible confusión entre significado y designación son *dentadura*, que se puede percibir como un conjunto de dientes (Bosque 1999, § 1.4.2, 34; García Meseguer 2008, 39; NGLE 2009, § 12.4c, 814) o *pared*, unidad que puede ser pensada como un objeto real compuesto por un conjunto de ladrillos (García Meseguer 2008, 39). Así lo expresa Bosque (1999, § 1.4.2, 34) cuando dice que «[l]os sustantivos como *dentadura, cordillera* y *vajilla* no están entre los ejemplos habituales de nombres colectivos, pero parecen designar conjuntos de elementos. ¿Son entonces colectivos? Cualquiera que sea la respuesta, ¿cómo lo sabremos?». Lo sabremos analizando el comportamiento gramatical y, por tanto, discursivo, de esta subclase de sustantivos comunes y contables que designan en singular conjuntos de entidades de cualquier tipo (individuos: *vecindario*, animales: *rebaño* o cosas: *mobiliario*). Es decir, averiguando las propiedades gramaticales de esta clase de nombres. Teniendo en cuenta los trabajos de Bosque (1999), García Meseguer (2008, 39–80) y la NGLE (2009, § 12.4, 813–823), los nombres colectivos son compatibles en singular con la preposición *entre* que, en general, rechaza combinarse con sustantivos individuales en singular: sin embargo, no todos los sustantivos categorizados tradicionalmente como colectivos se acomodan bien a *entre* en todas las variedades del español:

(6)   Entre el ejército había un traidor;

es frecuente en el español de Colombia frente al español de España, que rechaza la combinación de este colectivo con *entre*, pero acepta sin problemas

(7)   Vimos a Juan *entre el público*.

La compatibilidad con el adjetivo *numeroso* en singular también es una de las propiedades de los nombres colectivos:

(8)   El numeroso ejército acampó cerca de las murallas,

aunque, como sucedía con la preposición *entre*, podemos encontrar casos dudosos:

---

6 El DLE categoriza implícitamente *arboleda* como nombre individual, si nos atenemos al tipo de hiperónimo, pues encabeza la definición por 'sitio' y añade un rasgo de contenido que indica pluralidad 'poblado de árboles, [...]'.

(9)   ?? Su numerosa biblioteca,

que, según Bosque (1999, § 1.4.5.4, 45), podría sugerir que «la lengua categoriza como individual este sustantivo [biblioteca]».[7]

En cuanto a la concordancia verbal en la relación de nexus, es tradicional aceptar que los colectivos determinados, que se refieren a grupos de entidades cuya naturaleza conocemos, concuerdan con el núcleo verbal en singular; es decir, sabemos que una *arboleda* está formada por árboles o una *familia* por personas con determinados vínculos entre sí; pero también es tradicional que los gramáticos cuestionen con ejemplos de diverso tipo esta afirmación general.[8]

¿Qué repercusiones lexicográficas puede tener la existencia de esta subclase léxica (nombres colectivos frente a individuales) en los diccionarios monolingües generales y de orientación semasiológica? ¿Cómo puede un diccionario de este tipo hacer visibles adecuadamente las propiedades que caracterizan a esta subclase? Ya hemos visto que las marcas gramaticales son excesivamente generales. Por tanto, hay que rastrear los indicios de categorización dentro de la perífrasis definitoria. Aunque la categorización de las clases y subclases léxicas no es una tarea específica de la definición en un diccionario general en términos metalexicográficos, sí se espera que la perífrasis definitoria nos informe sobre las propiedades semánticas de las unidades definidas de manera explícita y sobre sus propiedades gramaticales o discursivas de manera explícita (contorno)[9] o las más de las veces implícita, esto es, a través del hiperónimo o de algún rasgo definitorio específico. Podemos comprobar esto en los estudios que hemos seguido para caracterizar de forma muy somera los nombres colectivos. Para la NGLE (2009 § 12.4b 813–814):

> Las definiciones del diccionario son útiles muchas veces, pero no todas, en la tarea de delimitar los sustantivos colectivos. En efecto, *bosque* se define en el DRAE como nombre de lugar ('Sitio poblado de árboles y matas'), no como conjunto de árboles. Cabe deducir de ello, correctamente, que no es nombre colectivo. Por el contrario, comienzan por la palabra *conjunto* las definiciones de los sustantivos siguientes (entre otros muchos) en alguna de sus acepciones: *abalorio, acorde, biosfera, calavera, calefacción, capitalismo,*

---

7 Para Meseguer la compatibilidad con *entre* y con *numeroso* puede darse solo con *entre* o solo con *numeroso*. Así, para este autor son nombres colectivos «los que en singular (y en ausencia de coordinación) aceptan el adjetivo *numeroso* y/o la preposición *entre*» (2008, 48).

8 Para una discusión sobre la concordancia verbal de los sustantivos colectivos puede consultarse Bosque (1999 § 1.4.4, 37–39).

9 El término «contorno», entendido de forma muy cercana al de esquema construccional, está acuñado y bien asentado en la terminología lexicográfica actual a partir de trabajos como los de Seco (1979, 183–191) y Porto Dapena (2002, 307–328).

ceremonial, ciencia, dentadura, estado, filosofía, legislación, municipio, prensa, régimen, ropa, sexualidad, trigo. No sería correcto, sin embargo, concluir que todos los nombres de esta serie son sustantivos colectivos.

Aunque esta advertencia sobre la función codificadora del diccionario se refiere a la 22.ª edición (2001), en la actual edición (23.ª de 2014), únicamente se han modificado en el sentido que propone la NGLE las acepciones correspondientes de *abalorio* y *municipio*. Como señala la gramática académica, en este punto el DLE predice erróneamente, al categorizar a través de un hiperónimo complejo (*conjunto de*), nombres colectivos que no lo son, al menos en cuanto a sus propiedades formales como subclase léxica (cfr. *ciencia* y *arboleda* en cuanto a la compatibilidad con *entre* y *numeroso*).

García Meseguer (2008, 75–78) llega incluso a proponer «reglas [...] relativas a la definición de un sustantivo según que sea individual o colectivo» (p. 75). Cuando se define un nombre individual habría que utilizar como «sustantivo de apoyo»[10] otro nombre individual; si el nombre definido es colectivo, el sustantivo de apoyo debe ser otro colectivo y si el nombre definido tiene una acepción colectiva y otra individual, hay que emplear un sustantivo de apoyo individual o colectivo según la acepción de que se trate. Sin embargo, cuando este autor ejemplifica este procedimiento, advertimos que categoriza como colectivo *conjunto de*, aunque *conjunto* no posee las propiedades formales que han servido al propio García Meseguer para delimitar la clase de los colectivos. Esto sucede cuando rechaza la definición que el DRAE-01 ofrece de *trenza* ('conjunto de tres ramales que se entretejen, cruzándolos alternativamente'), al estar encabezada por un nombre colectivo, cuando *trenza* es nombre individual. Dice García Meseguer: «*trenza* es nombre individual (**una numerosa trenza*; *entre la trenza), por lo que no es correcto definirlo como *conjunto de*, ya que *conjunto* es nombre colectivo» (p. 76). Pero para que un hiperónimo funcione como marca de categorización no tiene por qué pertenecer siempre a la misma subclase léxica que el definido. La teoría de la definición es muy compleja en este punto. Cuando el hiperónimo es un incluyente positivo que sitúa la unidad definida dentro de un paradigma, la elección del hiperónimo debería ser tal que permitiera identificar las unidades pertenecientes a la misma clase semántica o gramatical. Para ello sería necesaria una concepción horizontal en la confección de los diccionarios, por la que se tuviese en cuenta la conexión entre las unidades de la misma clase. De este modo, es válido utilizar *conjunto de* como hiperónimo de nombres colectivos si y solo si permite identificar nombres de este tipo. Cuando un hiperónimo de clase

---

10 No delimita García Meseguer (2008, 75) qué entiende por *sustantivo de apoyo*. Por los ejemplos que aduce parece que se refiere a hiperónimo, pero no se especifica.

se utiliza para categorizar un nombre perteneciente a otro grupo de nombres, es evidente, como señala la Academia, que la definición es ineficaz desde el punto de vista de la predictividad del diccionario, pues aunque informe sobre el contenido semántico de la unidad definida (efectivamente, *trenza* es un nombre individual que puede describirse como compuesto de una serie de elementos), no categoriza adecuadamente *trenza* como miembro de una subclase léxica que se actualiza en el discurso a partir de propiedades formales. Eso sucedería con definiciones como las del siguiente ejemplo del DLE:

(10) **esqueleto.** [...] **1** Conjunto de piezas duras y resistentes, por lo regular trabadas o articuladas entre sí, que da consistencia al cuerpo de los animales, sosteniendo o protegiendo sus partes blandas.

La dificultad para categorizar una subclase léxica a través de la perífrasis definitoria aumenta debido a dos factores (A y B), que introducen inestabilidad y que hemos visto reflejados en los ejemplos anteriores:

A. Una unidad puede pertenecer a una clase de nombres en una acepción y a otra clase en otra acepción o subacepción, como sucede con *racimo*, cuya primera y segunda acepciones categorizan la unidad como nombre colectivo formalmente a través del hipéronimo *conjunto de*, a pesar de que con este significado *racimo* se comporta como nombre individual; pero se mantiene adecuadamente el hiperónimo propio de la clase de los colectivos en las acepciones 3 y 4; esto lo vemos en el ejemplo (11), perteneciente al DLE:

(11) **racimo.** [...] **1.** Conjunto de uvas sostenidas en un mismo tallo que pende del sarmiento. ‖ **2.** Conjunto de frutas sostenidas por un eje común. *Racimo de plátanos, de cerezas.* ‖ **3.** Conjunto de cosas menudas dispuestas con alguna semejanza de **racimo.** ‖ **4.** *Bot.* Conjunto de flores o frutos sostenidos por un eje común [...].

B. Una unidad puede pertenecer a una subclase léxica formalmente, pero puede encontrarse semánticamente muy cerca de otra, lo que puede provocar cierta irregularidad en la categorización. Las clases léxicas pueden cruzarse y pueden percibirse de distinto modo por distintos grupos de hablantes (con distinto grado de prototipicidad). Este factor está en la base de las definiciones que usan *conjunto de* para nombres que semánticamente pueden describirse como compuestos de una serie de elementos, como sucede con *dentadura, esqueleto, trenza* o *escalera*, como comprobamos en los ejemplos de (12), tomados del DLE:

(12)   a. **dentadura.** f. Conjunto de dientes, muelas y colmillos que tiene en la boca una persona o una animal.

        b. **esqueleto.** [...] **1** Conjunto de piezas duras y resistentes, por lo regular trabadas o articuladas entre sí, que da consistencia al cuerpo de los animales, sosteniendo o protegiendo sus partes blandas.

        c. **trenza. 1.** Conjunto de tres ramales que se entretejen, cruzándolos alternativamente.

        d. **escalera. 1.** Conjunto de peldaños o escalones que enlazan dos planos a distinto nivel en una construcción o terreno, y que sirven para subir y bajar. U. t. en pl. con el mismo significado que en sing.

Sin embargo, el factor B (cercanía semántica entre clases léxicas con restricciones formales diferentes), no ha pesado en la definición de otros nombres individuales semánticamente cercanos a los colectivos, como sucede con *estantería*, cuyo hiperónimo sitúa la unidad en el paradigma de un tipo de objetos, los muebles, pero no lo categoriza como miembro de una subclase léxica, como sucedía en el caso de 12d) *escalera*, categorizado como colectivo a través del hiperónimo *conjunto de*:

(13) **estantería.** f. Mueble compuesto de estantes o anaqueles.

En efecto, las clases léxicas no constituyen grupos cerrados ni rígidos y establecen constantes relaciones entre ellas, por ejemplo, un nombre de materia como *loza,* puede tener una acepción como colectivo, en el sentido de 'vajilla', a partir de un uso metonímico. Esta relación es más estrecha en unos grupos que en otros. Muchos nombres de lugares o con significado local se perciben como compuestos de una serie de elementos, aunque se comporten formalmente como nombres individuales. Esto sucede especialmente con nombres de lugar que contienen árboles, plantas u otros elementos, como *bosque, robledal, rosaleda* o *roquedal* y puede estar en conexión, aunque no en todos los casos, con el hecho de que estos sustantivos contengan un sufijo que indica pluralidad, es decir, aunque se comporten como nombres individuales están emparentados con lo que se suele denominar colectivos morfológicos (*alameda, niñerío, caserío*). Sin embargo, y aunque con distinta redacción, en las definiciones de este tipo de nombres el hiperónimo apunta siempre a una categorización como nombres individuales de lugar (con hiperónimos variados: *sitio, lugar, terreno, paseo*). No se presentan estos nombres como subclase léxica de los comunes, sino como clase semántica perteneciente al paradigma de los nombres de lugar. Este tipo de nombres de lugar se muestra en los distintos repertorios lexicográficos, como lo que podríamos llamar nombres de grupo, que se pueden integrar dentro de la subclase léxica de los colectivos o de los individuales. Estos nombres de grupo (NGLE 2009, 488) comportan en su semema un rasgo de contenido que indica que están compuestos de elementos agrupados. Formalmente los diccionarios monolingües expresan esto de distinto modo: el DEA utiliza 'abundante en' en la definición de *roquedal* ('lugar abundante en rocas'), pero 'plantado de' en el caso de *rosaleda* ('sitio plantado de rosales'); para *bosque* la RAE emplea 'poblado de' ('sitio poblado de árboles y matas') y en *alameda* la Academia utiliza tanto 'poblado de álamos' como 'con álamos', en el caso de que predomine el sentido de pluralidad frente al de abundancia en determinadas acepciones. Todo esto sugiere que los hablantes tienden a categorizar los nombres de lugar con sufijo abundancial como individuales, independientemente de que se comporten formalmente o no como nombres colectivos. En la búsqueda de los sustantivos terminados en –*eda* en la edición en CD-ROM del [22]DRAE, de los 86 lemas obtenidos algo más de un tercio (31) corresponden a nombres colectivos o de grupo; de ese tercio, 28 son nombres de lugares (hay que eliminar *humareda* y *polvareda*, porque son colectivos pero no nombres de lugar); 27 de esos sustantivos son nombres de grupo que indican lugar y que se refieren al mundo vegetal (*alameda, aliseda, arboleda, avellaneda, bejuqueda, bojeda, carvalleda, cepeda, cereceda, fresneda, moheda, moreda, moraleda, nopaleda, noceda, nebreda, olmeda, pereda, peraleda, piorneda, pineda, pobeda, rosaleda, roqueda, robleda, salceda, sauceda*). Todos ellos, sean colectivos léxicos o solo semánticos, son definidos con el hiperónimo que los sitúa en un paradigma léxico, no en una subclase con propiedades formales compartidas, es decir, se definen como 'sitio, terreno o lugar', hiperónimos a los que se añaden rasgos específicos que indican grupo, pluralidad o abundancia ('abundante en...', 'poblado de ...', 'plantado de...', 'de muchos...', 'con...').

La Academia reconoce esta relación entre determinadas formaciones de palabras y los sentidos de colectividad o grupo cuando dice: «Los sufijos que aportan un significado colectivo, como los que se analizan en esta sección [-*ía*, -*ería*, -*erío*, -*al*, -*ar* y sus variantes], reciben tradicionalmente el nombre de SUFIJOS DE SENTIDO ABUNDANCIAL» (NGLE 2009 § 6.12a, 488). Y a lo largo de las secciones 6.12 y 6.13, dedicadas a la derivación nominal, la RAE se refiere en numerosas ocasiones a la relación entre la derivación sufijal creadora de sustantivos y los nombres colectivos:

> Se usan asimismo como nombres colectivos otros sustantivos en -*ía*, como *guardarropía, mercancía, repostería*, entre otros, [...] (NGLE 2009, § 6.12b, 489).

[...], los sufijos -*ía* y -*ería* son diferentes, aunque existan relaciones entre ellos. Se reconoce el primero en el citado *marin-ería* (conjunto de marineros) y el segundo, en *cristal-ería* (conjunto de cristales, no de cristaleros). Son también diferentes, pero ambos forman nombres de grupo, los sufijos -*ío* (*gentío, monjío, mujerío*) y -*erío* (*griterío, mocerío, vocerío* [...]) (NGLE 2009, § 6.12c, 489).

Los nombres en -*ería* que designan establecimientos y otros lugares son contables (§ 12.2) *dos panaderías*. Los que designan conjuntos pueden ser contables o no contables. Así, un grupo de cubiertos es *una cubertería* (NGLE 2009 § 6.12i, 492).

Se refieren a conjuntos de utensilios, instrumentos o accesorios interpretados como agrupaciones de cosas materiales *cristalería, cubertería, estantería, fardería, grifería* [...] (NGLE 2009 § 6.12m, 492).

La estrecha relación entre los conceptos de 'lugar' y 'conjunto' [...] se extiende a los sufijos -*ario* [...] y -*ero* [...]. Así, el sustantivo *vecindario* designa un lugar, pero también un conjunto de vecinos (NGLE 2009, § 6.12p, 494).

Son asimismo numerosos los sustantivos en -*aje* que designan conjunto en alguna de sus interpretaciones. Se refieren a grupos humanos, a menudo con cierta carga irónica o incluso despectiva, *criollaje, inquilinaje, malevaje* [...] (NGLE 2009, § 6.13c, 498).

Se forma un buen número de sustantivos denominales que designan grupos o conjuntos con los sufijos -*ado* / -*ada*. De hecho, algunos nombres de efecto [...] se pueden interpretar también como colectivos. Como explica el DRAE, el sustantivo *alcantarillado* puede entenderse como 'acción y efecto de alcantarillar', pero también como 'conjunto de alcantarillas' (NGLE 2009, § 6.13g, 499).

El sufijo -*amen* forma una serie breve de nombres colectivos: *cerdamen, maderamen, pelamen, velamen* [...] (NGLE 2009 § 6.13u, 504).

Se reconoce el sufijo -*ambre* [...] en otros sustantivos de sentido colectivo: *pelambre, corambre* (de *cuero*) y el antiguo *osambre* (hoy *osamenta*) (NGLE 2009, § 6.13v, 504).[11]

Tras el repaso de las conexiones entre sustantivos que pueden tener interpretación colectiva y los que pertenecen de forma central a la subclase léxica de los colectivos, pasaremos a analizar si en las perífrasis definitorias de algunos diccionarios monolingües podemos rastrear elementos que nos ayuden a categorizar la subclase de los colectivos y que nos orienten, por tanto, en su empleo discursivo. Para ello hemos cotejado nombres colectivos y algunos de interpretación colectiva en cuatro diccionarios monolingües sincrónicos (DLE, DUE, DEA y *Clave*). Los resultados lexicográficos de estos repertorios son los que siguen:

---

11 Obsérvese que la Academia no marca como subclase léxica de los nombres colectivos a muchos de los sustantivos que se mencionan en las secciones 6.12 y 6.13, sino que se refiere a ellos de diversas maneras: «designan grupos o conjuntos», «sustantivos de sentido colectivo», «forman nombres de grupo», «conjuntos de [...] interpretados como agrupaciones de cosas materiales». Es decir, la Academia tiene conciencia de que una cosa son las propiedades formales de una clase y otra la designación o el concepto que una unidad comunica.

Tabla 1: Cotejo de *familia* en DLE, DUE, DEA y *Clave*.

DLE	DUE	DEA	Clave
FAMILIA[12]			
1. Grupo de personas emparentadas entre sí que viven juntas	1. Conjunto formado fundamentalmente por los padres y sus hijos, [...] Subacepción: Conjunto de todas las personas unidas por parentesco de sangre o político, tanto vivas como ya muertas	1. Conjunto de personas que tiene parentesco entre sí	1. Grupo de personas emparentadas entre sí y que viven juntas bajo la autoridad de una de ellas. *En mi familia, cada uno tiene un horario y sólo comemos juntos los domingos*
2. Conjunto de ascendientes, descendientes, colaterales y afines de un linaje		b) *Esp.* Conjunto de personas que tienen parentesco entre sí y que viven juntas, esp. padres e hijos	2. Conjunto de ascendientes, descendientes y demás personas emparentadas directa o indirectamente entre sí. *Procede de una familia castellana de origen noble*
4. Conjunto de personas que comparten alguna condición, opinión o tendencia. *Toda la familia universitaria está de enhorabuena*	3. Conjunto de los servidores de una casa, aunque no vivan en ella	3. (*lit.*) Conjunto de personas que pertenecen a un mismo grupo, a veces dentro de una colectividad mayor	3. Conjunto de hijos o descendientes de una persona. Al año de casarse, tuvieron familia
5. Conjunto de objetos que presentan características comunes que los diferencian de otros. *La familia de los instrumentos de cuerda*		b) Conjunto de siervos	4. Conjunto de personas o de cosas unidas por una característica o por una condición comunes. *Una familia de palabras está formada por todas las palabras que tienen la misma raíz*
	5. lit Conjunto de personas a las que se considera unidas por ideas, intereses, etc., comunes. 'La familia monárquica. La gran familia humana'	4. Conjunto [de cosas] con origen o rasgos comunes que las diferencian de otros conjuntos	
7. coloq. Grupo de personas relacionadas por amistad o trato		b) (*CNat*) Grupo taxonómico constituido por varios géneros que poseen numerosos caracteres comunes	
10. p. us. Conjunto de criados de alguien, aunque no vivan dentro de su casa	7. También, grupo de razas. 'La gran familia aria'	c) (*Impr*) Conjunto constituido por un alfabeto completo de tipos de varios cuerpos en letra redonda, cursiva y negrita, que tienen cierta unidad de diseño	
		d) (*Ling*) Conjunto de palabras que tienen una raíz común	

12 *Familia, gente* y *ejército* son colectivos léxicos determinados, pues no constituyen derivados en que el sufijo oriente hacia el significado colectivo a partir de una base. Se clasifican como determinados porque conocemos las entidades que dan lugar al significado colectivo.

Tabla 2: Cotejo de *gente* en DLE, DUE, DEA y *Clave*.

DLE	DUE	DEA	Clave
GENTE			
1. Pluralidad de personas	1. Conjunto de personas Subacepciones: Conjunto de trabajadores de personas que se reúne en un trabajo o acción cualquiera. 'No empezaremos la sesión mientras no esté aquí toda la gente' Mil. Conjunto de los soldados de una unidad Mar. Conjunto de los soldados o marineros de un barco	1. Personas o conjunto de las personas de (las) personas. A veces en pl. con intención expresiva c) Conjunto de las personas que están, viven o trabajan [en un lugar (compl DE)] d) (col) Familia [de alguien] e) Conjunto de personas, que siguen ideológicamente [a otra (compl de posesión)] o trabajan [para ella (compl de posesión)] [...] Un poco después llegó Aznar con su gente	1. Conjunto de personas. *Hoy ha venido poca gente al teatro* 2. Cada una de las clases o grupos sociales que pueden distinguirse e la sociedad. *Estos barrios están llenos de gente de mal vivir*

Tabla 3: Cotejo de *ejército* en DLE, DUE, DEA y *Clave*.

	DLE	DUE	DEA	Clave
EJÉRCITO	1. Conjunto de fuerzas aéreas o terrestres de una nación	1. Conjunto de todas las fuerzas militares de un país	1. Organización estatal encargada de los asuntos de guerra y defensa nacional, compuesta por secciones terrestres, marítimas y aéreas	1. Conjunto de las fuerzas aéreas o terrestres de una nación. *Hizo el servicio militar en el Ejército de Tierra*
	3. Colectividad numerosa organizada para la realización de un fin	5. Grupo numeroso de soldados bajo las órdenes de un jefe	2. Conjunto importante de tropas reunidas para el combate	2. Conjunto de las fuerzas armadas de una nación. *La misión fundamental del 'ejército' es la defensa de la patria*
	4. Antiguamente, conjunto de tropas militares con los pertrechos correspondientes, unidas en un cuerpo bajo las órdenes de un mando	6. Grupo numeroso de personas que actúan conjuntamente	3. Conjunto numeroso [de pers., animales o cosas], esp. organizado para un fin	4. Colectividad numerosa, esp. si está organizada se ha agrupado para un fin. *Un ejército de fans se abalanzó sobre el cantante*

Tabla 4: Cotejo de *caserío* en DLE, DUE, DEA y *Clave*.

	DLE	DUE	DEA	*Clave*
CASERÍO[13]	1. Conjunto de casas de una población. A lo lejos se divisa el caserío de El Escorial 2. Conjunto formado por un número reducido de casas	1. Conjunto de casas en el campo, que no llegan a constituir un pueblo	1. Conjunto de casas [de una población] b) Conjunto de casas que no llega a formar un pueblo	2. Conjunto de casas que no llegan a constituir un pueblo. *Los caseríos son propios del norte de España*

13 *Caserío*, *alameda* y *robledal* son casos que deben ser examinados con cuidado. En principio, *caserío* y *alameda* serían colectivos morfológicos determinados, pues el sufijo es el responsable del significado 'conjunto de determinados elementos' que conocemos gracias a la base derivativa. Otro caso distinto es el de *robledal*, cuyo sufijo abundancial le aporta significado colectivo pero lo sitúa dentro de los nombre de lugar. Sin embargo, *alameda* tampoco acepta bien la compatibilidad con *entre* o *numeroso*.

Tabla 5: Cotejo de *alameda* en DLE, DUE, DEA y *Clave*.

	DLE	DUE	DEA	Clave
ALAMEDA	1. Sitio poblado de álamos 2. Paseo con álamos 3. Paseo con árboles de cualquier clase	1. Sitio poblado de álamos 2. Paseo con álamos Subacepción: Por extensión, muchos paseos llevan ese nombre como nombre propio, aunque tengan otra clase de árboles	Lugar poblado de álamos b) Paseo con álamos	1. Terreno poblado de álamos 2. Paseo con árboles

Tabla 6: Cotejo de *robledal* en DLE, DUE, DEA y *Clave*.

	DLE	DUE	DEA	Clave
ROBLEDAL	Robledo de gran extensión **robledo.** Sitio poblado de robles	**robledal** o **robledo** Sitio poblado de robles	m Lugar poblado de robles	s. m. Robledo de gran extensión **robledo.** s. m. Terreno poblado de robles. *En el norte de España hay muchos robledos*

La comparación entre los distintos repertorios indica que:

1. Se puede afirmar que los diccionarios monolingües intentan categorizar como clase semántica o léxica las unidades que definen, aunque de forma ciertamente implícita e irregular.

2. La perífrasis definitoria constituye un procedimiento limitado para este fin, pero la elección de los hiperónimos en el caso de las clases léxicas mayores es índice de categorización. La recurrencia en el empleo de un mismo hiperónimo lo convierte en marca de clase o subclase, como sucede con *conjunto, conjunto de* para señalar la subclase léxica (en ocasiones también semántica) de los colectivos. Sin embargo, unos repertorios se muestran más inestables que otros en el empleo recurrente del mismo hiperónimo con el mismo valor de clase léxica o semántica: la RAE emplea también *grupo* (acepción 7 de *familia*), *pluralidad* (acepción 1 de *gente*) o *colectividad* (acepción 3 de *ejército*). También el DUE utiliza *grupo* en algunas acepciones de *ejército*, aunque se muestra más regular que la Academia en la selección del hiperónimo de clase, lo mismo que el DEA y el diccionario *Clave*. La regularidad en la aparición de un hiperónimo específico lo habilitaría como marca de categorización si fuera acompañada de una revisión profunda de las definiciones que contienen *conjunto / conjunto de* y otros hiperónimos afines, con el fin de unificar el incluyente positivo. De este modo, una definición encabezada por *conjunto / conjunto de* informaría sobre colectivos como subclase léxica y no solo semántica. A este respecto conviene observar que, al comparar las tablas 4, 5 y 6, únicamente el colectivo morfológico *caserío* aparece definido con una perífrasis encabezada por 'conjunto de', frente a *robledal* y *alameda*, en los que prevalece un tratamiento lexicográfico que los agrupa dentro de la clase semántica de los nombres de lugar, por lo que el hiperónimo que encabeza la definición es 'sitio, lugar o terreno', en los diccionarios consultados, pero en ningún caso 'conjunto de'.[14]

---

14 En este caso, parece que la Academia intenta deslindar entre clases sintácticas y semánticas de sustantivos. Los nombres de lugar, si se incluyen dentro de la subclase léxica de los colectivos, revisten un carácter periférico. Es infrecuente, por ejemplo, su combinación con el adjetivo *numeroso* pospuesto (aunque en la red encontremos ejemplos como «este cementerio posee una *alameda numerosa* de árboles de mango», en: www.laprensa.com.ni/2016/ 05/31/departamentales/2043500-botan-desechos-cementerio-granada [último acceso: 26/12/ 2016]). De hecho, Gómez Torrego (1997, 34) no considera colectivos desde un punto de vista sintáctico *alameda* o *pinar*, precisamente porque rechazan la combinación en singular con el adjetivo pospuesto *numeroso*.

3. Cuando analizamos otros sustantivos pertenecientes a la nomenclatura de los diccionarios consultados, observamos que *conjunto de* encabeza la definición de nombres que no comparten las mismas propiedades formales que los colectivos prototípicos, como sucede con *dentadura* y *esqueleto* en los cuatro diccionarios. Únicamente el DUE cambia el incluyente en el caso de *esqueleto* y sustituye *conjunto de* por *armazón*. Eso significa que *conjunto de* no tiene limitada su predictividad, es decir, predice todo tipo de nombres colectivos semánticos, aunque sean individuales como subclase léxica.[15] No obstante, esta inestabilidad es especialmente notable en el DLE; aun teniendo en cuenta los casos anteriores, si cotejamos *escalera* en los diccionarios analizados, solo la Academia encabeza la definición con el incluyente 'conjunto de', en tanto que *Clave* define como 'serie de peldaños colocados uno a continuación de otro [. . .]', DUE utiliza la perífrasis 'construcción formada por una sucesión de planos horizontales [. . .]' y DEA emplea también el hiperónimo 'construcción'.

4.2 Algunas subclases aspectuales de verbos y la perífrasis definitoria

Sin duda los verbos son una de las clases más complejas para su categorización, pero también son una de las clases léxicas más estudiadas en cuanto a la manera de codificar sus empleos discursivos, que se desprenden en gran medida de su esquema construccional, es decir, de los argumentos seleccionados o con los que se combinan. Es ya habitual en los diccionarios generales del español especificar el contorno sintáctico, no solo para marcar la combinación con un posible objeto directo, sino también con otros argumentos. El proyecto centrado en el Diccionario Coruña (Porto Dapena 2007) señala también mediante una notación con paréntesis angulares los complementos opcionales pero frecuentes, es decir, los adjuntos, que son argumentos verbales no seleccionados; en fin, la solidaridad entre la construcción y el significado en la clase verbal está presente en la lexicografía monolingüe actual del español. Y sin embargo, el listado de marcas para categorizar a los verbos es bastante limitado en los diccionarios monolingües del español. Prácticamente seguimos

---

15 Esto es lógico en los diccionarios de orientación semasiológica, que ponen el énfasis en la descripción del significado conceptual; por eso, como señala Bosque (2004, cvii): «las definiciones de los diccionarios dan cabida a menudo a más usos de los que efectivamente admite el idioma».

contando con *tr.*, *intr.* y *prnl.* como elementos codificadores de la construcción y, por tanto, como única guía para actualizar las unidades verbales en el discurso. En la mayoría de los casos, sigue siendo la perífrasis definitoria la que, al menos en lo que respecta al aspecto léxico, lleva el peso de la categorización. Este hecho es tan frecuente en los diccionarios monolingües que Porto Dapena (2014, 172–190) llega a proponer un nuevo tipo de definición lexicográfica a la que denomina definición clasemática y que se caracteriza porque la definición «se basa en una relación clasemática modo-aspectual existente entre el **definiendum** y el verbo que hace de núcleo semántico en el **definiens**» (Porto Dapena 2014, 172). Este mismo autor toma del DRAE-01 los siguientes ejemplos de este tipo de definición, que se caracteriza, precisamente, porque la categorización de la clase aspectual a la que pertenece el verbo definido recae sobre el elemento que encabeza la perífrasis definitoria:

(14) **ahuyentar.** tr. Hacer huir a una persona o a un animal.

(15) **caer.** intr. Llegar a comprender.

(16) **escampar.** intr. Cesar de llover.

(17) **aclarar.** tr. Volver a lavar la ropa con agua sola después de jabonada.

(18) **asomar.** intr. Empezar a mostrarse.

(19) **cancelar.** tr. Acabar de pagar una deuda. (apud Porto Dapena 2014, 172–182)

Así, el clasema modo-aspectual específico en cada verbo definido dará lugar a distintos tipos de definiciones clasemáticas (factitivas, continuativas, iterativas, terminativas), que se caracterizan por estar constituidas normalmente por un verbo que constituye el categorizador de clase («núcleo sintáctico», Porto Dapena 2014, 179) y otro elemento (verbal o no) que aporta los rasgos semánticos específicos del verbo definido («núcleo semántico», Porto Dapena 2014, 179–180)[16]:

(20) **activar** 2. tr. '**Hacer** *que se ponga en funcionamiento* un mecanismo'. (apud Porto Dapena 2014, 180)

---

16 En los ejemplos 20 al 24, todos ellos correspondientes a definiciones clasemáticas, hemos destacado en negrita el núcleo sintáctico y en cursiva el núcleo semántico.

(21) **aterrorizar.** 1. tr. '**Causar** *terror*'.

(22) **dulcificar** 1. tr. '**Volver** *dulce* algo'.

(23) **emblanquecer** 1. tr. '**blanquear**' (‖ poner blanco). ‖ 2. prnl. 'Dicho de una cosa o de otro color: **Ponerse** o **volverse** *blanco*.'

En efecto, en (20) y (21) tenemos dos definiciones factitivas o causativas que comienzan por el categorizador *hacer y causar*; en (22) tenemos una definición que categoriza al verbo como una realización que ha llevado a un cambio de estado a partir del categorizador *volver*, y en (23) la acepción 1 remite a una actividad a partir de *poner* y la dos a otra realización o proceso con cambio de estado, con los categorizadores *ponerse* y *volverse*. Y observamos, como en el caso de los nombres colectivos, que los verbos también entran en clasificaciones cruzadas, de modo que hay hiperónimos que marcan el aspecto léxico, como *causar* y otros el tipo de evento, como *volver(se)* o *poner(se)*.[17] Ello dificulta el empleo regular del hiperónimo como categorizador de clase. A esto se une el hecho de que los repertorios no utilizan el PSCL de forma sistemática, sino intuitiva y podemos encontrar verbos causativos o de otro tipo que no se definen mediante una definición clasemática, como sucede en el DLE con la primera acepción de *matar* (apud Porto Dapena 2014, 180):

(24) **matar** 1. tr. '**Quitar** *la vida* a un ser vivo'.[18]

Como sucedía con los nombres colectivos de lugar en casos como *arboleda*, el repertorio académico privilegia aquí la precisión conceptual sobre la subclase léxica. En las definiciones de muchas clases o tipos de verbos sí se emplea con gran rentabilidad el PSCL, cuando es clara la adscripción de la unidad definida a una clase. En el rastreo hecho en la última edición en CD-ROM del DRAE-01, hay 362 artículos verbales que encabezan alguna de sus acepciones con el categorizador *causar*, marca inequívoca de causatividad, y 376 con el categorizador de cambio de estado *volver* (se). Pero hay que señalar que los inequívocos *causar* y *volver / volverse*, alternan con otros hiperónimos que pueden marcar más

---

17 Porto Dapena (2014, 178) señala cómo una clase de verbos viene determinada por compartir el mismo clasema, pero un tipo de verbos se caracteriza por la combinación de varios clasemas e insiste en lo convencional de estas clasificaciones, pues habría más o menos clases o tipos de verbos según tengamos en cuenta más o menos rasgos modo-aspectuales.
18 También el DUE, el DEA y el diccionario *Clave* definen con un hiperónimo que no categoriza como causativo al verbo *matar*.

de un tipo de clase o indicar únicamente el contenido conceptual, como sucede con *hacer* (encabeza 3796 artículos) y *poner* (encabeza 1479 artículos). Y esto limita la aplicabilidad del PSCL.

5 El procedimiento semántico de categorización léxica en los diccionarios monolingües: límites y aplicabilidad

Evaluar el procedimiento de categorización que venimos estudiando significa contestar a las preguntas 1, 2 y 3, que constituyen el punto de partida de esta investigación. Y ello no siempre tiene una respuesta totalmente afirmativa o totalmente negativa, según los datos de que disponemos.

A la pregunta 1 (¿Es posible ofrecer información sobre la categorización de las unidades definidas más allá de las marcas?) se puede responder afirmativamente: no solo las marcas sirven para categorizar las unidades definidas, también los rasgos semánticos lo hacen cuando el significado conceptual y el comportamiento formal coinciden, es decir, cuando un grupo de unidades contiene un significado léxico que implica una serie de propiedades; constituyen, por tanto, una clase léxica. Comprobamos esto cuando comparamos las definiciones de los nombres colectivos prototípicos frente a los nombres de lugar de grupo con sufijo abundancial (*pinar, alameda, rosaleda, robledal, roquedal*); en este caso, está bastante establecida a través del hiperónimo (*sitio, lugar, terreno*), una categorización que permite predecir un uso discursivo de estos sustantivos como nombres funcionalmente más próximos a los individuales y contables (ya hemos mencionado más arriba su frecuente incompatibilidad con el adjetivo *numeroso* pospuesto) y los sitúa en un paradigma léxico junto a otros nombres de lugar. En los nombres de lugar con sufijo abundancial nos encontramos con el cruce entre clase léxica y significado conceptual. Podemos verlo con *arboleda*, nombre categorizado como colectivo en las gramáticas pero que en los repertorios cotejados se define con incluyentes como 'terreno' (*Clave*), 'sitio' (DLE, DUE) o 'lugar' (DEA).

A la pregunta 2 (¿Es posible ofrecer información sobre la categorización de las unidades definidas a través de rasgos semánticos o semántico-funcionales como clasemas o rasgos léxicos contenidos en la perífrasis definitoria?) no se puede responder afirmativamente, sino condicionadamente: es posible categorizar a través de rasgos semánticos del definido en la perífrasis definitoria si y solo si esos rasgos están usados de forma metateórica, por tanto unívoca en el repertorio, como sucede con las palabras especializadas o términos. En el rastreo de los artículos que contienen la palabra *conjunto* en la vigésima segunda edición del DRAE-01,[19] de los 2647 artículos que lo incluyen en su definición, los que lo contienen como hiperónimo, no lo utilizan para indicar mayoritariamente sustantivos colectivos como subclase formal, sino semántica. Así, encontramos un variado catálogo de nombres[20] que indican pluralidad, grupo o, simplemente, que están compuestos de elementos o entidades de cualquier clase. No es infrecuente que nombres abstractos, de cualidad o de acción[21] incluyan en su definición como hiperónimo *conjunto de*. Es lo que sucede con *hermosura, instrucción, ideología, instalación* o *iluminación*.

(25) **hermosura** 3. 'Proporción noble y perfecta de las partes con el todo; conjunto de cualidades que hacen a una cosa excelente en su línea'.

(26) **instrucción** 4. 'Conjunto de reglas o advertencias para algún fin, U. m. en pl'.

(27) **ideología** 1. 'Conjunto de ideas fundamentales que caracteriza el pensamiento de una persona, colectividad o época, [. . .]'.

(28) **instalación** 2 'Conjunto de cosas instaladas'.

(29) **iluminación** 2 'Conjunto de luces'.

O que nombres que en singular son individuales pasen, en alguna acepción, por procesos metonímicos o de otra clase a tener valor colectivo (cfr. *vajilla*):

(30) **iglesia** 2 'Conjunto del clero [. . .] ‖ 7. 'Conjunto de los súbditos de una iglesia'.

---

19 Hemos utilizado para ello la edición en CD-ROM del DRAE-01 (RAE, 2001, *Diccionario de la lengua española*, edición CD-ROM versión 1.0, Madrid, Espasa).

20 En los ejemplos 25 al 34 hemos tenido en cuenta únicamente las letras *h* e *i* del repertorio académico, por la facilidad de la consulta al incluir un número sensiblemente menor de lemas que las letras *a, c* o *d*, por ejemplo. Aunque hemos llegado a estos sustantivos a partir de las búsquedas hechas en el CD-ROM del diccionario académico que corresponde a la 22.ª edición, los ejemplos así extraídos se han cotejado también con la 23.ª edición para comprobar que no ha habido variaciones y mantener o desechar, en su caso, lo que convenga.

21 Esto es especialmente frecuente en sustantivos que generan este sentido a partir de nombres de acción y efecto, como vemos en *iluminación* o *instalación*.

Pero podemos encontrar sustantivos de cualquier tipo encabezando alguna de sus acepciones por *conjunto de*, únicamente con la idea conceptual de marcar el sentido de pluralidad, abundancia o composición de elementos. Así tenemos sustantivos tan dispares, ya sea desde el punto vista conceptual o de clase léxica, como *input, informática, idiolecto*, o *instinto*:

(31) **input** 2 *Inform.* '**entrada** (conjunto de datos introducido en un sistema informático)'.

(32) **informática** 3 'Conjunto de conocimientos o técnicas que hacen posible el tratamiento automático de la información por medio de computadoras'.

(33) **idiolecto** *Ling.* 'Conjunto de rasgos propios de la forma de expresarse de un individuo'.

(34) **instinto** 1 'Conjunto de pautas de reacción que, en los animales, contribuyen a la conservación de la vida del individuo y de la especie'.

A la pregunta 3 (¿Es posible hacerlo de forma sistemática?) tenemos que responder negativamente, si entendemos el adjetivo *sistemático* de forma estrecha: en la actualidad los diccionarios monolingües, que tienen una orientación semasiológica y general, no pueden ofrecer sistemáticamente la información implícita en determinados rasgos semánticos de la definición (hiperónimo o rasgos distintivos). De este modo, solo es posible informar sobre la categorización de las unidades definidas a través de un sistema de codificación inequívoco como las marcas; habría entonces que aumentar el catálogo de marcas sobre la clase y subclase léxica. Pero si tenemos un concepto más amplio de lo que significa codificación, sí resulta parcialmente posible ofrecer información categorizadora de las unidades definidas en la perífrasis definitoria. Hemos visto que en los verbos inequívocamente causativos el categorizador *causar* cumple su función sin residuos, lo mismo que *volver / volverse* como categorizador de cambio de estado. En este sentido, dependerá de la clase o subclase definida la efectividad o no de lo que hemos llamado «procedimiento semántico de categorización léxica» (PSCL). Ya hemos visto que en el caso de los nombres colectivos, la complejidad de la clase, que se cruza con otros tipos de nombres, dificulta la codificación léxica a partir de rasgos semánticos de la definición, pero existen otras clases más cerradas en cuanto a su funcionamiento, en las que se observa una alto grado de regularidad en el procedimiento del que venimos hablando, como en los adjetivos gentilicios o de posibilidad, que suelen emplear el mismo esquema definitorio.[22] En el caso de los gentilicios (Morera 2015), es habitual que el artículo se construya en torno a dos acepciones nucleares, aunque el artículo pueda incluir algunas otras. Una de ellas se encabeza por 'natural de', hiperónimo que señala la procedencia e instala al adjetivo en la clase de los que indican relación local (*norteño, lejano*); otra está encabezada por 'perteneciente o relativo a', así estos adjetivos quedan dentro de la clase de los adjetivos relacionales, lo que implica que comparten con su clase una serie de propiedades formales y usos discursivos. Un adjetivo como *malagueño* contendría al menos dos acepciones:

(35) **malagueño, ña** 1. 'Natural de Málaga, ciudad o provincia de España' ‖ 2. 'Perteneciente o relativo a Málaga o a los malagueños' [. . .],[23]

y lo mismo sucedería con otros gentilicios como *moscovita, español, turco, chino* o *manchego*. Pero, incluso en subclases léxicas que aparentemente se presentan con más uniformidad que la de los sustantivos colectivos, como los adjetivos de posibilidad, la codificación sistemática de rasgos de categorización a través de la perífrasis definitoria sigue siendo un procedimiento inestable. Este tipo de adjetivos, como *visible, tragable, valorable, comestible* o *posible*, se forma a partir de una base verbal que suele ser transparente (aunque no siempre, como sucede en *comestible* y, sobre todo, en *posible*) y contienen una acepción que se define de forma relacional, reproduciendo en todos ellos el esquema [*que* + perífrasis de posibilidad + verbo del que derivan]. Así, todos ellos se definen como 'que se puede ver, tragar, valorar, comer o ser'. Pero determinadas circunstancias lingüísticas, como por ejemplo la clase de evento que denota la base verbal de la que derivan (actividad, realización, logro o estado), pueden llevar a variaciones en el esquema definitorio que impidan utilizar estrictamente de forma sistemática la definición como entorno óptimo para la codificación de rasgos categoriales. Es lo que sucede con:

(36) **rozable** 'Que está en disposición de ser rozado'.

Y, aunque existen amplias zonas del léxico en que las propiedades como clase favorecen la posibilidad de extraer datos de este tipo a partir de la definición, la orientación semasiológica de los diccionarios generales privilegia la información semántica, por lo que una misma clase o subclase léxica puede estar definida de

---

22 Los ejemplos que van de los números (35) al (37) están tomados del DLE.
23 Las definiciones de los gentilicios son de tipo complejo, como es habitual en las unidades léxicas derivadas de otras, con una perífrasis que incluye elementos que reproducen la base de la nueva formación.

formas diferentes si con ello queda preciso e indudable su significado, como vemos en la definición, a la vez sinonímica y relacional, de *inamovible*.

(37) **inamovible** 'Fijo, que no es movible'.

Sin embargo, es probable que le pidamos al diccionario general cosas que no se plantea hacer y que no puede hacer. Por un lado, la delimitación de las clases es un problema no resuelto; por otro, los diccionarios generales, aunque cada vez tienen más en cuenta la conexión léxica, semántica y funcional de las unidades definidas, no suelen partir de una estructuración en grupos relacionados de las unidades definidas, previa a la confección del repertorio (lo que ha venido en denominarse *ontología* para los diccionarios terminológicos) y ello dificulta cruzar los rasgos de clase en las definiciones.[24]

6 Conclusiones

En la investigación presentada, hemos abordado las dificultades para emplear de forma sistemática la definición como entorno óptimo para la codificación de rasgos categoriales. Esto no quiere decir que el procedimiento semántico para categorizar las clases léxicas carezca de utilidad o se manifieste inservible en los diccionarios generales. Creemos que, a pesar de los problemas para regular el uso de hiperónimos, rasgos semánticos específicos y esquemas definitorios como marcadores de clases o subclases de unidades léxicas, el procedimiento semántico constituye un importante refuerzo de otros mecanismos que sí están codificados, como las marcas o las distintas notaciones para hacer explícito el contorno sintáctico (dentro o fuera de la definición). Sin embargo, es cierto que el procedimiento semántico de categorización (PSCL) se usa de forma más intuitiva que consciente en la lexicografía monolingüe del español. Resulta, pues, necesaria una depuración del procedimiento (PSCL) para estar en condiciones de aumentar su efectividad. Para ello la elaboración de los diccionarios debe ponerse dos objetivos:

---

24 Bosque (2004, CIV) comenta al respecto y refiriéndose al diccionario *Redes*, del que es director: «REDES constituye el primer intento (necesariamente provisional, como ya se ha señalado) de analizar estas agrupaciones de clases, lo que plantea, ciertamente, el difícil problema de su delimitación, [...]. Este problema resalta especialmente por el hecho de que el diccionario ha sido elaborado sin partir de una ontología, al menos explícita, de conceptos establecidos *a priori*».

1. La regularización de los hiperónimos, rasgos específicos y esquemas definitorios utilizados en relación con la clase léxica (véase el caso de *conjunto*
   para los nombres colectivos o *poner* para los verbos causativos).
2. La revisión de las unidades incluidas en la nomenclatura a partir de una
   estructuración previa como clases de elementos (ontología).

Esto ayudaría a mejorar la función codificadora de los diccionarios y aumentaría sin duda su capacidad predictiva.

Bibliografía

Bosque, Ignacio, *Las categorías gramaticales*, Madrid, Síntesis, 1989.

Bosque, Ignacio, *El nombre común*, in: Bosque, Ignacio/Demonte, Violeta (dirs.), *Gramática descriptiva de la lengua española*, vol. 1, Madrid, Espasa, 1999, 3–75.

Bosque, Ignacio (dir.), *Redes. Diccionario combinatorio del español contemporáneo*, Madrid, SM, 2004.

Bosque, Ignacio, *Una nota sobre la relevancia de la información sintáctica en el diccionario*, in: Bernal, Elisenda/DeCesaris, Janet (edd.), *Palabra por palabra. Estudios ofrecidos a Paz Battaner*, Barcelona, Universidad Pompeu Fabra, 2006, 47–53.

Bosque, Ignacio, *Los rasgos gramaticales*, in: Gallego, Ángel J. (ed.), *Perspectivas de sintaxis formal*, Madrid, Akal, 2015, 309–390.

Clave = Maldonado González, Concepción (dir.), *Clave. Diccionario de uso del español actual*, Madrid, SM, [2]1999.

Cuervo, Rufino José, *Diccionario de construcción y régimen de la lengua castellana*, Bogotá, Instituto Caro y Cuervo, 1953–1994.

DEA = Seco, Manuel/Andrés, Olimpia/Ramos, Gabino, *Diccionario del español actual*, 2 vol., Madrid, Aguilar, [2]2011.

DLE = Real Academia Española y Asociación de Academias de la Lengua Española, *Diccionario de la lengua española*, Madrid, Espasa, 2014.

DRAE-01 = Real Academia Española, *Diccionario de la lengua española*, Madrid, Espasa Calpe, 2001.

DUE = Moliner, María, *Diccionario de uso del español*, 2 vol., Madrid, Gredos, [4]2016.

García Meseguer, Álvaro, *Clases y categorías de nombres comunes: un nuevo enfoque*, Madrid, Arco/Libros, S. L., 2008.

García-Miguel, José M., *Categorías léxicas en tipología lingüística*, Verba 40 (2013), 355–388.

Goldberg, Adele E., *Constructions at work. The nature of generalization in language*, Oxford, Oxford University Press, 2006.

Gómez Torrego, Leonardo, *Gramática didáctica del español*, Madrid, SM, 1997.

González Pérez, Rosario, *La información sintáctica y el artículo lexicográfico*, in: Garcés Gómez, María Pilar (ed.), *Lingüística y diccionarios*, Revista de Lexicografía, anexo 32 (2015), 205–221.

Miguel, Elena de, *El aspecto léxico*, in: Bosque, Ignacio/Demonte, Violeta (dirs.), *Gramática descriptiva de la lengua española*, vol. 2, Madrid, Espasa, 1999, 3297–3059.

Morera, Marcial (coord.), *El gentilicio en español: aspectos teóricos y prácticos*, Madrid, Arco/ Libros, S. L., 2015

NGLE = Real Academia Española y Asociación de Academias de la Lengua Española, *Nueva gramática de la lengua española*, 2 vol., Madrid, Espasa, 2009.

Porto Dapena, José-Álvaro, *Manual de técnica lexicográfica*, Madrid, Arco/Libros, S. L., 2002.

Porto Dapena, José-Álvaro, et al. (dirs.), *El Diccionario «Coruña» de la lengua española actual: planta y muestra*, Revista de Lexicografía, anexo 9 (2007).

Porto Dapena, José-Álvaro, *La información gramatical en los diccionarios,* in: *Lexicografía y metalexicografía. Estudios, propuestas y comentarios*, Revista de Lexicografía, anexo 12 (2009), 33–50.

Porto Dapena, José-Álvaro, *La definición lexicográfica*, Madrid, Arco/Libros, S. L., 2014.

Seco, Manuel, *El contorno en la definición lexicográfica,* in: *Homenaje a Samuel Gili Gaya. In memoriam*, Barcelona, Vox, 1979, 183–191.

Svensén, Bo, *A handbook of lexicography. The theory and practice of dictionary making*, Cambridge, Cambridge University Press, 2009.

Elia Hernández Socas

Desmontando la equivalencia

A propósito de equivalencias interlingüísticas en la semántica de verbos prefijados

Abstract: The aim of the present paper is to show the problems posed by the notion of crosslinguistic equivalence when different levels of semantic analysis are not established. It is argued that those levels will be decisive in determining the degree of comparability or equivalence that exists between lexical items. Such difficulties will be illustrated with a case study of a concrete equivalence between prefixed verbs of 'destruction' in Spanish, German, Latin and Ancient Greek. The analysis proposed is intended to show the specific difficulties encountered in studying such equivalences and the aspects to be taken into account when comparing the lexical items from a semantic point of view.

Keywords: crosslinguistic equivalence, prefixed and particle verbs, levels of semantic analysis, *tertium comparationis*

1 El problema de la equivalencia interlingüística

La determinación de equivalencias interlingüísticas se impone de forma inevitable e intuitiva tan pronto como uno se detenga a comparar distintas lenguas. Basta con ojear el léxico de lenguas emparentadas genética o tipológicamente para sentirnos tentados a establecerlas, ya sea onomasiológicamente, basándonos en el valor denotativo-referencial de los conceptos que se comparan, ya sea semasiológicamente, partiendo de la forma y buscando su correspondencia formal más cercana. Así, todo aquel que se haya parado a «jugar» con tales equivalencias en búsqueda de semejanzas y diferencias se habrá percatado de las dificultades que supone la aplicación de un único criterio de análisis para llevar a cabo esta tarea. Si optamos por la última de las opciones mencionadas, tan pronto como analicemos estructuras morfológico-sintácticas comunes al conjunto de lenguas que se pretenda estudiar, comenzarán a salir a la luz semejanzas y diferencias de difícil clasificación, que pueden llegar a resultar engañosas en numerosas ocasiones e inducirnos a error en cuanto a su grado de similitud o de comparabilidad. En este sentido, el concepto de equivalencia se

Elia Hernández Socas, Universität Leipzig

https://doi.org/10.1515/9783110637700-005

impone inevitablemente por el mero acto de observación, por el hecho de apuntar a un contenido denotativo-referencial común o de compartir un procedimiento de formación de palabras análogo y, por ende, *a priori* comparable, pero no se deriva tan fácilmente de un análisis exhaustivo de los datos (Szemerényi 1987, 16; Wotjak 2006, 274). A la fijación de criterios sólidos para determinar una equivalencia en el dominio de la prefijación dedicamos este trabajo, estudiando en profundidad un caso concreto de estas aparentes semejanzas. En otro lugar (Hernández Socas 2017), nos hemos ocupado del mismo fenómeno de un modo exhaustivo, partiendo de verbos prefijados ablativamente en alemán, lenguas clásicas e iberorromances,[1] y hemos estudiado en qué medida y en qué nivel de análisis son comparables tales estructuras prefijadas. La base de dicha comparación la constituye las que denominamos equivalencias interlingüísticas entre verbos prefijados ablativamente. El hecho de reducir nuestro estudio a este tipo concreto de equivalencia interlingüística —de reducirla a verbos, que a su vez sean prefijados y que además lo sean ablativamente— se debe a una mera cuestión de tiempo y espacio, ya que la equivalencia interlingüística puede extenderse a cualquier otra clase de palabras, a cualquier otro procedimiento de formación de palabras y, dentro ya del ámbito concreto de la prefijación, a cualquier otro tipo de prefijos (adlativos, prosecutivos, etc.).

Creemos, sin embargo, que nuestra elección presenta especial interés por diversos motivos. Por un lado, frente a otras clases de palabras como el sustantivo o el adjetivo, el verbo ha suscitado especial interés desde siempre, muy especialmente desde mediados de los años sesenta, en los estudios de semántica y lexicología, sobre todo en aquellos interesados en la decomposición léxica (Engelberg 2011, 358–359). Además, la prefijación desempeña un papel preponderante en la formación verbal en todas las lenguas tratadas, ya que, frente a otras clases de palabras, apenas presenta, al menos en lenguas como el alemán o griego, restricciones que no estén motivadas por el aspecto léxico de la raíz (Kühnhold 1973, 142–143; Eichinger 2000, 72; Méndez Dosuna 2008, 249–250; Fleischer/Barz 2012).[2] Dada la complejidad semántica del verbo, sobre todo en lo que atañe a las propiedades morfosintácticas que se muestran en su estructura argumental, y dado su «papel decisivo en la

---

1 Abreviamos las lenguas tratadas con las siguientes siglas: al. para el alemán, esp. para el español, gr. para el griego antiguo y lat. para el latín clásico.

2 Con respecto a la productividad de la prefijación en la categoría verbal frente a otras clases de palabras, Kühnhold (1973, 143) señala que no hay casi ningún verbo en alemán que bloquee la aparición de un prefijo. Con respecto a las lenguas romances, ya Meyer-Lübke (1895, 2, 667) anotaba la importancia de la prefijación en la formación verbal frente a su escaso papel en la formación de sustantivos, si bien agregaba, a la vez, que su relevancia era menor que en latín.

estructuración sintáctico-semántica del texto o enunciado» (Wotjak 1990, 265), este se presenta como un ámbito idóneo para el estudio de la prefijación, especialmente desde una perspectiva cognitiva, ya que favorece la representación mental y eventiva de forma más evidente que otras clases de palabras (Wotjak 2004, 4–5). En este mismo sentido, Wotjak (2011, 37) retoma la metáfora esbozada por Heringer en un trabajo de 1984, según la cual

> la fuerza generadora de escenas que posee el semantismo verbal [es comparable] con lo que pasa cuando entramos en un cuarto oscuro y encendemos la luz: de golpe concebimos una escena, la representación mental —más o menos compartida— de un estado de cosas, un evento, un suceso, un proceso, una acción o una actitud.

Por otro lado, la prefijación ablativa (en oposición a la adlativa o prosecutiva) presenta como objeto de estudio el interés de que tanto en alemán como en el resto de las lenguas aquí consideradas se muestra especialmente productiva. En alemán, lengua para la que contamos con un número especialmente abundante de estudios sobre prefijación *lato sensu*, el conjunto de prefijos ablativos ocupa un lugar destacado dado su alto porcentaje de frecuencia y productividad. En un primer recuento elaborado por Kühnhold (1973, 144 y 146), los dos prefijos ablativos por excelencia, *ab-* y *aus-*, cuentan holgadamente con las cifras más altas de apariciones, un total de 1139 voces introducidas por *ab-* y 945 por *aus-*.[3] Para el gr., tanto los estudios más antiguos como el de Dieterich (1909, 92) como los más actuales como el de Bortone (2010, 284) y González Suárez (2015, 107–108) han resaltado que del amplio grupo de preverbios del griego antiguo que han sobrevivido en el griego moderno sigue siendo el prefijo ablativo ἀπο- el que más funciones y vitalidad muestra. Asimismo, en lat., aunque el prefijo ablativo *ab-* no es en comparación tan productivo como ἀπο- —unos 80 derivados, según estimaciones de García Hernández (1980, 128)—, este no solo ocupa una «sólida posición estructural dentro de la indicación del movimiento ablativo» (García Hernández 1980, 128), sino que también los otros prefijos ablativos concurrentes, *de-* y *ex-*, son especialmente productivos, tal y como indica García Hernández (1980, 145) y como se acabó reflejando en el desarrollo preverbial de las lenguas romances. También en español es el prefijo ablativo *des-* uno de los pocos cuya vitalidad y representatividad no se pone en duda por su empleo para crear verbos con valor semántico privativo-regresivo (Rodríguez Rosique 2011, 145;

---

3 Schmale (2007, 133) contabiliza más de 700 verbos introducidos por *ab-* y añade, además, que la cifra seguramente sea superior, ya que el prefijo goza de gran productividad en formaciones neológicas aún no recogidas en las fuentes lexicográficas.

Hernández Arocha 2016a, 118). Por todo este tipo de razones, hemos escogido esta clase semántica como un dominio óptimo para realizar nuestro estudio.

2 Determinación del *tertium comparationis*

Teniendo en cuenta los objetivos del presente trabajo, entendemos por *equivalencia lingüística* la relación (funcional y estructural) que se establece entre los derivados preverbiales de distintas lenguas tanto en un nivel sistémico —de acuerdo al plano morfosemántico y sememotáctico— como pragmático y comunicativo. Desde un punto de vista metodológico y para evitar cualquier direccionalidad en la equivalencia, proponemos un *tertium comparationis* (TC) que representamos en la siguiente matriz morfosemántica (figura 1). En él, la equivalencia conforme a su adscripción a la llamada «fórmula archisemémica genérica» (en adelante, FAG; cf. Wotjak 2006, 63–96), concepto homólogo al de la estructura conceptual de Jackendoff (1990) o al de estructura eventiva en la semántica formal, es una *conditio sine qua non*.

$$\begin{bmatrix} \begin{bmatrix} v & \begin{bmatrix} \text{PREV}_{<+abl>}\cdots \end{bmatrix} & \begin{bmatrix} v & \cdots \end{bmatrix} \end{bmatrix} \\ \text{FAG}_{(>\,2)} \\ (Denotación\ compartida) \end{bmatrix}$$

Figura 1: Tertium comparationis.

Entenderemos así por equivalencia léxica la relación existente entre, al menos, dos unidades léxicas interlingüísticas que compartan la misma denotación y que, como medio de expresión morfosintáctica de tal significado, tomen un verbo prefijado ablativamente.

3 Estudio de caso: ¿existe equivalencia entre al. *abbauen*, lat. *destruere*, esp. *destruir*, *desmontar* y gr. ἀποικοδομέω?

Un caso representativo de la complejidad del fenómeno de la equivalencia desde un punto de vista semántico lo constituye la supuesta equivalencia morfosintáctica que encontramos entre el al. *abbauen*, circunscrito a la esfera semántica de la 'construcción', y los verbos análogos en las lenguas clásicas y en esp. que se enumeran en el epígrafe del presente apartado.[4] Empezaremos por la lengua germánica. En esta, el verbo prefijado *abbauen* tiene dos acepciones en el DWDS no restringidas diafásica o diastráticamente:

(1)   'etw. in Einzelteile zerlegen' (DWDS, s.v. *abbauen*, segunda acepción): 'descomponer algo en partes'

(2)   'etw., sich verringern, etw. reduzieren' (DWDS, s.v *abbauen*. tercera acepción): 'disminuir algo, disminuir(se) o reducir(se) algo'

Su base se relaciona con la raíz indoeuropea **bheu-*, **bheu̯ə-* que, según informa Kluge (2002, 96–97), tenía originariamente el sentido de 'crecer, prosperar', de donde derivó, en primer lugar, el sentido incoativo 'llegar a ser'[5] y, de aquí, el iterativo 'estar habitualmente en un lugar'. Este último da lugar a la acepción 'vivir', acepción con la que se utilizó este verbo en antiguo alto alemán y en gótico, tal y como explica Pfeifer:

> Die Bedeutung der Wurzel ist wohl 'wachsen, gedeihen' (im Sinne von 'schwellen', sofern ursprüngliche Verwandtschaft mit der Wurzel ie. **b(e)u-*, **bh(e)u-*, **b(h)ū-* besteht, s. Bausch, Beule, Busen), dann 'entstehen, werden, sein', schließlich 'gewohnheitsmäßig an einem Ort sein, wohnen' (Pfeifer, DWDS, s.v. *bauen*).[6]

En la actualidad, es el valor denotativo 'construir' el predominante (Kluge 2002, 96–97; Pfeifer, DWDS, s.v. *bauen*). De acuerdo con esta descripción, la base *bauen* denota un contenido de manera de creación, esto es, una actividad por la que se lleva a cabo la manipulación de un objeto, de modo tal que este llega a adquirir una determinada forma. De manera secundaria o motivada por el contexto, también denota la dirección de la construcción, sobre todo si interpretamos que la noción de 'llegar a ser' o 'construir' tiene lugar en sentido

---

4 La determinación de esta equivalencia parte de las propuestas lexicográficas ofrecidas por diccionarios bilingües en la combinación alemán–lenguas clásicas y alemán–español. Los diccionarios empleados para su extracción son los siguientes: al.–gr. Menge/Güthling (1927), al.–lat. DWB (1852) y Güthling (1996[1918]) y al.–esp. Slabý/Grossmann/Illig (1989). Nótese que debemos excluir equivalencias del tipo 1: varios no reversible (en el modo descrito por Kade 1965, 80–81), para no violentar así el TC.

5 Su base está también etimológicamente relacionada con el lat. *fuī* y el gr. φύω 'llegar a ser'.

6 Traducción propia: «El significado de la raíz es 'crecer, prosperar' (en el sentido de 'hincharse'), siempre y cuando esté emparentada etimológicamente con la raíz indoeuropea **b(e)u-*, **bh(e)u-*, **b(h)ū-* (vid. *Bausch, Beule, Busen*), 'surgir, llegar a ser' y, por ende, 'estar habitualmente en un lugar, vivir'».

vertical ascendente. Con este tipo de bases verbales, los prefijos ablativos pueden actuar de dos maneras: o bien asumen una función locativa y entonces el rasgo direccional se hace prominente (como en *ausbauen*)[7] o bien, como se suele apuntar, toman una función aspectual según la cual se indica que la acción verbal se lleva a cabo de forma regresiva. Sobre esta diferencia hablaremos exhaustivamente en adelante. En este caso, el contenido semántico idiosincrásico lexicalizado que se realza en el evento es la manera. Adentrémonos un poco más en esta dicotomía. Es necesario resaltar el hecho de que el verbo *abbauen* mantiene una oposición equipolente con el verbo *anbauen*, si se resalta la horizontalidad, y con *aufbauen*, si se resalta el proceso de construcción vertical. En otras palabras, *abbauen* se puede parafrasear como 'quitar construyendo', si se opone a *anbauen* con el significado de 'añadir construyendo', y denota 'destruir, desmontar', si se opone a *aufbauen* con el significado de 'construir, erigir, edificar'. Estas oposiciones emergen de la semántica del prefijo, pues *ab-* mantiene una oposición horizontal de contacto con *an-* (cf. la relación etimológica con el ing. *on*) y una vertical con *auf-* (cf. la relación etimológica con el ing. *up*). Pero incluso en este último caso, la paráfrasis podría llevar a confusión por lo que indicaremos a continuación. En alemán no se da una relación complementaria entre la base simple y la prefijada, sino que se establece siempre entre elementos prefijados. Así, cuando decimos que *aufbauen* denota 'construir, erigir, edificar' no queremos decir que denote la creación de un artefacto sino la 'causación del surgimiento (*auf*) del artefacto mediante la actividad de construir (*bauen*)', esto es, 'erigir (*auf*) construyendo'. La semántica de la raíz verbal se convierte en una modalización externa de la acción (una especie de adverbialización), mientras que la semántica del prefijo describe el tipo de cambio de estado sufrido por el objeto o su estado resultante. Así, *abbauen* no expresa formalmente 'hacer que algo pase a estar destruido de forma inversa a como había sido construido', sino, más bien, 'eliminar, derribar, mediante la misma acción que la de construir'. Esta nuclearización del contenido adjunto representa un comportamiento prototípico muy interesante y exclusivo de las lenguas llamadas «de marco satelital», si bien no podremos adentrarnos en este tema por razones de espacio (cf. Hernández Socas/Hernández Arocha, en prensa, para una discusión exhaustiva del problema). Un aspecto importante que hay que resaltar es el hecho de que, en al., como hemos puesto ya en evidencia por medio de las paráfrasis semánticas

---

7 Como indica el DWDS, esto explicaría la segunda acepción 'erweitern, vergrößern, [weiter] ausgestalten' (DWDS) 'ampliar, aumentar, seguir desarrollando'. También esto ocurre en los pocos casos en español con el prefijo *de-* con función reforzativa del tipo decrecer.

informales mencionadas más arriba y lo seguiremos reflejando en las glosas,[8] el LOCATUM del prefijo[9] se impone siempre sobre el PACIENTE verbal en ambas denotaciones, como vemos a continuación:

(a)   'descomponer (algo)', uso transitivo

(1)   al. eine Maschine abbauen (DUDEN, s.v. *abbauen*)
      eine   Maschine ab-bauen
      INDF.ACC.F.SG   máquina ab.PREV.ABL-construir.INF
      'desmontar una máquina'
      'hacer que [las partes de] una máquina se separen de ella mediante el mismo tipo de acción por la que fueron montadas'

(b)   'reducir (algo)', uso transitivo

(2)   al.   Personal abbauen (DUDEN, s.v. *abbauen*)
      Personal   ab-bauen
      Personal   ab.PREV.ABL-construir.INF
      'reducir personal'
      'hacer que el personal [de una empresa, una institución, etc.] abandone su puesto, mediante el mismo tipo de acción que lo contrató'

En las dos acepciones, el LOCATUM está representado por el objeto directo, acusativo. En la primera oración (1), este representa metonímicamente el todo ([las piezas de] *eine Maschine*) y, en la segunda (2), la parte (*Personal* [de una empresa]).

---

8 En la elaboración de las glosas empleadas seguimos las convenciones establecidas por el Departamento de Lingüística del Max-Planck-Institut für evolutionäre Anthropologie y por el Departamento de Lingüística de la Universidad de Leipzig, conocidas como *Leipzig Glossing Rules* y disponibles en la red en su versión de febrero de 2008 (Comrie/Haspelmath/Bickel 2008). Trabajamos, además, con la propuesta de glosas de Lehmann (2004) en los casos en que necesitemos hacer notar fenómenos no señalados en las reglas de Leipzig.
9 Retomamos aquí la descripción de Lehmann (1983, 145), Wunderlich/Herweg (1991, 777) o Kaufmann (1993, 222), para quienes todo prefijo o preposición de base local toma dos argumentos, denominados LOCATUM y RELATUM, que conforman un predicado local complejo, de tipo $\lambda y \lambda x [LOC(x, PRÄP*(y))]$. De acuerdo con esta formulación, una entidad x (LOCATUM) se relaciona con otra entidad y (RELATUM) a través de la preposición o el preverbio que sirve de *local relator*. El LOCATUM se corresponde con otra entidad aquel argumento que es posicionado en el espacio o en el tiempo (Figura, en la lingüística cognitiva), mientras que el RELATUM remite a aquel otro argumento con respecto al cual se localiza el LOCATUM (Fondo/*Ground*) (Lehmann 1983, 146–147; cf. Talmy 2000, 2, 25–26).

El RELATUM viene expresado por un sintagma preposicional que no aparece explícito en los ejemplos anteriores, pero que podría hacerlo en aquellos casos en que el LOCATUM selecciona la parte y no el todo, como se observa en (3):

(3) al.　Personal von der Firma abbauen

Personal	von	der	Firma	ab-bauen
Personal	de.PREP	ART.DAT.F.SG	empresa	ab.PREV.ABL-construir.INF

'reducir personal en la empresa'

El rasgo añadido de verticalidad descendiente, presente en la segunda acepción del verbo en la reducción, disminución o debilitamiento que mencionan los diccionarios,[10] es un valor no lexicalizado en la raíz que se infiere del contexto sintagmático, de la naturaleza cognitiva de la manera (la manipulación de un objeto, similar a la expresada por el verbo *hacer*)[11] y, especialmente, de la relación de complementariedad equipolente que mantiene a través del prefijo con *aufbauen*. Así, si bien nuestra descripción permite explicar las dos acepciones presentes en los diccionarios, la adición del rasgo descendente como invariante para el derivado no permitiría explicar casos como el del ejemplo (4):

(4) al.　Mikroorganismen können mit Hilfe von Sauerstoff organische Substanz
　　　im Wasser abbauen. (linguee.de)

Mikroorganismen	können	mit Hilfe von	Sauerstoff	organische
Microorganismo. PL	poder.VM. PRS.3PL	con ayuda de	oxígeno	orgánico.ADJ ACC.F.SG

Substanz	im	Wasser	ab-bauen
sustancia	en.PREP;ART. DAT.N.SG	agua	ab.PREV.ABL-construir.INF

'Los microorganismos pueden disolver en agua sustancias orgánicas con ayuda de oxígeno'

Esto evidencia, por tanto, que el rasgo descendente surge especialmente por oposición a *aufbauen*. Stiebels (1996, 237), a propósito de verbos como

---

10 Piénsese en un ejemplo como *Der Mensch baut im Alter (körperlich) ab* (DWDS) 'El hombre se debilita (corporalmente) con la edad'.

11 Jackendoff (1990, 117) incluía el verbo inglés *to destroy* junto con el grupo de verbos de creación o composición y decomposición («verbs of material composition» en su terminología), de modo similar a como lo trataremos aquí.

abbauen, los cataloga también como verbos de manera al considerar que se perdió la verticalidad en favor de la manera, 'la manipulación de un objeto', y ofrece la siguiente descripción semántica de *abbauen*:

> *bauen* bedeutet dann nicht mehr ausschließlich das Errichten eines Objektes, sondern nur noch die bauliche Veränderung eines Objektes (genauso wie *montieren* nur noch die Manipulation eines Objektes bezeichnet), so daß mittels *ab* die Auflösung/Demontage des Gegenstandes ausgedrückt werden kann (Stiebels 1996, 237).[12]

La forma semántica de *abbauen* es susceptible de describirse, entonces, como (5).

(5) $\lambda u_y \lambda x \lambda s$ [BASE(x) & LOC(y^u, ABL(u_y))](s)

La forma semántica expuesta en (5) denota que se da el caso (s) de que alguien (x) realiza la actividad denotada por la base y, como consecuencia, algo (y^u), que se encuentra en una relación mereológica de parte con respecto a un todo (u_y), se distancia de (u_y).

Esta explicación es necesaria para entender cómo y en qué medida se relaciona con los verbos de las otras lenguas, que estudiaremos a continuación. Los verbos en español, latín y griego muestran distintos grados de equivalencia con respecto al verbo alemán, hecho que se manifiesta en las características tipológicas de las bases verbales, en la acción del prefijo y en el tipo de derivado resultante de la interacción.

Comenzaremos por el verbo español *desmontar*. De manera similar a lo indicado por Stiebels para los verbos de este tipo, la base *montar*, tomada del francés *monter* y formada, a su vez, sobre el sustantivo latino *mons* 'montaña' y del verbo del latín vulgar *MONTARE (DCECH 4, s.v. *monte*, 132), designa un verbo de manera de desplazamiento, si bien, como indica el mismo Corominas, ningún romance «lo emplea en sentido propio». Los usos actuales de *montar* muestran únicamente el desplazamiento (facultativamente causado) a un lugar situado a una altura más elevada que la del lugar original en el que se encontraba el sujeto u objeto antes de efectuar la acción, ya sea en sentido estricto o figurado. Así, la variante intransitiva, definida como 'cabalgar', presente en el ej. (6), indica que en un momento previo a la acción verbal alguien pasa a localizarse sobre el caballo y en un momento posterior ese mismo sujeto se desplaza estando sentado sobre él. Las variantes transitiva y pronominal en los

---

12 Traducción propia: «*bauen* 'construir' ya no significa exclusivamente el surgimiento de un objeto, sino únicamente la modificación construccional de un objeto (del mismo modo que *montieren* solo se refiere a la manipulación de un objeto). De este modo, mediante *ab* se puede expresar la disolución o el desmontaje de un objeto».

ejemplos (7) y (8) denotan que o bien el objeto o bien el sujeto, respectivamente, pasan a localizarse en un lugar situado en la parte superior de un objeto
de referencia (expresado mediante un sintagma preposicional) con respecto al
lugar de origen en el que se encontraban antes de llevar a cabo la acción. La
variante transitiva que nos interesa en nuestro trabajo (ej. 9) supone que alguien opera con piezas y hace del conjunto de piezas un artefacto sobrepo-
niendo unas sobre otras. En este último caso, el desarrollo semántico alertado
por Corominas se manifiesta en el hecho de que el verbo *montar* puede abandonar el sentido local estricto, de acuerdo con el cual las piezas se van colocando
unas encima de otras, para interpretarse en un dominio más abstracto en el
que un artefacto pasa a existir a partir de sus piezas de un modo incremental.
Así, el ascenso local de la construcción se sustituye por la incrementalidad
eventiva (cf. Hernández Arocha/Zecua en este mismo volumen):

(6)   Variante intransitiva, *actividad*: Juan montó a caballo durante horas.
      /A Juan le encanta montar a caballo.

(7)   Variante transitiva, *realización*: Juan montó al niño en el caballo en un pe-
      riquete/$^?$durante horas.

(8)   Variante pronominal, *realización*: Juan se montó en el caballo en un peri-
      quete/$^?$durante horas.

(9)   Variante transitiva, *realización*: Juan montó el mueble en una hora/du-
      rante horas.

La relación alterna se da, en este último caso y por el contrario que en al., entre
el verbo simple *montar* y el prefijado *desmontar* a partir de la lectura transitiva
en la que el verbo actúa como una realización (9), no entre prefijos alternantes.
El preverbio español *des-* recibe en el derivado una interpretación regresiva:
desmontar implica que, tras el proceso eventivo, el objeto ha quedado reducido
a sus partes mínimas, susceptibles de ser montadas. Sin embargo, la diferencia
principal con respecto al verbo en al. descansa en que en esp. no hay una superposición del LOCATUM sobre el PACIENTE, sino que el PACIENTE se impone siempre sobre el LOCATUM, asegurando la función regresiva. Entre *desmontar* y
abbauen se establece una relación de equivalencia plena en el nivel de la FAG,
si se seleccionan facultativamente en al. las propiedades semánticas del objeto
directo que exige el verbo español *montar*, a saber, si se da el caso de que el
objeto concreto es susceptible de ser dividido en piezas o partes más pequeñas.
Esta restricción es funcional en esp. y facultativa en al. (cf. {*Fett* 'grasa'/*einen*

Schrank 'un armario'} *abbauen*, frente a *desmontar* {**grasa/un armario*}). En un nivel más abstracto de la interpretación semántica, como el que describe la forma semántica en las teorías de dos niveles, existe entre ellos una equivalencia parcial, dado que el preverbio español es externo (aspectual, pues supone una reversión total del evento) y el germánico interno (local, pues supone una predicación sobre el complemento, una parte propia del evento) (cf. la forma semántica 10, que revierte la consecuencia de representación conceptual del evento base, descrita en la tabla 1).

(10) $\lambda u_y \lambda x \lambda i \lambda s$ [[CONSEQ(BASE(u_y))](i) & [ACT(x) & ABL(i)]](s)

La presente forma semántica estipula que, en el caso del esp., se da el caso (s) de que, dada la situación (i), que denota la consecuencia del verbo base ('construir' > 'estar construido'[=CONSEQ]), entonces la actuación de (x) revierte la situación (i) en la que un todo (u_y) está construido.

Tanto en alemán como en español, en la posición del objeto directo puede aparecer metonímicamente el todo, concreto o abstracto (ejs. 11 y 12; 13 y 14), mientras que el verbo esp. parece mostrarse reticente al uso de la parte en la posición del objeto directo (16), que requeriría una lectura locativa de la prefijación, pero no al empleo del todo (17), que asegura la lectura regresiva:

(11) al. einen Schrank abbauen (concreto).

(12) esp. desmontar un armario (concreto).

(13) al. Vorurteile abbauen (abstracto).

(14) esp. desmontar prejuicios (abstracto).

(15) al. Die Firma baut Personal ab. (DUDEN)

(16) esp. (a) *La empresa desmonta (el) personal.
      esp. (b) ??Desmontó [los estantes] [del armario].

(17) esp. (a) Desmontó la empresa.
      esp. (b) Desmontó el armario quitándole los estantes.

Nótese que, para que la frase *Desmontó los estantes del armario* sea gramatical, el sintagma preposicional «del armario» en (16b) tiene que interpretarse como complemento del nombre del objeto directo (*Desmontó [los estantes [del armario]]* y

Tabla 1: Cuadro resumen de la equivalencia interlingüística.

Equivalencia interlingüística		al. abbauen	gr. ἀποικοδομέω	lat. destruere	esp. destruir, desmontar
Valor etimológico ❶	Prefijo	ab- = ἀπο-	ab- = ἀπο-		ab- ≠ de- / des-
	Base	*bheu-, *bheuə- «ursprünglich, wachsen, gedeihen'» > 'entstehen, werden, sein' > 'gewohnheitsmäßig wo sein, wohnen' (Pokorny 1994, 1030)	οἶκος + δομέω 'construir una casa' *dem- 'bauen' (Pokorny 1994, 198)	*streu- 'übereinander breiten, schichten, aufbauen' (Pokorny 1994, 146)	lat. struere 'disponer en capas sucesivas' (Segura Munguía 2007, 751) lat. mons 'monte, montaña' (DCECH 4, s.v. monte, 132)
Valor denotativo de la base ❷		'construir'	'construir una casa'	'disponer en capas sucesivas'	struere 'disponer en capas sucesivas' montar 'colocar [una persona o cosa] sobre otra'
Forma semántica ❸		$(\lambda u)\,\lambda y\,\lambda x\,\lambda s\,[BASE(x, y)\ \&\ LOC(x, ABL(u))](s)$	$\lambda u_y\,\lambda x\,\lambda s\,[BASE(x)\ \&\ LOC(y^u, ABL(u_y))](s)$		$\lambda u_y\,\lambda x\,\lambda i\,\lambda s\,[[CONSEQ(BASE(u_y))](i)\ \&\ [ACT(x)\ \&\ ABL(i)]](s)$

BASE = BAUEN = 'construir' ABL = AB = '[abl]-aspect-regresivo' x = Suj. u_y = OD (y ⊆ u)	BASE = O'IKOΔOMEΩ = 'construir una casa' ABL = DES = '[abl]-aspect-regresivo' x = Suj. y = OD	BASE = STRUO = 'apilar' ABL = Ἀπο = '[abl]-aspect-reforzativo' x = Suj. u_y = OD (y ⊆ u)	BASE = (CON)STRUIR = 'apilar' ABL = DE = '[abl]-aspect-regresivo' x = Suj. u_y = OD (y ⊆ u) BASE = MONTAR = 'montar' ABL = DE = '[abl]-aspect-regresivo' x = Suj. y = OD (u = SP)

Microestructura ❶	abbauen	destruere	destruir, desmontar
	$[[ESSE(y)$ & $¬ESSE(u)$ & $ADESSE(x, LOC)]_{ti]SET}$ ET $[OPER(x, z)$ & $CAUSE(x, BEC$ $(PART\_OF(y, u)$ & $ESSE(u_y)$ & $¬ADESSE(x, LOC)]_{ti+k]EV\&CO}$	$[[ESSE(y)$ & $¬ESSE(u)]_{ti-i}$	

$$[[ESSE(y) \ \& \ ¬ESSE(u)]_{ti-i}$$
$$ET \ [OPER(x, z) \ \& \ CAUSE(x, BEC(PART\_OF(y, u) \ \& \ ESSE(u_y)))]_{ti+k]SETTING}$$
$$[ET \ [OPER(x', z') \ \& \ CAUSE(x', BEC(¬PART\_OF(y'', u_y) \ \& \ ESSE(y) \ \& \ ¬ESSE(u)))]_{ti]EVENT}$$
$$[ET \ [ESSE(y) \ \& \ ¬ESSE(u)]_{ti+k]CONSEQ}$$

(continuación)

Tabla 1 (continuación)

Equivalencia interlingüística	al. abbauen	gr. ἀποικοδομέω	lat. destruere	esp. destruir, desmontar
	x: 'ACTOR' $y^{(u)}$: 'TEMA'/<masa> en *destruir*//<pieza> en *desmontar* x': 'ACTOR'/puede ser correferencial o no con x $u_{(o)}$: 'UNDERGOER'/'TEMA'/<objeto> en *destruir* // <artefacto> en *desmontar* z: 'INSTRUMENTO'/puede ser una parte o miembro inalienable de x z': 'INSTRUMENTO'/puede ser correferencial o no con z LOC: 'lugar'			
Medioestructura ⑤	3. 'Aufgebautes unter Erhaltung des Materials zwecks Wiederverwendung in seine Einzelteile zerlegen' (DUDEN) 2. 'etw. in Einzelteile zerlegen' (DWDS)	1. 'obstruir con barricadas' (DGE)	1. 'destruir, demoler, abatir' (Segura Munguía 2007, 751)	*destruir* 1. 'Reducir a pedazos o a cenizas algo material u ocasionarle un grave daño' (DLE) *desmontar* 1. 'Desarmar (desunir, separar las piezas de que se compone algo)' (DLE)
Fijación sintagmática ⑥	–fijación	+fijación	–fijación	–fijación
Marcas diatópicas, diastráticas, diafásicas ⑦	–marcado	–marcado	–marcado	–marcado

no como complemento régimen del verbo. Esta última interpretación daría lugar a una frase gramaticalmente cuestionable. Por otro lado, adviértase que, aunque se llegara a afirmar que es efectivamente un complemento régimen verbal, la estructura semántica de la construcción obliga a coercionar la parte como todo. Efectivamente, cuando se dice «desmontar {un estante de un armario/la puerta del armario, etc.}», se produce una sutil alternancia metonímica que permite salvaguardar la estructura. Una vez desmontado el estante o la puerta del armario, lo que queda 'desmontado', es decir, 'en partes' no es la puerta o el estante, sino el armario. Por tanto, se puede insertar un elemento léxico que, de forma aislada, establezca una relación metonímica de parte con respecto a un sintagma preposicional, pero, en este caso, la estructura semántica se coerciona para mantener el carácter total del objeto directo. Si, efectivamente, es el estante el que se desmonta, sin sufrir ninguna coerción metonímica, entonces «del armario» se concebirá como su complemento del nombre y se entenderá que el 'estante' consta en sí mismo de partes separables, es decir, que el 'estante' es, en realidad, un 'todo' y no una 'parte'. En resumen: el verbo español rechaza la 'parte' como expresión del objeto directo y, en el caso de poder insertar un elemento léxico que exprese 'parte' de forma aislada, entonces o bien se reinterpreta como el 'todo' al que pertenece o bien mantiene su significado léxico, pero obliga a concebir tal unidad como compuesta a su vez de partes más pequeñas, de forma que asegure su reinterpretación como 'todo'. Esta alternancia metonímica pone al descubierto la diferencia subyacente en la forma semántica de ambas lenguas: la disolución de una relación parte-todo requiere una relación local entre las partes que se alejan entre sí (5) y, por lo tanto, se bloquea en esp. y se permite en al.; la interpretación regresiva es posible en ambas lenguas, pero en español es funcional (10), al tiempo que en alemán es una inferencia pragmática.

Cuando *abbauen* se utiliza en la acepción (b), que indica meramente la disminución o reducción del objeto, no susceptible de quedar reducido a partes más pequeñas, no es posible, entonces, establecer la correspondencia con el español *desmontar*.

En lo que respecta al verbo en latín, hay que mencionar que la base *struere* y, por ende, la iberorromance presente en (*de*)*struir*, que solo se halla en derivados, se relaciona con la noción de 'disponer en capas sucesivas; apilar, amontonar [materiales]' (Segura Munguía 2007, 751). Esta información nos muestra cómo la dirección vertical ascendente parece ser un rasgo lexicalizado en la base. El rasgo vertical ascendente explicaría ejemplos como los aducidos por Segura Munguía (2007, 751):

(18) lat. lateres struere
    'poner, apilar [hileras sucesivas de] ladrillos'

(19) lat. montes ad sidera struere
‘poner [unos] montes [sobre otros] hasta las estrellas [el cielo]’

Por lo tanto, así como ocurría con la base alemana, la noción de ‘construir’ sería tan solo un sentido figurado, derivado a partir del originario. En lat., a diferencia de las lenguas romances, la base parece mostrar tanto la manera (la manipulación de un objeto) como la dirección vertical ascendente, de manera similar a como lo hacía *bauen* mediante (5). El prefijo *de-* en el conjunto latino actúa igual que *ab-* en al., con la diferencia de que el latino añade distintivamente la dirección vertical descendente (García Hernández 1980). Al agregarse el prefijo *de-*, este actúa también de forma locativa de modo tal que, si seguimos con la hipótesis planteada para *abbauen*, no se niega el contenido de la base sino que ‘se elimina el objeto haciéndolo descender mediante el mismo tipo de acción que lo había apilado’. Nuevamente, se impone la manera como una modalización externa y el LOCATUM como objeto verbal. Esto nos lleva a cuestionarnos si, al igual que el verbo alemán, ha de considerarse el correspondiente español del verbo latino como verbo de manera. Todo parece indicar que no es así. Bien al contrario: pese a su condición de préstamo y, consecuentemente, a su similitud morfofonológica con respecto a la latina, esta rechaza las construcciones locativas que se muestran perfectamente viables en alemán y latín. Estas últimas, por el contrario que la romance, no presentan restricciones para asumir la alternancia metonímica de los objetos. De este modo, un calco español de (18), como *(con)struir los ladrillos*, con el objeto denotando una parte de un artefacto, es imposible en español. El español y las lenguas romances estudiadas en Hernández Socas (2017) rechazan, por tanto, la expresión de la factitividad y la causación indirecta (es decir, la denotación ‘*x* actúa de algún modo sobre algún *z* (*z* está en relación meronímica con *y*) y actuando así causa que *y* cambie de estado local de algún modo’), restringiéndose a la reversión mediante la ergatividad causada o la causación directa (parafraseable como ‘*x* causa que *y* cambie de estado de algún modo, volviendo a su estado original’). Aunque toda la serie expresa una misma estructura conceptual o denotación (cf. la tabla 1), no comparten todas la misma forma semántica y, como consecuencia, presentan diferencias en las restricciones de selección, asimilándose el alemán al latín y diferenciándose las lenguas romances de su tronco común.

Sin embargo, existe un tipo de construcción en el que la naturaleza semántica del objeto verbal impide percibir la diferencia tipológica que codifican las formas semánticas de ambos tipos de lenguas: se trata de construcciones en que el objeto denota un ARTEFACTO, un ‘conjunto *total* conformado a partir de partes o miembros’. En este caso, el complemento evoca la presuposición de haber sido conformado a partir de fragmentos independientes y que, por lo tanto, tras el proceso de desmontaje designado por el derivado, vuelve a su estado inicial, en el que las piezas o partes se encontraban aisladas. Es decir, en este tipo de construcciones, el complemento evoca un efecto 'reversativo' en alemán con independencia de que la reversión sea una propiedad codificada funcionalmente en su forma semántica, como sí lo está en español. En alemán, la reversión es, por tanto, una propiedad inferida pragmáticamente. En conclusión, entre (11) y (12) no se apreciará diferencia alguna, mientras que entre (20) y (21) la diferencia se vuelve más evidente.

(20) al.   Die Lampe von der Decke abbauen

Die	Lampe	von	der	Decke	ab-bauen
ART	lámpara	de.PREP.ABL	ART.DAT.SG	techo	ab.PREV.ABL-construir.INF

'Quitar la lámpara del techo, mediante la misma acción de montarla'

(21) esp.   {[??]Desmontar/bajar/quitar/...} [la lámpara] [del techo].

Como comentábamos en el caso anterior, la oración española se muestra anómala a no ser que o bien se coercione el objeto o bien se coercione el verbo. Si se coerciona el objeto, entonces este denotará un todo susceptible de dividirse discretamente, de modo que el sintagma *del techo* se reestructura como su complemento del nombre [la lámpara [del techo]], significando que 'es una lámpara específica, i.e., la del techo, la que ha sido desmontada' (cf. *desmontar la lámpara en el techo*). Por otro lado, en caso de que no tenga lugar esta coerción, permaneciendo el sintagma como complemento régimen del verbo, entonces será el verbo el que necesariamente se coercione, eliminando su restricción de selección de ARTEFACTO para el objeto y reinterpretándose como un simple ergativo causado, confluyendo así paradigmáticamente con el resto de verbos de esta clase {*quitar, bajar, desprender,* etc.}. Así, en alemán, el significado funcional denota el proceso de quitar la lámpara del techo mediante el proceso de montaje aunque, pragmáticamente, se puede habilitar la denotación de que este proceso se ha llevado a cabo de forma inversamente proporcional al proceso de montaje. En español, por el contrario, este último uso es el funcional, aunque pragmáticamente pueda habilitarse el sentido de que, como resultado de la acción, se ha eliminado la lámpara del techo.

Volviendo ahora a la alternancia semántica advertida entre lenguas de la presente equivalencia, es preciso resaltar el hecho de que este comportamiento complementario no es exclusivo de este evento específico de 'construcción', sino que se puede reducir a la escisión tipológica entre lenguas de marco verbal y satelital. De hecho, si restringiéramos el objeto de *destruere* a un ARTEFACTO {*aedificium, muros, templum, moenia*, etc.}, que presupone necesariamente una construcción previa, todo parecería indicar la existencia de una tipología regresiva también en latín, si no fuera porque otros complementos demuestran que el LOCATUM se impone sobre la lectura regresiva del PACIENTE, como se observa en el ejemplo latino *hostem destruere* 'hacer caer o sucumbir al enemigo'. Efectivamente, la lectura reversiva surge en la tipología satelital como efecto pragmático derivado de la semántica del complemento.

Dentro de la tipología verbal, la oposición entre *desmontar* y *destruir* parece basarse, como hemos intentado demostrar anteriormente, en la concepción del objeto como un artefacto: lo 'desmontado' puede volver a ser 'montado' a partir de las partes restantes, mientras que lo 'destruido' no puede ser 'construido' a partir de sus residuos finales; lo 'destruido' debe ser 'construido de nuevo' o 're-construido'. En alemán, como lengua de marco satelital, esta oposición no representa una restricción sobre el objeto. Nótese que, si una lengua es de marco satelital y, por ende, establece una relación local de separación entre su objeto y un adjunto, esto implica que, para todo intervalo temporal previo al evento, el significado del objeto y el del adjunto se encontraban compuestos en una única entidad semántica que se disuelve posteriormente en el marco del evento verbal. Depende de la consistencia semántica densa o discreta de tal objeto complejo preexistente, para que este se interprete como artefacto o no y para que, una vez terminado el evento, los elementos restantes se conciban como piezas o residuos amorfos. Con todo, la conceptualización de una separación no impone paralelamente restricción alguna sobre la consistencia semántica del todo que experimenta la fragmentación. Dado que tal presuposición no es posible en una lengua de marco verbal, donde no se puede presuponer una entidad «compuesta» previa a la eventualidad, entonces tal escisión conceptual debe venir dada por una restricción de selección impuesta al objeto por el mismo predicado, donde el acto de selección impondrá defectivamente la condición de seleccionar una entidad contable (cuantificable) o incontable (no cuantificable).

Ahora bien, supongamos que restringimos toda la equivalencia a complementos conceptualizados como entidades densas, no cuantificables, o, en otras palabras, imaginemos que prescindimos de objetos concebidos como artefactos. En este caso, obviando el hecho de que este aspecto es funcional en un grupo de lenguas y pragmático o contingente en otro, se nos plantea el siguiente interrogante: ¿estamos ante una equivalencia interlingüística?

La respuesta a esta pregunta suscita otras incógnitas. Veamos el siguiente ejemplo: en *abbauen*, tenemos una denotación en la que 'alguien actúa y hace que algo pierda su forma, volviéndose irreconocible el objeto del cambio'. En lat. *destruere* y esp. *destruir* se da un caso similar: 'Alguien actúa y hace que algo pase a perder la forma originaria con la consecuencia añadida de que el objeto parece quedar reducido a la nada', lo que implicaría su 'desaparición'. De acuerdo con esta diferencia, parece que también es clave el resultado final en que queda el objeto. Esto nos podría llevar a pensar que el verbo latino y español se comportan como resultativos, ya que describen en cierto sentido un rasgo del estado resultante, el haber quedado *destruidos* o 'sin forma, sin existencia propia'.

Aquí surge el problema, señalado a propósito del verbo inglés *to destroy* por la lingüística generativa y construccional, de cómo describir idiosincrásicamente este tipo de verbos. Levin (1993, 239) considera que conforman por sí mismos una clase de verbos independiente, distinta de *break*, si bien reconoce que ambos tipos, los verbos prototípicos de cambio de estado como *romper* y los verbos como *destroy*, comparten numerosas similitudes:

> the break verbs describe specifics of the resulting physical state of an entity (e.g., whether something is broken, splintered, cracked, and so on) rather than simply describing the fact that it is totally destroyed (Levin 1993, 239).

La diferencia entre estas clases de verbos en inglés estribaría, según la autora, en que verbos como *destroy* no permiten ni la alternancia incoativo-causativa (ejs. 22 y 23) ni construcciones resultativas (ejs. 24 y 25), tal y como se ilustra en los ejemplos aducidos por la autora:

Alternancia incoativo-causativa

(22) ing. The Romans destroyed the city.

(23) ing. *The city destroyed.

Construcciones resultativas

(24) ing. *The builders destroyed the warehouse flat.

(25) ing. *The builders destroyed the warehouse to smithereens.

No obstante, en español, la correspondencia con el inglés no es total en estos casos. Aunque aceptan la alternancia incoativo-causativa (ejs. 26 y 27),[13] no es posible formular una oración como (28).

---

13 Téngase en cuenta que el esp. tiende a rechazar la inacusatividad si no viene marcada morfológicamente con un *se* o un morfema de inacusatividad/incoación: *The boy opened the door – the door opened/El niño abrió la puerta – la puerta se abrió.*

(26) esp. Los romanos destruyeron la ciudad.

(27) esp. La ciudad se destruyó con el paso del tiempo.

(28) esp. *Los obreros destruyeron el almacén devastado/vacío/en ruinas/en piezas.

De hecho, Horrocks/Stavrou (2003, 317) demostraron que verbos inherentemente resultativos rechazan la construcción resultativa V+Adjetivo del tipo *destroyed the warehouse flat*, construcción que aceptan solo cuando el adjetivo actúa como adjunto verbal y supone una especificación añadida del resultado inherente al significado verbal (Hernández Socas/Hernández Arocha, en prensa). Desde la lingüística construccional, Mairal Usón (2002), Ruiz de Mendoza Ibáñez/Mairal Usón (2008, 388), Mairal Usón/Ruiz de Mendoza Ibáñez (2009, 159) y Cortés Rodríguez (2009, 266) han criticado el tipo de plantillas léxicas elaboradas por Levin y Rappaport Hovav, alegando en este caso concreto la dificultad que estas tenían para reflejar la diferencia existente entre verbos como *break* y *destroy* al captar solo aquellos rasgos del significado que tienen proyección sintáctica. Ruiz de Mendoza Ibáñez/Mairal Usón (2008, 388) insisten en que dos plantillas como las siguientes, inspiradas en la estructura lógica propuesta por Van Valin/La Polla (1997, 320) para las realizaciones activas (*active accomplishment*), no pueden reflejar la diferencia señalada entre ambos tipos de verbos:

(27) a. **do'** (x, ∅) CAUSE [BECOME **broken** (y)]
  b. **do'** (x, ∅) CAUSE [BECOME **destroyed** (y)]

Los autores discrepan de estas plantillas y sostienen que no pertenecen al mismo tipo semántico, por lo que requieren plantillas distintas. A diferencia de los verbos de cambio de estado, un verbo como *destroy* pertenecería al grupo denominado por ellos como «verbs of existence» o, mejor dicho, verbos de «cessation of existence» y proponen, en lugar de una plantilla léxica, una construcción que contenga los elementos conceptuales, discursivos y pragmáticos que marcan la diferencia con respecto a aquellos, como son la causación y la magnitud del daño:

> [...] The properties inherited from the lexical class can be built into the lexical template thus going beyond the basic logical form. The lexical template for the verb *destroy* should then include a specification of cessation of existence in the Aktionsart module based on semantic primes, further decomposing [BECOME **destroyed** (y)] into [BECOME NOT **exist'** (y)], while the idea of severe damage involved in destroyed should be transferred to the semantic module, which is based on amalgams of lexical functions (or operators) ranging

over internal variables. We thus have the following refined representation of *destroy*, where Caus, Magn, and Dam are lexical functions that indicate causation, intensity, and physical damage respectively:

(53) **[CausMagnDam$_{12}$] do'** (x, Ø) CAUSE [BECOME NOT **exist'** (y)] x = 1, y = 2

The representation in (53) reads as follows: there is an action performed by an actor such that the action has caused great damage to an object, thus resulting in the object ceasing to exist as such (Mairal Usón/Ruiz de Mendoza Ibáñez 2009, 190).

Frente a esta postura en torno a *destroy* cabría plantearse si efectivamente la consecuencia de un verbo como el lat. *destruere* o el esp. *destruir* es que el objeto, formado previamente, ha dejado de existir o si, por el contrario, habría que considerar que el objeto destruido en cuestión ha dejado de existir en su forma originaria, quedando reducido a pedazos o partes discretas o indiscretas. Predicaciones como la magnitud del daño no parecen a primera vista sustentar las restricciones combinatorias advertidas. De defender esta última hipótesis, seguimos sin saber qué permite, entonces, diferenciar un verbo como *destruir* del alemán *abbauen* o de otro como el esp. *desmontar*.

Para poder explicar la diferencia que se muestra en el resultado final del objeto, así como su condición de verbo de manera, retomamos la descripción de Pustejovsky (1995, 82) para el verbo inglés *build* —que se corresponde con el verbo alterno de *destruir* (en español *construir*)—, ya que el motivo del comportamiento diferente entre los verbos *abbauen/desmontar* y *destruere/destruir*, aparentemente resultativos, parece relacionarse con las siguientes propiedades.

$$
\textbf{build} \begin{bmatrix}
EVENTSTR = \begin{bmatrix} E_1 = e_1 : \textbf{process} \\ E_2 = e_2 : \textbf{state} \\ RESTR = <_\alpha (e_1, e_2) \\ HEAD = e_1 \end{bmatrix} \\[2em]
ARGSTR = \begin{bmatrix} ARG1 = [1] \begin{bmatrix} \textbf{animate\_ind} \\ FORMAL = \textbf{physob} \end{bmatrix} \\ ARG2 = [2] \begin{bmatrix} \textbf{artifact} \\ CONST = [3] \\ FORMAL = \textbf{physob} \end{bmatrix} \\ D\text{-}ARG1 = [3] \begin{bmatrix} \textbf{material} \\ FORMAL = \textbf{mass} \end{bmatrix} \end{bmatrix} \\[2em]
QUALIA = \begin{bmatrix} \textbf{create-lcp} \\ FORMAL = \textbf{exist}(e_2, [2]) \\ AGENTIVE = \textbf{build\_act}(e_1, [1], [3]) \end{bmatrix}
\end{bmatrix}
$$

Figura 2: Plantilla léxica de *to build* (en el modelo de Pustejovsky 1995, 82).

De acuerdo con Pustejovsky (figura 2), el predicado denotado por el verbo *to build* puede descomponerse en dos subeventos, e_1 y e_2. En el primer subevento

(e_1), que denota la ejecución del proceso de construcción, un individuo animado (ARG1) lleva a cabo el proceso, descrito en el *quale* agentivo, de actuar sobre un argumento por defecto (D-ARG1), representado como un material que tiene la propiedad formal de ser una masa o sustancia amorfa. En un evento subsiguiente (e_2), el objeto construido a partir del material o masa informe pasa a tomar forma de artefacto (ARG2) y, por tanto, pasa a existir como un producto de la construcción, esto es, como un edificio (*quale* formal). El subevento destacado en el verbo *to build* es el proceso (HEAD = e_1), lo que refleja que se trata de un verbo de manera. A través de la presuposición de un argumento por defecto y del *quale* formal que se le atribuye a los argumentos, esta descripción permite anotar qué características semánticas ha de cumplir el objeto en un verbo como *to build*.

Todo parece indicar que debemos tomar esta representación semántica como punto de partida, pero antes debemos apuntar algunas consideraciones. Nótese que Pustejovsky no tiene en cuenta las propiedades mereológicas que en la actualidad se le atribuyen a los procesos incrementales como los que estamos estudiando (para una discusión más detallada, véase Hernández Arocha/Zecua, en este volumen). Si asumimos, con Pustejovsky, que el objeto de la construcción se concibe como una 'masa' durante todo subintervalo previo a la creación del 'artefacto', entonces tal masa, como entidad atélica o densa, presentará la propiedad lógica de la transitividad: es decir, si tomamos una parte propia de esta supuesta 'masa', por ejemplo, un ladrillo, entonces, la suma tarskiana de un 'ladrillo' más otro 'ladrillo' daría como resultado un 'ladrillo', cosa que sabemos que no es verdad, dado que la suma de ladrillos forma 'muros' o 'paredes' en la construcción. Si el objeto previo a la creación del artefacto fuera efectivamente una masa, entonces sería imposible delimitar subconjuntos propios en el proceso de construcción, es decir, estaríamos inhabilitados para verificar partes con autonomía semántica, como paredes, ventanas, balcones, tejados o pisos, que cobran existencia ya antes de que concluya la obra y se conciba como un objeto complejo. En resumen, todo parece indicar que lo que Pustejovsky considera como masa es, en efecto, un tema incremental, que, en inglés, puede ser concebido como un objeto con partes propias delimitables, esto es, un artefacto (*to build a house*) o un simple objeto físico sin subpartes propias, es decir, un objeto denso (*to build a breakfire*). En el primero, se puede distinguir una puerta del tejado; en el segundo, en el cortafuegos difícilmente se distinguirá el primer metro cúbico de tierra excavada del segundo metro cúbico.

Si, teniendo en cuenta estos aspectos, aplicamos y adaptamos esta plantilla al verbo *destruir*, podemos comprender la diferencia entre la alternancia léxica del español.

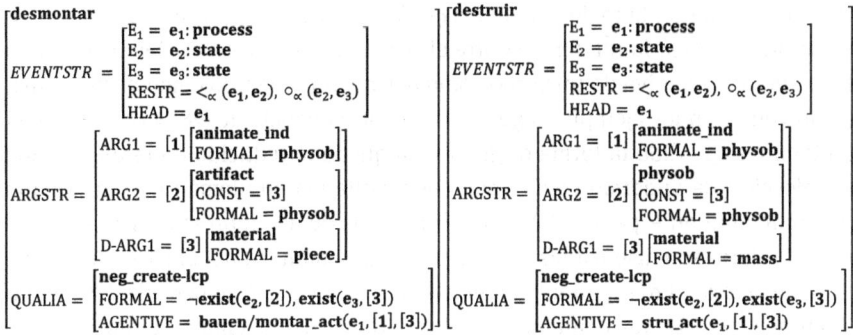

Figura 3: Plantilla léxica de *desmontar* y de *destruir*.

En la representación eventiva que proponemos aquí y que reflejamos en nuestra FAG (cf. tabla 1), como una variante notacional de la plantilla que hemos formulado en los términos de Pustejovsky (figura 3), la función reversiva del prefijo en *destruir* implica que el material o masa informe (u en la FAG y D-ARG1 en la plantilla anterior), que había pasado a adquirir una forma determinada y existencia propia como objeto independiente (y_u o ARG2) —concebido como algo bien conformado— en el primer subevento, vuelva a su estado primitivo (u o D-ARG1), el de masa informe. El verbo *destruir* toma, por tanto, un objeto físico con forma y lo convierte en materia sin forma. Un verbo como *desmontar* toma también un objeto físico con forma y partes delimitadas, i.e., un artefacto, y lo convierte en piezas susceptibles de volver a ser montadas para conformar nuevamente el mismo artefacto. Por lo tanto, a las definiciones dadas anteriormente para los verbos habría que añadir la siguiente información, que parafrasea informalmente el contenido apuntado en la figura 3 o en la microestructura (FAG) de la tabla 1:

desmontar
'presupuesto el hecho de que alguien, en un primer momento, realizó una acción por la que algo, **partes o piezas**, llegó a tomar forma de artefacto, entonces el evento denota que, para un intervalo temporal posterior y realizando la misma actividad, alguien hace que el artefacto pierda su forma, dejando de existir como tal y quedando reducido **a sus piezas o partes más pequeñas** (susceptibles de ser manipuladas para convertirlas de nuevo en artefacto)'

destruir
'presupuesto el hecho de que alguien, en un primer momento, realizó una acción por la que algo, **una masa informe**, llegó a tomar forma de objeto independiente, entonces el evento denota que, para un intervalo temporal posterior y realizando la misma actividad, alguien hace que el objeto deje de existir, quedando reducido a **una masa informe** (no susceptible de ser reconstruida)'

Ha sido, por tanto, la inclusión de los *qualia* constitutivo y formal lo que nos ha permitido explicar la diferencia entre el modo en que queda el objeto verbal en la estructura eventiva de un verbo como *desmontar* y de uno como *destruir*. Así, como vemos en los ejemplos siguientes, la consecuencia de (28) y (29) es que el andamio ha perdido la forma original y ha quedado reducido a piezas, aunque la selección de andamio como objeto es facultativa en alemán (28), al tiempo que funcional en español (29). Como habíamos demostrado más arriba, el alemán y el latín son insensibles a la consistencia semántica del objeto y su estructura de *qualia*. En español, por el contrario, la consecuencia de (30) es, a diferencia de (29), que el andamio ha quedado reducido a materia informe:

(28) al. ein Gerüst abbauen
  'desmontar un andamio'
(29) esp. desmontar un andamio
(30) esp. destruir un andamio

Siendo así las cosas, podemos concluir que las lenguas de marco satelital infraespecifican el semantismo del objeto (ARG2) en su plantilla léxica, al tiempo que las de marco verbal imponen restricciones a su estructura de *qualia*. En consecuencia, las plantillas expuestas en la figura 3 representan variantes distribucionales —y, por ende, dependientes del contexto— de un mismo ítem léxico en la tipología satelital, mientras que representan invariantes léxicas independientes en distribución complementaria para la tipología de marco verbal. Veamos qué ocurre en la última lengua de la serie.

La variante griega se forma sobre el compuesto οἰκοδομέω 'construir una casa' (cf. lat. *aedifico*), constituido por el núcleo verbal δομέω 'construir' y el sustantivo οἶκος 'casa' que actúa como objeto directo del verbo simple dentro del que se integra, y es considerada como un caso de incorporación sintáctica por Pompei (2006, 235).[14] El derivado formado sobre el preverbio ἀπο- ha sido definido por los lexicógrafos como 'obstruir con barricadas', pero también por el más genérico, 'volver a construir' (DGE y LSJ, s.v. οἰκοδομέω). Probablemente el sentido 'obstruir' derive de los ejemplos en los el verbo toma como objeto directo un muro u otro elemento típicamente empleado para obstruir, siendo este una suerte de especificación o aposición del tipo de construcción anotada internamente en el verbo.[15]

---

14 Agradecemos a Batista Rodríguez (2016), quien nos ha alertado sobre la explicación de Pompei para este tipo de compuestos. Este mismo tipo ha sido estudiado por Batista Rodríguez (1988 y 2016).

15 Revuelta Puigdollers (2014, 294) recoge el derivado περιοικοδομέω con el valor de 'obstruir o acorralar formando un círculo' ('to enclose by building around').

(31) gr. οἱ δὲ τὸ παραυτίκα μὲν ὑστέρησαν τῇ διώξει, μετὰ δὲ τοῦτο τοῦ τε οἰκή-
ματος τὸν ὄροφον ἀφεῖλον καὶ τὰς θύρας ἔνδον ὄντα τηρήσαντες αὐτὸν
καὶ ἀπολαβόντες ἔσω ἀπῳκοδόμησαν, προσκαθεζόμενοί τε ἐξεπολιόρ-
κησαν λιμῷ. (Tuc., *Hist.* 1.134)
τὰς θύρας [...] τηρήσαντες [...] ἀπῳκοδόμησαν

τὰς	θύρας	τηρήσαντες	ἀπῳκοδόμησαν
ART.ACC.F.PL	puerta.	guarda.PTCP.	ab.PREV.ABL;construir.
	ACC.F.PL	AOR.ACT.NOM.PL	3PL.AOR.IND

'Y entretanto llegaron tarde a la persecución, y después de esto quita-
ron el techo de la casa y *los guardas construyeron las puertas* estando él
dentro para retenerlo, sitiándolo hasta matarlo de hambre'

El prefijo ἀπο- indica que el argumento que asume la función sintáctica de sujeto se aleja de algo/alguien mediante la construcción de algo. Podría parafrasearse como 'construir algo separándose de otra cosa'. Por lo tanto, entre la voz
griega, *abbauen-destruere* y el derivado español no se puede establecer la equivalencia, ya que muestran un valor denotativo discordante. En griego clásico,
el preverbio ἀπο- conserva su valor espacial ablativo, que es el que tomaremos
como punto de comparación y que representamos mediante (32a–b), generalizado como (32c).

(32) a. (λu) λx λs.∃y [**οἶκος**(y) & **δομέω**(x, y) & LOC(x, **ἀπό**(u))](s) ⇒
     b. (λu) λy λx λs [**οἰκοδομέω**(x, y) & LOC(x, **ἀπό**(u))](s)
     c. (λu) λy λx λs [BASE(x, y) & LOC(x, ABL(u))](s)

La presente forma semántica denota que, existiendo una casa (∃y. **οἶκος**(y)), tal
que alguien (x) la construye (**δομέω**(x, y)), entonces, mediante la construcción,
el constructor (x) se distancia (**ἀπό**) de un tercer elemento (u). Esta denotación
representa el significado fundamental de la combinación, tal y como se representa
en (32a). Una vez que se forma el compuesto **οἰκοδομέω**, ocurren dos procesos:
en el nivel de la nueva palabra fonológica, el acento nominal se reduce y el verbal, como elemento determinante en la composición, se realza, dejando de percibirse dos palabras fonológicas independientes para reinterpretarse la
combinación como una única palabra fonológica; en el plano semántico, el
nuevo compuesto mofofonológico, en lugar de utilizar la nueva incorporación
nominal para intransitivizarse, determina el nuevo predicado nominal incorporado como una restricción semántica sobre el objeto, dejando la posición argumental interna hábil para ser saturada por un nuevo elemento nominal que
satisfaga la condición de ser un 'edificio habitable', esto es, de ser un hipónimo

de **οἶκος**, y, de ahí, mediante una abstracción taxonómica ulterior, una 'construcción o artefacto' (32b). Si abstraemos la estructura semántica para fines comparativos, obtenemos (32c). Como vemos, la tipología es, de nuevo, satelital, dado que esta misma forma semántica podría parafrasearse adverbializando el significado verbal, esto es, mediante una denotación tal que 'alguien se distancia de algo$_i$, construyendo algo$_j$'. Dado que la separación no se da en este caso entre subpartes de la construcción, la discusión acerca de si el objeto construido es un artefacto o un objeto denso se vuelve irrelevante siempre que se trate de un objeto susceptible de ser construido. En el caso presente, el objeto preexistente que se disuelve durante la ejecución del evento es un conjunto denotado como el plural tarskiano compuesto a partir del constructor y el objeto del que este se separa.

A continuación, resumimos todas las diferencias expuestas hasta ahora en la tabla 1. Esta recoge de forma sintética la información etimológica de todas las unidades puestas en relación (**❶**), el valor denotativo de las bases verbales que lleva a establecer la equivalencia (**❷**), la representación de la forma semántica (**❸**) de acuerdo con el modelo teórico de la Semántica de dos Niveles y tal y como ha sido aplicada al estudio de familias de palabras y verbos prefijados en Hernández Arocha (2014, 2016a y b), Hernández Socas (2017) y Hernández Arocha/Hernández Socas/Molés-Cases (2015). La forma semántica refleja la información estrictamente lingüística sobre la relación entre el preverbio de base local, la base (categorizada ya como verbo) y la estructura argumental. La forma semántica va acompañada de una leyenda que explica cómo se debe interpretar la representación formal. En la leyenda se especifican el valor espacial, señalado como ABL y el aspectual anotado como *aspect-* y la información relativa concreta (privativo, regresivo, reforzativo, etc.) y se marca entre corchetes el rasgo menos prominente. Por otra parte, nuestra representación de la forma semántica excluye operadores universales como CAUSE por considerar que la jerarquización temporal que refleja la forma de notación y, concretamente, la función del operador conjuntivo (&), basta para anotar la relación lógica de causación, que encontrará su interpretación en el ámbito de la estructura conceptual (FAG). Así entendida, la forma semántica actúa de interfaz entre la gramática y la estructura conceptual o nivel microestructural que nosotros representamos mediante la FAG (**❹**). La formulación de una FAG común para los derivados nos permitirá determinar si denotativamente los verbos puestos en relación evocan escenas cognitivas comparables y, por tanto, su grado de equivalencia interlingüística. Al igual que en el recuadro destinado a la forma semántica, las microestructuras van acompañadas de una leyenda que incluye toda la información relativa a los distintos argumentos y a sus papeles temáticos con inclusión del macrorrol y del rol específico (con determinación de la estructura de *qualia*), en los casos en los que es necesario para establecer la equivalencia. A la microestructura le sigue la indicación del valor medioestructural (❺) que permite poner en relación las unidades contrastadas. Por lo tanto, dejamos fuera todas aquellas otras variantes de sentido que puedan postularse para dicha unidad, pero que no permitan establecer la relación denotativa con alguno de los elementos restantes de la serie de equivalencias, de acuerdo con nuestro TC. Los valores medioestructurales (los valores semasiológicos o, en otras palabras, las variantes semánticas recogidas en la medioestructura lexicográfica, cf. Wotjak 2006) aparecen antecedidos de una cifra que se corresponde con el lugar que ocupa dicha acepción en la fuente lexicográfica correspondiente.[16] La tabla termina con dos apartados en los que, por un lado, se marca como positivo o negativo el grado de fraseologización o colocatividad del verbo en cuestión (❻) y, por otro, se registra si la unidad está marcada diasistemáticamente (❼).

4 A modo de conclusión: en torno a la equivalencia interlingüística

Como hemos tenido oportunidad de ver, la aparente equivalencia formal de las unidades estudiadas, aun cuando parecen corresponderse denotativamente, se desvanece frente a un conjunto de restricciones que van desde el tipo de modificación semántica controlada por la tipología lingüística (produciendo lecturas locales en lenguas de marco satelital y reversivas/restitutivas en las de marco verbal) hasta restricciones específicas impuestas sobre el complemento y, concretamente, sobre su estructura de *qualia*. Así, el sentido local 'eliminar construyendo' se desvanece en la tipología verbal y se realza en la satelital, al tiempo que la reversión logra una prominencia absoluta en la tipología verbal y se vuelve irrelevante en la satelital. Por otra parte, la tipología satelital infraespecifica la semántica del complemento como un tema incremental sin determinación de su estructura de *qualia*, al tiempo que en la verbal y, en concreto, en español, este parámetro es decisivo para la elección léxica: o bien se conceptualiza como un artefacto que deja de existir progresivamente mediante la ejecución de la acción, en el caso de *desmontar*, o bien se concibe como una

---

16 Los diccionarios empleados son el DUDEN y el DWDS para el alemán, el DGE y el LSJ para el griego, Segura Munguía (2007) y LS (en línea [1879]) para el latín y el diccionario académico para el español (DLE).

entidad densa que pierde su forma o, en determinados casos, incluso su existencia, en el caso de *destruir*. Como término interesante de comparación observamos el comportamiento del griego clásico, que, estableciendo una relación correferencial entre el LOCATUM y el sujeto verbal, mantiene la identidad semántica del verbo base, sin favorecer una nueva denotación circunscrita al dominio de la 'destrucción'.

Concluimos, por tanto, que se hace preciso una estratificación semántica en, al menos, dos niveles para dar cuenta de la complejidad y la naturaleza semántica de las equivalencias interlingüísticas, así como del grado de comparabilidad entre ellas.

El concepto de equivalencia que tomamos aquí, homólogo en gran medida al surgido en la translatología, puede ser aplicado, como vemos, al nivel (morfo)léxico, sin que ello implique en absoluto desatender las condiciones que le imponen los dominios cognitivo y pragmático y sin perder de vista que la equivalencia ha de establecerse en distintos niveles de análisis. Cuantas más similitudes se atestigüen entre los distintos estratos, mayor será el grado de equivalencia. En todo caso, se ratifica la hipótesis de que, si bien el problema de la equivalencia léxica es, en esencia, un problema de grado, se deriva de forma decisiva de las propiedades inherentes a la unidad léxica, siendo la interacción comunicativa el marco externo en el que esta se determina y no el parámetro decisivo para su formación.

Bibliografía

Batista Rodríguez, José Juan, *De nuevo sobre composición de palabras en griego (y español): a propósito de las «Verae Historiae» de Luciano*, Veleia 33 (2016), 67–86.

Batista, José Juan, *Composición de palabras en la épica griega arcaica*, La Laguna, Universidad de La Laguna, 1988.

Bortone, Pietro, *Greek prepositions. From antiquity to the present*, Oxford, Oxford University Press, 2010.

Comrie, Bernard/Haspelmath, Martin/Bickel, Balthasar, *The Leipzig glossing rules: conventions for interlinear morpheme-by-morpheme glosses*, Max Planck Institute for Evolutionary Anthropology/Universität Leipzig, http://www.eva.mpg.de/lingua/resources/glossing-rules.php, 2008 [último acceso: 30.08.2017].

Cortés Rodríguez, Francisco J., *The inchoative construction: semantic representation and unification constraints*, in: Butler, Christopher S./Martín Arista, Javier (edd.), *Deconstructing constructions*, Amsterdam/Philadelphia, Benjamins, 2009, 247–270.

DCECH = Corominas, Joan/Pascual, José A., *Diccionario crítico etimológico castellano e hispánico*, 6 vol., Madrid, Gredos, 1980–1991.

DGE = Adrados, Francisco R./Rodríguez Somolinos, Juan (dirs.), *Diccionario griego-español*, Madrid, CSIC, http://dge.cchs.csic.es/ [último acceso: 22.07.2018].

Dieterich, Karl, *Die präpositionalen Präfixe in der griechischen Sprachentwicklung mit besonderer Berücksichtigung des Mittel- und Neugriechischen*. Erstes Kapitel: Ἀπό, Straßburg, Trübner, 1909.

DLE = Real Academia Española y Asociación de Academias de la Lengua Española, *Diccionario de la lengua española*, Madrid, Espasa, 2014, http://dle.rae.es/?id=KYtLWBc [último acceso: 22.07.2018].

DUDEN = *Bibliographisches Institut, Wörterbuch Duden Online*, http://www.duden.de/woerterbuch [último acceso: 22.07.2017].

DWB = Berlin Brandenburgische Akademie der Wissenschaften/Akademie der Wissenschaften zu Göttingen, *Deutsches Wörterbuch von Jacob Grimm und Wilhelm Grimm*, 16 vols., DFG, http://woerterbuchnetz.de/DWB/, [último acceso: 19/02/2019], en línea [1854–1961].

DWDS = *Berlin Brandenburgische Akademie der Wissenschaften*, Digitales Wörterbuch der Deutschen Sprache, http://www.dwds.de/ [último acceso: 22.08.2017].

Eichinger, Ludwig M., *Deutsche Wortbildung. Eine Einführung*, Tübingen, Narr, 2000.

Engelberg, Stefan, *Frameworks of lexical decomposition of verbs*, in: Maienborn, Claudia/von Heusinger, Klaus/Portner, Paul (edd.), *Semantics: an international handbook of natural language meaning*, vol. 1, Berlin/Boston, de Gruyter, 2011, 358–399.

EWD = Pfeifer, Wolfgang, *Etymologisches Wörterbuch des Deutschen*, Berlin-Brandenburgische Akademie der Wissenschaften, http://www.dwds.de [último acceso: 30/08/2017].

Fleischer, Wolfgang/Barz, Irmhild, *Wortbildung der deutschen Gegenwartssprache*, Berlin/Boston, de Gruyter, 2012.

García Hernández, Benjamín, *Semántica estructural y lexemática del verbo*, Reus, Avesta, 1980.

González Suárez, Leticia, *La rección preposicional de los verbos españoles compuestos con preverbio*, in: Fumero Pérez, María del Carmen/Batista Rodríguez, José Juan (edd.), *Cuestiones de lingüística teórica y aplicada*, Frankfurt, Lang, 2015, 103–122.

Güthling, Otto, *Langenscheidts Großwörterbuch Latein. Deutsch/Lateinisch. Teil II*, Berlin, Langenscheidt, 1996 [1918].

Hernández Arocha, Héctor, *Las familias de palabras. Relaciones entre morfología, semántica y estructura argumental en los verba dicendi «dec(ir)» y «sag(en)»*, Berlin/Boston, de Gruyter, 2014.

Hernández Arocha, Héctor, *Wortfamilien im Vergleich. Theoretische und historiographische Aspekte am Beispiel von Lokutionsverben*, Frankfurt, Lang, 2016 (= 2016a).

Hernández Arocha, Héctor, *Locución y modelos para su descripción semántica*, Lebende Sprachen 60:4 (2016), 117–174 (= 2016b).

Hernández Arocha, Héctor, *Adjuncts and their interfaces. A CCG approach to verb-particle contructions in Germanic and Romance*, Tesis de Habilitación, Erfurt, Universität Erfurt, en preparación.

Hernández Arocha, Héctor/Hernández Socas, Elia/Molés-Cases, Teresa, *Strukturierungsprobleme bei der Analyse von Wortfamilienstrukturen am Beispiel von deutschen und spanischen Kommunikations- und Fortbewegungsverben*, in: Calañas Continente, José Antonio/Robles Sabater, Ferran (edd.), *Die Wörterbücher des Deutschen: Neue Ansätze zur Lexikographie des Deutschen als Erst-, Zweit- und Fremdsprache*, Frankfurt, Lang, 2015, 59–86.

Hernández Socas, Elia, *La prefijación ablativa y su representación semántico-conceptual. Estudio contrastivo de equivalencias interlingüísticas entre alemán, lenguas clásicas e iberorromances*, Tesis inédita de Habilitación, Leipzig, Universität Leipzig, 2017.

Hernández Socas, Elia/Hernández Arocha, Héctor, *Restricciones tipológicas en la incorporación verbal de adjuntos*, Onomázein, en prensa.

Horrocks, Geoffrey/Stavrou, Melita, *Actions and their results in Greek and English: the complementarity of morphologically encoded (Viewpoint) aspect and syntactic resultative predication*, Journal of Semantics 20 (2003), 297–327.

Jackendoff, Ray, *Semantic Structures*, Cambridge, Massachusetts, MIT Press, 1990.

Kade, Otto, *Zufall und Gesetzmäßigkeit in der Übersetzung*, Leipzig, Verlag Enzyklopädie, 1969.

Kaufmann, Ingrid, *Semantic and conceptual aspects of the preposition durch*, in: Zelinsky-Wibbelt, Cornelia (ed.), *The semantics of prepositions. From mental processing to natural language processing*, Berlin/New York, de Gruyter, 1993, 221–247.

Kluge, Friedrich, *Etymologisches Wörterbuch der deutschen Sprache*, Berlin/New York, de Gruyter, 2002.

Kühnhold, Ingeburg, *Präfixverben*, in: Kühnhold, Ingeburg/Wellmann, Hans, *Deutsche Wortbildung. Typen und Tendenzen in der Gegenwartssprache*, Düsseldorf, Schwann, 1973, 141–362.

Lehmann, Christian, *Latin preverbs and cases*, in: Pinkster, Harm (ed.), *Latin linguistics and linguistic theory. Proceedings of the 1st international colloquium on Latin linguistics*, Amsterdam/Philadelphia, Benjamins, 1983, 145–161.

Lehmann, Christian, *Interlinear morphemic glossing*, in: Booij, Geert, et al. (edd.), *Morphologie/Morphology. Ein Internationales Handbuch zur Flexion und Wortbildung/An international handbook on inflection and word-formation*, Berlin/New York, de Gruyter, 2004, vol. 2, 1834–1857.

Levin, Beth, *English verb. Classes and alternations. A preliminary investigation*, Chicago/London, The University of Chicago Press, 1993.

LS = Lewis, Charlton T./Short, Charles, *A Latin dictionary*, [Oxford, Clarendon Press], Massachusetts, Tufts University, http://www.perseus.tufts.edu/hopper/ [último acceso: 22/07/2018], en línea [1879].

LSJ = Liddell, Henry George/Scott, Robert/Jones, Henry Stuart, *The online liddell-Scott-Jones Greek-English lexicon*, California, University of California, Irvine, http://stephanus.tlg.uci.edu/lsj/#eid=1&context=lsj [último acceso: 22.07.2018].

Mairal Usón, Ricardo, *Why the notion of lexical template?*, Anglogermanica Online 1 (2002), http://www.uv.es/anglogermanica/2002-1/mairal.htm [último acceso: 22.07.2018].

Mairal Usón, Ricardo/Ruiz de Mendoza Ibáñez, Francisco José, *Levels of description and explanation in meaning construction*, in: Butler, Christopher S./Martín Arista, Javier (edd.), *Deconstructing constructions*, Amsterdam/Philadelphia, Benjamins, 2009, 153–200.

Méndez Dosuna, Julián, *To die in Ancient Greek: on the meaning of ἀπο- in ἀποθνήσκειν*, in: Theodoropoulou, Maria (ed.), *Θερμή και φως. Licht und Wärme. Αφιερωματικός τόμος στη μνήμη του Α.-Φ. Χρηστίδη. In memory of A.-F. Christidis*, Thessaloniki, Centre for the Greek Language, 2008, 245–255.

Menge, Hermann/Güthling, Otto, *Langenscheidt Großwörterbuch Altgriechisch*, Berlin, Langenscheidt, 1927.

Meyer-Lübke, Wilhelm, *Formation par préfixes*, in: Meyer-Lübke, Wilhelm: *Grammaire des langues romanes. Tome deuxiéme: Morphologie*, vol. 2, Paris, H. Welter, 1895, 667–686.

Meyer-Lübke, Wilhelm, *Romanisches Etymologisches Wörterbuch*, Heidelberg, Winter, [3]1935.

Pokorny, Julius, *Indogermanisches Etymologisches Wörterbuch*, Tübingen, Francke, 1994 [1]1959.

Pompei, Anna, *Tracce di incorporazione in greco antico*, in: Cuzzolin, Pierluigi/Napoli, Maria (edd.), *Fonologia e tipologia lessicale nella storia della lingua greca. Atti del VI incontro internazionale di linguistica greca*, Milano, Franco Angeli, 2006, 216–237.

Pustejovsky, James, *The Generative Lexicon*, Cambridge, Massachusetts, MIT Press, 1995.

Revuelta Puigdollers, Antonio R., *Some verbs prefixed by περι- in Ancient Greek*, in: Bartolotta, Annamaria (ed.), *The Greek verb: morphology, syntax, semantics* (Proceedings of the 8th international meeting on Greek linguistics, Agrigento, October 1–3, 2009), Louvain-la-Neuve, Peeters, 2014, 291–310.

Rodríguez Rosique, Susana, *Morphology and pragmatics of affixal negation. Evidence from Spanish «des-»*, in: Cifuentes Honrubia, José Luis/Rodríguez Rosique, Susana (edd.), *Spanish word formation and lexical creation*, Amsterdam/Philadelphia, Benjamins, 2011, 145–164.

Ruiz de Mendoza Ibáñez, Francisco José/Mairal Usón, Ricardo, *Levels of description and constraining factors in meaning construction: an introduction to the lexical constructional model*, Folia Linguistica 42:2 (2008), 355–400.

Schmale, Günter, *Funktion von «ab-» bei verbalen Neuschöpfungen*, in: Kauffer, Maurice/Métrich, René (ed.), *Verbale Wortbildung im Spannungsfeld zwischen Wortsemantik, Syntax und Rechtschreibung*, Tübingen, Stauffenburg, 2007, 133–144.

Segura Munguía, Santiago, *Diccionario por raíces del latín y de las voces derivadas*, Bilbao, Universidad de Deusto, 2007.

Slabý, Rudolf/Grossmann, Rudolf/Illig, Carlos, *Wörterbuch der spanischen und deutschen Sprache*, 2 vol., Wiesbaden, Oscar Brandsteter, [4]1989.

Stiebels, Barbara, Lexikalische Argumente und Adjunkte. *Zum semantischen Beitrag von verbalen Präfixen und Partikeln*, Berlin, Akademie Verlag, 1996.

Szemerényi, Oswald, *Introducción a la lingüística comparativa*, Madrid, Gredos, 1987 [1970].

Talmy, Leonard, *Toward a cognitive semantics*, 2 vol., Cambridge, Massachusetts, MIT Press, 2000.

Van Valin, Robert D./La Polla, Randy, *Syntax: Structure, meaning, and function*, Cambridge, Cambridge University Press, 1997.

Walde, Alois, *Lateinisches Etymologisches Wörterbuch*, Heidelberg, Winter, [2]1910.

Wotjak, Gerd, *El potencial comunicativo de los verbos*, in: Wotjak, Gerd/Veiga, Alexandre (coords.), *La descripción del verbo español. Verba*, Anuario Galego de Filoloxía. Anexo 32, Santiago de Compostela, Universidade de Santiago de Compostela, 1990.

Wotjak, Gerd, *Partizipantenrollen in Sachverhaltswissensrepräsentationen und als semantisch-funktionale Argumentbestimmungen in Verbbedeutungen*, in: Kailuweit, Rolf/Hummel, Martin (edd.), *Semantische Rollen*, Tübingen, Narr, 2004, 3–36.

Wotjak, Gerd, *Las lenguas, ventanas que dan al mundo*, Salamanca, Servicio de Publicaciones de la Universidad de Salamanca, 2006.

Wotjak, Gerd, *Convergencias y divergencias en torno a la descripción de verbos*, in: Lorenzo Hervás. Documentos de trabajo de lingüística teórica y general. Homenaje a Valerio Báez San José 20, Madrid, Universidad Carlos III, 2011, 31–62.

Wunderlich, Dieter/Herweg, Michael, *Lokale und Direktionale*, in: von Stechow, Arnim/Wunderlich, Dieter (edd.), *Semantik/Semantics. Ein internationales Handbuch der zeitgenössischen Forschung/An international handbook of contemporary research*, Berlin/New York, de Gruyter, 1991, 758–785.

Marcial Morera
Categorías de la lengua y categorías de la realidad

Abstract: Every ordinary idiomatic act involves two radically different basic elements. On the one hand, the word, and, on the other hand, the person, the animal, the thing, the quality or the action that the word designates. Thus, in a phrase like *La cantante fue muy aplaudida*, the constituent *cantante* implies both the word *cantante* and the reference 'person who produces melodious sounds with their voice'. In the noun phrase *las fogaleras de san Juan*, the constituent *fogalera* entails the Canarian word *fogalera* and makes reference to a 'heap of burning combustible materials that produce a lot of flame'. In the combination *El calor destempló el violonchelo*, the constituent *destempló* implies the word *destemplar* and the reference 'to destroy the harmony of musical instruments'. Thus, what is the relationship between these two constituents (word and designated thing) of the units that intervene in ordinary communicative acts? In other words, what determines what in the process of linguistic communication? Does the word determine the thing or does the thing determine the word? In this contribution, we will approach these issues from a semantic perspective of language.

Keywords: linguistics, semantics, lexicology, morphology, philosophy

> El hombre es la medida de todas las cosas.
>
> Protágoras

Como es de sobra sabido, todo acto idiomático ordinario implica dos elementos básicos radicalmente distintos: de un lado, la palabra; de otro, la persona, el animal, la cosa, la cualidad o la acción que la palabra designa. Así, en una frase como *La cantante fue muy aplaudida*, el constituyente «cantante» implica la palabra *cantante* y el referente 'persona que produce con la voz sonidos melodiosos'; en el sintagma *las fogaleras de san Juan*, el constituyente «fogalera»

Nota: Esta contribución se enmarca en el Proyecto de investigación *Los desarrollos semántico-lingüísticos del nombre propio en español: adjetivos de relación, hipocorísticos y lexicalizaciones* (FFI 2014-58260-P/ Ministerio de Economía y Competitividad), llevado a cabo por investigadores de la Universidad de La Laguna (Instituto universitario de lingüística Andrés Bello), Universidad de Las Palmas de Gran Canaria y Universität Leipzig.

Marcial Morera, Universidad de La Laguna

https://doi.org/10.1515/9783110637700-006

implica la palabra canaria *fogalera* y el referente 'montón de materias combustibles encendidas que levantan mucha llama'; y en la combinación *El calor destempló el violonchelo*, el constituyente «destempló» implica la palabra *destemplar* y el referente 'destruir la concordancia o armonía de los instrumentos musicales'. ¿Qué relación existe entre estos dos constituyentes (palabra y cosa designada) de las unidades que intervienen en los actos comunicativos ordinarios? Dicho de otra manera: ¿quién determina a quién en el proceso de la comunicación lingüística?: ¿la palabra a la cosa, o la cosa a la palabra? Este es el primer asunto que vamos a abordar nosotros en el presente trabajo.

Tradicionalmente se ha sostenido que la relación entre la palabra y la cosa que esta designa, la relación entre la lengua y la realidad, dicho de forma más general, discurre de la cosa a la palabra; que es la cosa (supuestamente creada por Dios, la naturaleza, el hombre o quien sea) lo que existe verdaderamente, en tanto que la palabra, que vendría después de aquella, se limitaría a etiquetarla o representarla mediante una especie de imagen mental que se extrae de ella en la realidad concreta del hablar. «La exactitud de un nombre consiste en su capacidad de hacer ver la naturaleza de una cosa», dice Sócrates en el tan traído y llevado *Cratilo, o de la exactitud de las palabras*, de Platón (1974, 543). En tiempos más recientemente ha dicho Wittgenstein que «el nombre significa el objeto. El objeto es su significado» (Wittgenstein 1975, 53).[1] Desde este punto de vista, las palabras *cantante, fogalera* y *destemplar* de nuestros ejemplos no significarían otra cosa que 'persona que produce con la voz sonidos melodiosos', 'montón de materias combustibles encendidas que levantan mucha llama' y 'destruir la concordancia o armonía de los instrumentos musicales', respectivamente, que son, como decimos, las realidades que estas palabras designan. Es lo que sostiene lo que se ha llamado tradicionalmente *pensamiento realista*.

¿Cómo llegan, según este supuesto, las cosas o experiencias expresadas por las palabras a la mente del hablante? Para algunos de los realistas, la mente humana consiste en una especie de espejo en que se refleja fielmente cada una de las cosas del mundo externo tal y como ellas son en sí mismas y por sí mismas en el momento concreto en que se habla. Es lo que podríamos llamar *realismo* o *referencialismo* a ultranza.

Para otros realistas, lo que hace la mente no es reproducir fielmente el referente, sino más bien seleccionar por abstracción determinados rasgos de él y construir con ellos una imagen mental más o menos fija, que sería lo que llamamos *significado*.

---

1 Por eso añade (p. 57) que «solo en el contexto de la proposición tiene el nombre significado».

La realidad nunca nos presenta un objeto término medio, pero el lenguaje sí, pues una palabra como *manzana*, en lugar de indicar una cosa concreta, representa el término medio de un gran número de objetos que tiene algo, pero naturalmente no todo, en común. En otras palabras, si queremos comunicar nuestras impresiones o ideas, nos es absolutamente necesario disponer de denominaciones más o menos abstractas para clases de conceptos: *manzana* es abstracta en comparación con cualquier manzana individual que cae ante nuestra vista, y lo mismo en *fruto* en mayor o menor grado, y todavía más en el caso de palabras como *rojo* o *amarillo* y así sucesivamente: el lenguaje opera siempre mediante abstracciones, solo que el grado de abstracción varía hasta el infinito (Jespersen 1975, 60–61).

Esto que dice Jespersen es lo que sostiene en general el tradicionalmente llamado *pensamiento conceptualista*. Conocemos los referentes a través del concepto, se viene diciendo en el mundo occidental desde Aristóteles.

Tanto en el caso del planteamiento referencialista como en el caso del planteamiento conceptualista, que vienen a ser más o menos lo mismo al fin y al cabo, nos encontramos ante concepciones muy ingenuas acerca de la significación de las palabras, no solamente porque ninguna de las dos hipótesis explica cómo se produce esa representación en la mente del hablante, sino además porque tampoco nos explican cómo se convierte esa representación en conocimiento. Y es que, como señala el poeta Antonio Machado, que de representación de realidades mediante las palabras debía de saber algo, esta teoría de la percepción idiomática encierra dos problemas distintos: el problema de la representación de la realidad en sí misma y el problema de la conversión de esa representación en conciencia.

La palabra representación, que ha viciado toda la teoría del conocimiento, envuelve muchos equívocos —escribe nuestro autor siguiendo a su maestro Henri Bergson (1999)—. Las cosas están presentes en la conciencia o ausentes de ella. No es fácil probar, y nadie, en efecto, ha probado que estén representadas en la conciencia. Pero aunque concedamos que haya algo en la conciencia semejante a un espejo donde se reflejan imágenes más o menos parecidas a las cosas mismas, siempre debemos preguntar: ¿y cómo percibe la conciencia las imágenes de su propio espejo? Porque una imagen en un espejo plantea para su percepción igual problema que el objeto mismo. Claro que al espejo de la conciencia se le atribuye el poder milagroso de ser consciente, y se da por hecho que *una imagen en la conciencia es la conciencia de una imagen*. De este modo se esquiva el problema eterno, que plantea una evidencia de sentido común: el de la absoluta heterogeneidad entre los actos conscientes y su objeto (Machado 1972, 47–48).

Exactamente como dice nuestro poeta es: en la conciencia no hay copias, traducciones o representaciones de objetos, sino meras interpretaciones o formalizaciones de ellos, como vamos ver a continuación.

En contra del parecer de los realistas, sean del signo que sean, y más en consonancia con el pensamiento filosófico que arranca desde Kant, por lo menos, que nos dice que las categorías no son categorías de la realidad, sino categorías del entendimiento (Kant 1993, 67–91), se piensa hoy (pensamos todos en mayor o menor medida) que la relación entre la palabra y la cosa, entre la lengua y eso que llamamos tan a la ligera *la realidad,* no discurre de la cosa a la palabra: que no son las cosas las que se imponen (o, por lo menos, no se imponen primariamente) a las palabras; sino que discurre de las palabras a las cosas: que son las palabras las que imponen su ley a las cosas; que no es la cosa la que dota de significación a la palabra, sino que es la palabra la que hace existir a la cosa de una determinada manera; en fin, que no es la palabra la que representa la cosa, sino la cosa la que se parece en su estructura básica a la palabra. «Poéticamente (es decir, en forma de palabra creadora) habita/ el hombre en esta tierra» llegó a escribir el poeta Hölderlin en aquel de sus poemas que empieza con las palabras «Es un azul amable».[2] Y el hombre habita la tierra con la palabra, porque solamente a través de ella puede aquel conocer y discurrir de forma lógica. Es lo que se ha llamado tradicionalmente *pensamiento nominalista,* que, aunque no se encuentra ni mucho menos ausente del mundo antiguo (está presente en Platón,[3] por ejemplo), es en el mundo moderno donde más desarrollo ha llegado a alcanzar.

Así, como es de sobra sabido, para Humboldt (1990) y seguidores, como Sapir (1981) y Whorf (1956), por ejemplo, las lenguas humanas son visiones del mundo, prismas a través de los cuales ve el hombre la realidad que lo circunda. Martin Heidegger dice en su «Carta sobre el humanismo» (Heidegger 2000, 11) que la palabra es a un tiempo «la casa del ser y la morada de la esencia del hombre». Unamuno, que es hijo del pensamiento europeo moderno, pensaba que, para descubrir el sentido de las cosas, hay que desentrañar primero las palabras, pues «el nombrar es del existir la entraña» (Unamuno 1966, 394). Incluso un hombre tan apegado a la tierra como el biólogo evolutivo Faustino Cordón llegó a escribir que el hombre se distingue de los demás animales «por el hecho de que toda la experiencia que va consiguiendo de la realidad la organiza continuamente en pensamiento, en experiencia comunicable mediante la palabra a otros hombres. A la inversa, todo hombre adquiere la mayor parte de su experiencia en forma de palabra oral o escrita, esto es, organizada ya en pensamiento por otros hombres» (Cordón 1981, 13).

---

2 Martin Heidegger dedicó a este texto el artículo «...poéticamente habita el hombre...» (Heidegger 1994, 163–178).

3 Como se ha señalado siempre, la oposición realistas/ nominalistas aparece planteada desde el mismo «Cratilo», de Platón.

Pues bien, dando por supuesto que esto es así, que, como quieren estos nada insignificantes autores, es la palabra la que da forma a la realidad, la que crea el espacio en que nos movemos, el tiempo que vivimos y los fantasmas que habitan nuestra mente, es legítimo preguntarse cómo formaliza la lengua esa realidad; cómo llega el hablante al mundo de las cosas a través de la lengua; o cómo construye aquella mediante las palabras. Lo que nos lleva casi de la mano al crucial problema de la estructura semántica de la palabra. Porque, si la significación que poseen las palabras no procede de las cosas que estas designan en la realidad concreta del hablar, ¿de dónde procede entonces? Vamos a verlo de forma detallada en el caso de nuestros ejemplos *cantante*, *fogalera* y *destemplar*.

Primero: ¿cómo llegamos los hispanohablantes a esa realidad externa que los diccionarios al uso suelen definir como «persona que produce con la voz sonidos melodiosos» mediante la palabra *cantante* de combinaciones como *la cantante fue muy aplaudida*? Para empezar, es evidente que alcanzamos dicha realidad, no de forma directa o absoluta, sino de forma indirecta o relativa, a través del signo primario o raíz *cant-*, que presenta constante e invariablemente una significación básica que, para entendernos, podríamos parafrasear como 'manifestación sensorial que cautiva la atención', tanto en la forma *cantante* que nos ocupa como en las formas *canto, canción, cancionero, cantador, encantar*, etc., de su misma familia (Morera 2007b, 29–41), una significación invariante que se opone a la significación primaria que presentan las raíces de palabras como *artista, intérprete*, etc., con que también podríamos designar el mismo individuo, aunque significándolo de forma radicalmente distinta. En segundo lugar, es claro que llegamos a dicha realidad mediante la significación invariante que la gramática tradicional denomina «categoría verbal»: *cantar*, base de *cantante*, no presenta solamente la significación primaria 'manifestación sensorial que cautiva la atención', a secas, sino más exactamente 'manifestación sensorial que cautiva la atención-en proceso', o 'con tiempo interno', si se quiere, en oposición a *canto*, por ejemplo, que presenta la mencionada significación de base como 'objeto independiente', como ocupando un lugar estático (sin tiempo interno, por tanto) en la naturaleza, como diría don Andrés Bello (1981, 182), y no como proceso. En tercer lugar, con la palabra *cantante* llegamos a la realidad 'persona que produce con la voz sonidos melodiosos' mediante el signo primario *–ante*, que significa constante e invariablemente algo así como 'cursividad del proceso interno al sujeto', en oposición a los signos primarios *–ando* (*cantando*), que significa 'cursividad del proceso externo al sujeto', *–ista*, que significa 'apego activo al límite', *–or*, que significa 'abstracción no esencial activa', etc. (Morera 2005). Y, en cuarto lugar, con nuestra palabra *cantante* llegamos a la realidad 'persona que produce con la voz sonidos melodiosos' mediante la relación morfológica existente entre el citado verbo *cantar* y el mencionado sufijo *–ante*, que, de acuerdo con su significación invariante, presenta a aquel como 'proceso cursivo interno al sujeto', como adjetivo verbal, según ha dicho siempre la gramática tradicional.

Dicho de forma sintética, en el acto comunicativo que nos ocupa, los hispanohablantes llegamos a la realidad 'persona que produce con la voz sonidos melodiosos', no directamente, sino a través de la compleja o analítica estructura semántico-lingüística 'manifestación sensorial que cautiva la atención-en proceso-cursivo interno al sujeto', que es lo que significa constante e invariablemente la palabra derivada *cantante*, una estructura semántica constituida mediante determinados procedimientos léxicos, gramaticales y formales de la lengua española, y que es en teoría (no históricamente, obviamente) independiente de la realidad o experiencia del mundo externo, como pone de manifiesto la circunstancia de que pueda utilizarse y de hecho se utilice también para designar otras experiencias distintas, como 'que huele mal', 'que suena bien', etc., sin alterar lo más mínimo dicha significación inherente.

Pero, si la palabra *cantante* no significa otra cosa que 'manifestación sensorial que cautiva la atención-en proceso-cursivo interno al sujeto', ¿de dónde proceden entonces las nociones 'persona', 'voz', 'sonido', 'melodía', etc., que presenta dicha palabra en la frase que nos ocupa (*La cantante fue muy aplaudida*)? ¿Del sistema de la lengua española? No, sino de la referencia, del contexto, o del mundo designado. Se trata, por tanto, no de significados, sino de sentidos, de información meramente accidental o circunstancial.

Pasemos al caso de *fogalera*: ¿cómo llegamos los hispanocanarios a la realidad 'montón de materias combustibles encendidas que levantan mucha llama' a través de la palabra insular *fogalera* de combinaciones como *las fogaleras de San Juan*? Evidentemente, no de forma directa o absoluta, sino de forma indirecta o relativa. En primer lugar, hay que decir que los hispanocanarios llegamos a dicha realidad material mediante el signo primario *fog-* (variantes *foc-*, *fueg-*), que significa constante e invariablemente algo así como 'punto de irradiación', tanto en la forma *fogalera* que nos ocupa como en las formas *fuego, hogar, foco, enfocar, foguetear, desfogar, bifocal*, etc., de su misma familia, una significación invariante que se opone a la significación primaria que presentan las raíces de palabras como *incendio, quema*, etc., con que también podríamos designar la mencionada realidad, aunque, obviamente, significándola de forma radicalmente distinta. En segundo lugar, con la palabra *fogalera* se llega al referente 'montón de materias combustibles encendidas que levantan mucha llama' mediante la significación categorial nominal, que nos presenta dicha intuición semántica básica de 'punto de irradiación' como objeto independiente, como algo que ocupa estáticamente un lugar en la naturaleza, en oposición al **focar* (*fogar) de *enfocar, desfogar*, etc., por ejemplo, que la presenta como proceso, como fenómeno dinámico o desarrollándose en el tiempo. En tercer lugar, se llega a la realidad 'montón de materias combustibles encendidas que levantan mucha llama' mediante el signo primario *−al* (*fogal*), que significa constante e invariablemente algo así como 'expansión externa en todas las direcciones del espacio', en oposición a signos también primarios o sin significación categorial como *−ón*, que significa 'alcance brusco del límite', *−ito*, que significa 'que apenas alcanza el límite de forma definida', *−azo*, que significa 'proyección súbita hasta el límite', etc. En cuarto lugar, en el acto comunicativo mencionado, llegamos los hablantes insulares a la realidad que nos ocupa mediante una relación morfológica entre el nombre *foco* y el sufijo *−al*, que presenta su sustancia 'externamente expandida en todas las direcciones del espacio'. En quinto lugar, llegamos a dicha realidad empírica mediante el signo primario *−ero* (*fogaler-*), que significa constante e invariablemente algo así como 'ámbito activamente emanante', en oposición a otros signos sin significación primaria como los citados *−al, −ón, −azo*, etc. En sexto lugar, con la palabra *fogalera* llegamos los canarios a la realidad 'montón de materias combustibles encendidas que levantan mucha llama' mediante una nueva relación morfológica, ahora entre el nombre *fogal* y el sufijo *−ero*, que, de acuerdo con su significado, lo presenta como 'ámbito activamente emanante'. En séptimo lugar, con la palabra que nos ocupa se llega a la realidad mencionada mediante el signo *−a* (*fogalera*), que significa constante e invariablemente 'sustancialmente orientado hacia fuera', en oposición a *−o*, que significa constante e invariablemente 'sustancialmente orientado hacia dentro'. Por último, con la palabra *fogalera* llegamos los canarios a la realidad 'montón de materias combustibles encendidas que levantan mucha llama' mediante una relación morfológica entre el lexema nominal *fogaler-* y el sufijo *−a*, que, de acuerdo con su significación invariante, la presenta como 'sustancialmente orientado hacia fuera'. Tan importantes son en la palabra que nos ocupa los aportes semánticos 'expansión en todas las direcciones del espacio' del sufijo *−al* y 'ámbito activamente emanante' del sufijo *−ero*, que en ellos precisamente se basa la diferencia de intensidad y ámbito que existe entre ella y sus congéneres *fuego, fueguito, fogata, fogal* y *fogón*.

En síntesis: que los hablantes canarios solemos alcanzar esa realidad que llamamos 'montón de materias combustibles encendidas que levantan mucha llama', no directamente, sino mediatizados por la compleja o analítica estructura semántica 'punto de irradiación-como objeto independiente-externamente expandido en todas las direcciones del espacio-como ámbito activamente emanante-sustancialmente orientado hacia fuera', una estructura semántica unitaria no dada así por la lengua, sino construida por los hablantes insulares en la realidad concreta del hablar mediante determinados procedimientos léxicos, gramaticales y formales de la lengua española. Esta forma semántica es, en principio, absolutamente independiente de la experiencia externa, y, por tanto, puede usarse para designar cualquier cosa, como pone de manifiesto el hecho de que pueda emplearse también para referirnos a otras experiencias distintas, como 'calor muy sofocante', 'persona que se enfada fácilmente', 'pendencia, pelea', 'juerga', 'alegría', 'persona muy visitadora y alcahuete' y 'epidemia', según señalan los diccionarios de canarismos (Morera 2007a, s.v.), sin alterar lo más mínimo su significación invariante.

Pero, si es verdad que la forma *fogalera* lo único que significa constante e invariablemente es algo así como 'punto de irradiación-como objeto independiente-externamente expandido en todas las direcciones del espacio-como ámbito activamente emanante-sustancialmente orientado hacia fuera', ¿de dónde proceden las nociones 'materia', 'combustible', 'llama', 'calor', etc., que presenta dicha palabra en la frase que nos ocupa? ¿Del sistema de la lengua española? Evidentemente, no, sino de la referencia, del contexto o del mundo designado. Nos encontramos de nuevo, pues, no ante un significado, sino ante un sentido, una información meramente accidental o circunstancial, que no afecta para nada la identidad de *fogalera*.

Veamos, por último, al caso de *destemplar*. ¿Cómo llegamos los hispanohablantes a la realidad 'destruir la concordancia o armonía de los instrumentos musicales' a través de la palabra *destemplar* en combinaciones como *El calor destempló el violonchelo*? Evidentemente, no de forma inmediata, sino mediatizados por el lenguaje. En primer lugar, los hispanohablantes alcanzamos la realidad que describimos metalingüísticamente así a través del signo primario *templ-*, que significa constante e invariablemente 'puesta a punto', tanto en la forma *destemplar* que nos ocupa como en las formas *tiempo, temporal, temperamento, templero, temperatura, templanza*, etc., de su misma familia, una significación invariante que se opone a la significación invariante que presentan las raíces léxicas que sirven de base a palabras como *desafinar, desajustar*, etc., con que también podríamos designar dicha realidad, aunque significándola, obviamente, de forma distinta. En segundo lugar, llegamos a dicho referente a través de la significación categorial verbal, que nos presenta dicha intuición semántica sin forma existencial propia de 'puesta a punto' como proceso, como algo dinámico, en oposición a la forma *tiempo*, que la presenta como objeto independiente, como hecho estático. En tercer lugar, con el verbo *destemplar* de nuestro ejemplo llegamos a la realidad 'destruir la concordancia o armonía de los instrumentos musicales' mediante el signo *des-*, que significa constante e invariablemente algo así como 'movimiento o sentido de alejamiento extenso a partir del interior de un punto de referencia', o, mejor, 'punto de referencia como ámbito del que sale un movimiento de alejamiento extenso', en oposición a signos como *de*, que significa 'movimiento de alejamiento sin extensión a partir de un punto de referencia', *dis-*, que significa 'movimiento de alejamiento a partir de la aplicación', *ex-*, que significa 'movimiento de alejamiento a partir del interior de un punto de referencia', y *ab-*, que significa 'movimiento de alejamiento visto desde el término' (Morera 2013), y que no suelen aparecer en esta distribución. En cuarto lugar, por último, llegamos a la experiencia o fenómeno mencionado mediante una relación sintáctica de complementación indirecta entre el verbo *templar* y el prefijo *des-*, que presenta a dicho verbo en una relación de movimiento de alejamiento extenso a partir del interior de un punto de referencia, que es lo que, como hemos visto, ese prefijo significa.

En síntesis: que, en la frase que nos ocupa, los hablantes del español alcanzamos la realidad 'destruir la concordancia o armonía de los instrumentos musicales' no directamente, sino a través de la compleja o analítica estructura semántica 'puesta a punto-en proceso-situado en una relación de movimiento de alejamiento extenso a partir del interior de un punto de referencia', una estructura semántica no dada así por el sistema de la lengua, sino construida por los hablantes en la realidad concreta del hablar mediante determinados procedimientos léxicos, gramaticales y formales de la lengua española, que es en teoría independiente de cualquier realidad o experiencia externa y que, por tanto, puede usarse para designar cualquier cosa, como pone de manifiesto el hecho de que se emplee también para referirse a las experiencias 'enfermar', 'poner frío', 'perder el sabor', etc., sin alterar lo más mínimo su significación invariante.

Pero, si es verdad que la forma *destemplar* lo único que significa constante e invariablemente es la estructura semántica compleja 'puesta a punto-en proceso-situado en una relación de movimiento de alejamiento extenso a partir del interior de un punto de referencia', ¿de dónde proceden las nociones 'pérdida', 'armonía', 'instrumento musical', etc., que presenta dicha palabra en la frase que nos ocupa (*El calor destempló el violonchelo*)? ¿Del sistema de la lengua española? Evidentemente, no, sino de la referencia, del contexto o del mundo designado. De nuevo, por tanto, sentido, y no significado.

Los modestos análisis semántico-lingüísticos que acabamos de realizar de las palabras *cantante, fogalera* y *destemplar* ponen ya claramente de manifiesto varias cosas que avalan en mayor o menor medida la hipótesis nominalista de los autores citados.

En primer lugar, ponen claramente de manifiesto que, en efecto, la realidad que percibimos no es otra cosa que una construcción del verbo; que no es el objeto el que se impone al hombre, sino el hombre el que impone sus esquemas lingüísticos a la realidad, a ese «fluir universal de acontecimientos y procesos» que según la física moderna es el mundo (Bohm 1992, 31). Los contenidos referenciales 'persona que produce con la voz sonidos melodiosos', 'montón de materias combustibles encendidas que levantan mucha llama' y 'destruir la concordancia o armonía de los instrumentos musicales' de nuestros ejemplos no son otra cosa que meros accidentes en el existir de las significaciones invariantes 'manifestación sensorial que cautiva la atención-en proceso-cursivo interno al sujeto', 'foco de irradiación-como objeto independiente-externamente expandido en todas las direcciones del espacio-como ámbito activamente emanante-sustancialmente orientado hacia fuera' y 'puesta a punto-en proceso-situado en una relación de movimiento de alejamiento extenso a partir del interior de un punto de referencia' de las formas *cantante, fogalera* y *destemplar*, respectivamente. Dichos contenidos referenciales no existen, por tanto, de forma independiente, como realidades autónomas, sino que son meras orientaciones de sentido o sustanciación de las mencionadas estructuras mentales o idiomáticas. «El lenguaje es lo primero, y también lo último, que, con una seña dirigida a nosotros, nos lleva a la esencia de una cosa», dice Heidegger con toda la razón del mundo (Heidegger 1994, 165–166). Lo que existe de manera permanente son las formas (por eso se dice que son invariantes), en tanto que la sustancia, las cosas, las referencias, la realidad o como quiera llamárselas tienen una existencia circunstancial (por eso se dice que son variantes). La significación de la palabra no es el uso, como se viene diciendo en filosofía y en ciertas escuelas lingüísticas desde hace mucho tiempo, sino algo anterior a él.[4] «La materia de todo fenómeno —escribe Kant— nos viene dada únicamente *a posteriori*. Por el contrario, la forma del fenómeno debe estar complemente *a priori* dispuesta para el conjunto de las sensaciones en el psiquismo y debe, por ello mismo, ser susceptible de una consideración independiente de toda sensación» (Kant 1992, 66). Es claro, por tanto, que lo que crea no es la idea o el concepto, sino la significación invariante de la palabra. De ahí que pensara Unamuno que el trabajo del poeta no consiste en dar forma a la idea, sino en «encontrar idea tras la forma», crear conceptos o ideas a través de la significación invariante de los signos (Unamuno 1966, 169). Es precisamente

---

4 Estos planteamientos han sido puestos en solfa desde el mismo ámbito de la filosofía. Así, para John Searle, por ejemplo, «los filósofos lingüistas del período que estoy discutiendo no tenían una teoría general del lenguaje sobre la cual basar sus análisis conceptuales particulares. Lo que tenían en lugar de una teoría general era una puñado de *slogans*, el más prominente de los cuales era el *slogan* «El significado es el uso». Este *slogan* encarnaba la creencia de que el significado de una palabra no ha de encontrarse buscando alguna entidad mental asociada a ella en un reino introspectivo, ni buscando alguna entidad que represente, ya sea abstracta o concreta, mental o física, particular o general, sino más bien examinando cuidadosamente cómo se usa efectivamente la palabra en el lenguaje. [...]. Pero como un instrumento de análisis propiamente dicho, la noción de uso es tan vaga que, en parte, conduce a las confusiones que he estado intentando exponer» (Searle 2015, 151).

el hecho de que sea el hombre el que controla las cosas y no las cosas las que controlan al hombre lo que hace posible la libertad humana.

En segundo lugar, ponen claramente de manifiesto nuestros análisis de las formas *cantante, fogalera* y *destemplar* que las palabras no son en realidad unidades de las lenguas, elementos semánticamente simples, sino textos más o menos complejos, unidades de comunicación que construyen los hablantes en los actos lingüísticos concretos (Morera 2007c, 43–54). No se trata de signos sintéticos, sino de signos analíticos. La estructura de las lenguas naturales no se basa en la palabra, sino en el morfema, como sabemos desde hace tiempo.

En tercer lugar, ponen claramente de manifiesto que esos textos de sentido unitario que llamamos *palabras* se construyen concretamente con los procedimientos semántico-lingüísticos y formales de las lenguas naturales, procedimientos que pertenecen al menos a cuatro planos o niveles semánticos distintos:

a) Al plano o nivel de la significación primaria, que aporta la materia básica o punto de partida de la estructura de la palabra. Estas significaciones primarias o básicas son intuiciones semánticas sin forma existencial propia, de una enorme plasticidad, que presentan dos variantes radicalmente distintas: aa) Intuiciones semánticas primarias o básicas mostrativas, que significan la realidad de forma directa (es decir, constituyen la base de la designación); y ab) Intuiciones semánticas primarias o básicas descriptivas o léxicas, que significan la realidad de forma indirecta (es decir, constituyen la base de la denotación).

b) Al plano o nivel de la significación categorial, que proporciona una determinada forma existencial a la mencionada significación primaria o básica, dando lugar a las palabras primitivas de la gramática tradicional. Las palabras primitivas no son, pues, otra cosa que la asociación simultánea de una significación primaria (mostrativa o descriptiva) y una significación categorial. En las lenguas naturales no existen más que tres y solo tres moldes semántico-categoriales: el molde semántico-categorial nombre, que presenta la significación primaria como objeto independiente; el molde semántico categorial adjetivo, que presenta la significación primaria como 'rasgo simple del sustantivo'; y el molde semántico-categorial verbo, que presenta la significación primaria como 'proceso'. Precisamente por ello, percibimos los seres humanos la realidad clasificada en cosas, cualidades y acciones, como decía la vieja gramática de corte filosófico.

c) Al plano o nivel de la significación morfológica, que permite ampliar de forma continua la significación de los signos con determinación categorial mediante signos sin determinación categorial, dando lugar a las palabras derivadas de la gramática tradicional. Las palabras derivadas no son, pues, otra cosa que la asociación entre una palabra con determinación categorial, que actúa como núcleo, y un signo descriptivo sin significación categorial, que actúa como complemento de aquel, cuantificándolo interna o externamente. De esta manera exclusivamente cuantitativa, ampliamos de forma considerable (de tantas formas como complementos morfológicos haya) las posibilidades semánticas de las sustancias, las cualidades y las acciones o procesos dados por las palabras primitivas.

d)   Al plano o nivel de la significación sintáctica, que permite ampliar de forma discontinua la significación de los signos con determinación categorial mediante otros signos también con determinación categorial, dando lugar a las palabras compuestas (combinación de dos palabras especializada en un solo referente) y los sintagmas (combinación de dos palabras con referente propio) de la gramática tradicional. Las palabras compuestas no son, pues, otra cosa que la asociación de una palabra con determinación categorial (sustantivo, adjetivo o verbo), que actúa como núcleo, con otra palabra también con significación categorial (sustantivo, adjetivo o verbo), que actúa como complemento y que restringe (redenominándolo, añadiendo una nota semántica nueva, presentándolo como punto de partida de un proceso, presentándolo como término o principio de una relación, etc.) la extensión semántica del primero. De esta manera relacional ampliamos también de forma considerable (de tantas formas como funciones sintácticas haya) las posibilidades semánticas de las sustancias, las cualidades y las acciones o procesos dados por las palabras primitivas y las palabras derivadas (Morera 2007b, 29–54).

Las palabras con que organizamos la experiencia, la archivamos y nos comunicamos con nuestros semejantes no son realmente unidades léxicas en exclusiva, sino que poseen también una dosis importante de contenido gramatical. Precisamente por eso no tiene sentido hablar de palabras léxicas en las lenguas naturales. No hay palabras léxicas exclusivamente, sino palabras que tienen como base o punto de partida una significación primaria descriptiva o léxica y que pueden especializarse o no, como veremos después, en un sentido ideológico unitario: todo lo demás es gramática. Es más: lo que da verdaderamente forma a la palabra es la significación gramatical (categoría, complementación morfológica, complementación sintáctica, cuando la hay). Por eso, la división de la lengua en gramática y lexicología o diccionario, que se basa en el sentido de las palabras, no en sus constituyentes semánticos invariantes, ha sido siempre tan puesta en solfa por los lingüistas más acreditados. Los niveles del plano del contenido de las lenguas naturales no son gramática y léxico o diccionario, sino significación primaria, significación categorial, significación morfológica y significación sintáctica.

En cuarto lugar, ponen también claramente de manifiesto nuestros análisis de las formas *cantante, fogalera* y *destemplar* que la significación propia de una palabra, sea primitiva, derivada o compuesta, no tiene lógicamente nada que ver con la experiencia real o referencia, con el mundo externo a ella misma: *cantante, fogalera* y *destemplar* en sí mismas y por sí mismas no significan otra cosa que, como se señaló ya, 'manifestación sensorial que cautiva la atención-en proceso-cursivo interno al sujeto', 'punto de irradiación-como objeto independiente-externamente expandido en todas las direcciones del espacio-como emanación activa-sustancialmente orientado hacia fuera' y 'puesta a punto-en proceso-situado en una relación de movimiento de alejamiento extenso a partir del interior de un punto de referencia', respectivamente; significaciones que no tienen en principio absolutamente nada que ver con las cosas que designan o denotan en la realidad concreta del hablar. Dicho de otra manera: que la relación entre la palabra y la cosa designada es lógicamente arbitraria, más arbitraria que la relación entre el significante y el significado del signo lingüístico, como, por otra parte, había advertido ya Émile Benveniste en su *Problemas de lingüística general*: «Lo que es arbitrario es que tal signo, y no tal otro, sea aplicado a tal elemento de la realidad, y no a tal otro», nos viene a decir el perspicaz lingüista francés (Benveniste 1974b, 52). Ninguna palabra nace predestinada para expresar una determinada experiencia. La prueba más contundente de que las palabras no tienen en principio absolutamente nada que ver con la realidad la encontramos en la poesía, donde muchos elementos del lenguaje suelen emplearse de forma pura. Así el *cantar* de «En la luna negra de los bandoleros,/ *cantan* las espuelas», del «Romance de caballero», de Lorca, que carece de toda referencia concreta. Es lo que Barthes denomina *metáforas inoriginadas* (Barthes 1987, 90, nota), metáforas que carecen de base conceptual. Precisamente por eso, por estar libres de denotación más o menos concreta, se trata de usos lingüísticos de una gran potencia expresiva. En ellos, como escribe Óscar Wilde en su *El crítico como artista*,

> el arte se vuelve precisamente completo en belleza gracias a lo incompleto, y por eso no se dirige a la facultad del reconocimiento ni a la facultad de la razón, sino solo al sentido estético, el cual, si bien acepta la razón y el reconocimiento como etapas de la comprensión, subordina a ambos a una pura impresión sintética de la obra de arte como medio de añadir una unidad más rica a la propia impresión esencial. Ya ves, pues, cómo el crítico estético rechaza esos modos evidentes de arte que solo pueden transmitir un mensaje y que, después de haberlo transmitido, se tornan mudos y estériles, y buscan más bien los modos que sugieren ensueños y cavilaciones y con su imaginativa belleza hacen ciertas todas las interpretaciones y ninguna interpretación fundamental (Wilde 1968, 85).

Pero, aunque la significación de las palabras sea en principio absolutamente independiente del mundo de las cosas, no puede negarse que su función práctica más común es la de formalizar la experiencia y archivarla en la memoria. Como señala Frege, «en la poesía tienen las palabras evidentemente sentido tan solo, pero en la ciencia, y siempre que nos interesa la pregunta por la verdad, no nos contentamos únicamente con el sentido, sino que también asociamos una referencia a los nombres propios y términos conceptuales» (Frege 1984, 85). Eso precisamente es lo que sucede en el caso de las formas semánticas 'manifestación sensorial que cautiva la atención-en proceso-cursivo interno al sujeto', 'foco de irradiación-como objeto independiente-externamente expandido en todas las direcciones del espacio-como ámbito activamente emanante-sustancialmente orientado hacia fuera' y 'puesta a punto-en proceso-situado en una relación de movimiento de alejamiento extenso a partir del interior de un punto de referencia' de nuestros ejemplos *cantante*, *fogalera* y *destemplar*, que, como hemos visto, relacionan los hispanohablantes en la realidad concreta del hablar, entre otras, con las experiencias externas 'persona que produce con la voz sonidos melodiosos', 'montón de materias combustibles encendidas que levantan mucha llama' y 'destruir la concordancia o armonía de los instrumentos musicales', respectivamente. En esta relación externa entre palabra y cosa, la palabra pone la forma, el esqueleto de representación, el molde, podríamos decir, y la cosa o experiencia, la sustancia o materia. Lo que llamamos *realidad* no es, pues, otra cosa que sustancia o experiencia conformada lingüísticamente. No es, pues, la realidad la que crea la palabra, como cree el realismo más básico, sino la palabra -ese artefacto o texto tejido con los mimbres de la significación primaria, significación categorial, significación morfológica y significación sintáctica- la que crea u organiza la realidad, sea esta la que sea. «La lengua proporciona la configuración fundamental de las propiedades reconocidas por el espíritu a las cosas» (Benveniste 1974c, 70). Por eso, se suele decir, con razón, que todo estudio de la realidad debe empezar por el estudio de las palabras que le dan forma (Platón 1974, 551).[5]

Y, si realmente esto es así, si las palabras, que son en principio independientes de las cosas, son el instrumento que utilizamos los humanos para organizar la experiencia y archivarla en la memoria, no parece ocioso hacerse la pregunta siguiente: ¿de qué manera establece el hablante esta relación entre palabra y cosa?, ¿cómo lleva el hablante tal o cual palabra a tal o cual cosa o experiencia? Pues simplemente mediante esos elementos lingüísticos particulares que la gramática tradicional denomina *pronombres* o *determinantes*, que por significar de forma directa o designativa, nos permiten vincular los signos

---

5 Sócrates, por el contrario, pensaba que, para conocer la realidad, «no hay que partir de los nombres, sino que hay que aprender a investigar las cosas partiendo de ellas mismas, más bien que de los nombres» (Platón 1974, 551).

descriptivos con el mundo de las cosas. Por ejemplo, si los hispanohablantes relacionamos la palabra *cantante* con la realidad 'persona que produce con la voz sonidos melodiosos', es porque llevamos aquella hasta esta en los actos comunicativos concretos mediante alguna de las formas *la, esta, una*, etc., que la señalan directamente. Como es natural, estas relaciones lógicamente aleatorias que establecen los hablantes entre las palabras y las cosas pasan por dos etapas radicalmente distintas:

a) Etapa subjetiva, que es aquella en que la palabra se relaciona con la cosa de forma inédita. Es el caso del *canto* de la combinación «La mar con su *canto* eterno/ arrulla los corazones», que se entiende como 'rumor', o algo así, y que, por su carácter insólito, presenta una fuerza expresiva que no poseen palabras como *rumor, sonido*, etc., con que también podríamos designar dicha realidad. La palabra se entiende aquí como mera expresión subjetiva, figurada o poética de la cosa designada. Toda formalización de realidad empieza, como no puede ser de otra manera, por este tipo de usos. Por eso se ha dicho siempre que son los poetas (en el amplio sentido de la palabra (Alain 1952, 184–185)[6]: Dios sería también uno de ellos) los que hacen surgir el mundo a base de metáforas y metonimias de ese fluir eterno que es la realidad interna y externa al hombre. Precisamente porque el mundo es una creación del verbo de los poetas, nos definimos los seres humanos más en función de nombres como Cervantes, Shakespeare, Goethe o Dante que en función de ficticios linderos territoriales o políticos, como señala Rufino José Cuervo (1907, II–III).

b) Etapa objetiva, que es aquella en que la relación entre la palabra y la cosa se convierte en colectiva. La repetición o automatización de la relación que los hablantes concretos establecen entre determinadas palabras y determinadas cosas hace que estas se asocien o se fundan hasta tal punto con aquellas, que las mismas terminan transmutándose en su representante natural. Las palabras son aquí las cosas mismas. Es lo que los lingüistas suelen llamar *uso recto* de los signos, y que es el fundamento de la cultura, las convenciones sociales, la ciencia, la religión, la economía, etc. (Morera 2017). A las nociones de personas, animales y cosas asumidas de forma estable por las palabras en la realidad concreta del hablar es a lo que suele llamar la tradición lingüística *significado léxico*.

---

6 «Felizmente —escribe Alain— todos somos un poco artistas, y cada cual, desde el instante en que se le pregunta seriamente qué piensa, busca su sentimiento. «He aquí mi sentir» es la palabra de más fuerza porque quiere designar la idea que nace de nuestra naturaleza y que concuerda con nuestros movimientos más secretos» (Alain 1952, 184–185).

Esta independencia absoluta de la significación formal de la palabra respecto de la referencia o realidad, que constituye, como decimos, el fundamento verdadero de la libertad humana, tiene dos consecuencias inmediatas de una enorme importancia para el funcionamiento de las lenguas naturales:

En primer lugar, determina el importantísimo hecho de que una misma palabra pueda usarse y de hecho se use para designar cosas distintas, incluso antitéticas, sin alterar lo más mínimo su significación formal. Así la significación 'manifestación sensorial que cautiva la atención-en proceso-cursivo interno al sujeto' de *cantante*, además de denotar el concepto 'persona que produce con la voz sonidos melodiosos', se usa para denotar también, como se dijo más arriba, los conceptos 'que desprende mal olor', 'que suena bien', etc.; la significación 'punto de irradiación-como objeto independiente-externamente expandido en todas las direcciones del espacio-como ámbito activamente emanante-sustancialmente orientado hacia fuera' de la forma *fogalera*, además de denotar el concepto 'montón de materias combustibles encendidas que levantan mucha llama', se usa para denotar también los conceptos 'borrachera', 'indignación', 'barullo, pelea, gresca', etc.; y la significación 'puesta a punto-en proceso-situado en una relación de movimiento de alejamiento extenso a partir del interior de un punto de referencia' de la forma *destemplar*, además de denotar el concepto 'destruir la armonía de los instrumentos musicales', se usa para denotar también los conceptos 'enfriar', 'enfermar', etc. En realidad, con una misma palabra podemos designarlo todo. Borges vio perfectamente claro el asunto que nos ocupa cuando analiza el lenguaje de los yahoos, en su famoso relato *El informe de Brodie*. Según él, en el lenguaje de este pueblo imaginario

> cada palabra monosílaba corresponde a una idea general, que se define por el contexto o por los visajes. La palabra *nrz*, por ejemplo, sugiere la dispersión o las manchas; puede significar el cielo estrellado, un leopardo, una bandada de aves, la viruela, lo salpicado, el acto de desparramar o la fuga que sigue a la derrota. *Hrl*, en cambio, indica lo apretado o lo denso; puede significar la tribu, un tronco, una piedra, una montón de piedras, el hecho de apilarlas, el congreso de los cuatro hechiceros, la unión carnal y un bosque» (Borges 1980, 208–209).

Hablamos, obviamente, de lo que la tradición lingüística llama *polisemia* (Morera 2012, 431), que, como se ve, no es una propiedad del signo, sino una consecuencia pragmática, una consecuencia lógica de la independencia de que goza la palabra respecto de la realidad. No es que las palabras tengan significados distintos, sino que desarrollan orientaciones de sentidos distintas en la realidad concreta del hablar. La idea de que una misma palabra puede tener más de un significado repugna a la razón. Es lógico, sin embargo, que una misma forma semántica pueda designar cosas distintas, porque el código es limitado y la realidad infinita.

Y, en segundo lugar, determina el importantísimo hecho de que una misma experiencia o realidad pueda expresarse mediante palabras distintas, significándola obviamente de forma diferente. Así, como se dijo más arriba, la realidad 'persona que produce sonidos armónicos con la voz' puede expresarse en español mediante la palabra *cantante* y mediante las palabras *artista* e *intérprete*; la realidad 'materia combustible en llamas', mediante la forma *fogalera* y las formas *hoguera, incendio* y *quema*; y la realidad 'destruir la armonía de los instrumentos musicales', mediante la forma *destemplar* y la forma *desafinar*. Es lo que la semántica tradicional suele llamar *sinonimia* (Morera 2012, 432–433), que tampoco es una propiedad del signo, sino una consecuencia también lógica del hecho de que el significado de la palabra sea absolutamente independiente del mundo de las cosas. No se trata de que dos o más palabras coincidan en la misma significación, que tengan el mismo significado invariante, sino que coinciden en la referencia. Gracias a eso es posible la traducción. Desde este punto de vista, se puede decir que una lengua estará agotada cuando todas sus palabras confluyan en las mismas referencias, cuando se produzca la sinonimia total.

Y, si las cosas son como decimos, es evidente que el estudio riguroso de la significación de las palabras no puede pasar por alto ninguno de los constituyentes semánticos que hemos comentado.

En primer lugar, debe tener en cuenta la significación primaria que le sirve de base, una significación que, como vimos más arriba, es puramente intuitiva (es decir, que nada tiene que ver con los conceptos y los referentes) y que hay que buscar examinando todas las palabras que la contienen, eliminando lo que pertenece a cada una de ellas en particular y quedándonos con lo que tienen en común. Concretamente en el caso del *cant-* de *cantante*, 'manifestación sensorial que cautiva la atención', presente también en las formas *canción, cantija, cantinela, encantar...*; en el caso del *fog-* de *fogalera*, 'punto de irradiación', presente también en las formas *hogar, foco, fogaje, fuego, enfocar...*; y en el caso del *templ-* de *destemplar*, 'puesta a punto', presente también en las formas *tiempo, temperatura, temprano, temporero, temporizar, contemporizar, templero...* Como diría Kant, se trata «de apartar todo lo perteneciente a la sensación, a fin de quedarnos solo con la intuición pura y con la mera forma de los fenómenos, únicos elementos que puede suministrar la sensibilidad *a priori*» (Kant 1993, 67).

En segundo lugar, debe tener en cuenta la significación categorial, la significación que proporciona la forma particular de existir de esa significación primaria o básica. En nuestros ejemplos, verbo, que presenta las significaciones primarias 'manifestación sensorial que cautiva la atención' de *cant-* y 'puesta a punto' de *templ-* como 'proceso'; y nombre, que presenta la significación primaria 'punto de irradiación' de *fog-* como 'objeto independiente', como 'cosa que ocupa un lugar en el universo del discurso'.

En tercer lugar, cuando se trata de una palabra derivada, debe tener en cuenta la significación morfológica, una significación que, como sabemos, lo que hace es cuantificar de forma interna o externa la significación de los signos con categoría. En el caso de nuestros ejemplos, la significación primaria 'cursividad del proceso interna al nombre' de –*ante*, que, en *cantante*, presenta la significación 'manifestación sensorial que cautiva la atención–en proceso' de *cantar* como 'proceso cursivo interno al sujeto'; la significación primaria 'expansión externa en todas las direcciones del espacio' de –*al*, que, en la combinación *fogal*, presenta la significación 'punto de irradiación–como objeto independiente' de la forma *fuego* como 'externamente expandido en todas las direcciones del espacio'; la significación primaria 'ámbito activamente emanante', que, en la forma *fogalera*, presenta la significación 'punto de irradiación-como objeto independiente-externamente expandido en todas las direcciones del espacio como ámbito activamente emanante'; y la significación 'sustancialmente orientado hacia fuera' de la forma –*a*, que en la combinación *fogalera* presenta la significación 'punto de irradiación-como objeto independiente-externamente expandido en todas las direcciones del espacio-como ámbito activamente emanante' sustancialmente orientado hacia fuera.

En cuarto lugar, cuando se trata de una palabra compuesta, debe tener en cuenta la significación sintáctica, una significación que, como sabemos, nos amplía de forma discontinua la significación de los signos con categoría, situándolos en una determinada relación semántico–formal. En nuestro ejemplo, la significación 'punto de referencia como ámbito del que sale un movimiento extenso' del prefijo *des*-, que en la combinación *destemplar* presenta la significación 'puesta a punto-en proceso' del verbo *templar* situado en una relación de movimiento de alejamiento extenso a partir del interior de un punto de referencia.

Por último, todo estudio riguroso de las palabras debe tener en cuenta, por supuesto, las orientaciones de sentido que, según los contextos, los referentes, las creencias de los hablantes, sus intenciones, etc., desarrollan las formas semánticas de las palabras en la realidad concreta del hablar, en los textos concretos en que aparecen. En nuestros ejemplos: 'persona que produce sonidos armónicos con la voz', en el caso de la forma semántica 'manifestación sensorial que cautiva-en proceso-cursivo interno al sujeto' de *cantante*; 'montón de materias combustibles encendidas que levantan mucha llama', en el caso de la forma semántica 'punto de irradiación-como objeto independiente-externamente expandido en todas las direcciones del espacio-como ámbito activamente emanante-sustancialmente orientado hacia fuera' de *fogalera*; y 'destruir la armonía de los instrumentos musicales', en el caso de la forma semántica 'puesta a punto-en proceso-situado en una relación de movimiento de alejamiento extenso a partir del interior de un punto de referencia' de *destemplar*. Y, como se trata de sustancias que encarnan en las formas indicadas, tal vez fuera mejor definirla, no como 'persona que produce sonidos armónicos con la voz', 'montón de material combustibles encendidas que levantan mucha llama' y 'destruir la armonía de los instrumentos musicales', sino como 'persona que se manifiesta sensorialmente mediante sonidos armónicos cautivando la atención de otros', 'materia que irradia llamas' y 'hacer que los instrumentos musicales pierdan su puesta a punto', respectivamente.

En síntesis, que, desde nuestro particular punto de vista teórico, la descripción de la significación de las palabras, independientemente de cómo esta se encartuche o formalice, debe contener inexcusablemente la siguiente información lingüística y extralingüística: en el caso de las palabras primitivas: significación primaria, significación categorial y sentido contextual, si lo hay; en el caso de las palabras derivadas: significación primaria, significación categorial, significación morfológica y sentido contextual, si lo hay; y en el caso de las palabras compuestas, significación primaria, significación categorial, significación sintáctica y sentido contextual, si lo hay. Siempre hay que ir de las formas, que son siempre *a priori*, a las sustancias, que son *a posteriori*, como, según dice Kant, vimos más arriba. El estudio gramatical de las palabras, las oraciones y los textos no es una anacrónica pedantería, como suponen hoy determinadas corrientes pedagógicas bastante ignorantes de cómo funcionan realmente las lenguas naturales y la conciencia humana, sino una necesidad ineludible, si se quiere explicar exactamente cómo toman conciencia los seres humanos de la realidad.

¿Ha tenido en cuenta nuestra tradición lingüística estas distinciones fundamentales a la hora de analizar el significado de las palabras? En absoluto. Como es de sobra sabido, porque lo han demostrado sobradamente autores como Saussure (1976), Hjelmslev (1980), Benveniste (1974a), Coseriu (1981), Pottier (1968), Pagliaro (1983), etc., la inmensa mayoría de las escuelas que analizan el constituyente semántico de las lenguas naturales confunde el significado de los signos, lo que los signos son en sí mismos y por sí mismos, con las cosas que designan, o con las denotaciones que se han abstraído de ellas en la realidad concreta del hablar. Significación es para ellas designación o denotación, el componente del lenguaje más externo a la lengua, el menos propiamente idiomático. Así, el verbo *cantar*, por ejemplo, significa para la vieja lexicografía 'dicho de una persona, producir con la voz sonidos melodiosos, formando palabras o sin formarlas', 'dicho de animales, producir sonidos continuados y generalmente melodiosos', 'dicho de ciertos artefactos, sonar reiteradamente', 'dicho de ciertas partes del cuerpo, oler mal'...; para la semántica estructural, conceptos similares, aunque extraídos por oposición a los referentes de términos próximos como *hablar, recitar, berrear*, por ejemplo; para la teoría de valencias, un proceso de dos valencias o bivalente, etc. En definitiva, que la lexicografía se limita a describir el referente de dicha palabra de forma absoluta; la semántica estructural, de forma relativa; la teoría de valencias, en función del número y tipo de argumentos lógicos que presenta, etc.

De esta manera, ni se da cuenta de la significación formal de la palabra, de lo que la palabra tiene de propiamente lingüístico (lo que el maestro Saussure llama *langue* (Saussure 1976, 63–70)), que es el complejo formado por su significación primaria y su significación categorial, si se trata de una palabra primitiva, su significación primaria, su significación categorial y su significación morfológica, si se trata de una palabra derivada, y su significación primaria, su significación categorial y su significación sintáctica, si se trata de una palabra compuesta, ni se da cuenta en realidad del referente o cosa señalado (lo que el maestro Saussure llama *parole* (Saussure 1976, 63–70)); porque eso que llamamos referente, cosa o experiencia, que es lo que suelen definir los semantistas más convencionales, no es algo autónomo, sino que, como hemos visto, es una mera orientación de sentido bastante aleatoria y cambiante de contexto a contexto y de momento a momento de la significación idiomática que le da forma.

Bibliografía

Alain, *Veinte lecciones sobre las bellas artes*, Buenos Aires, Emecé, 1952.

Barthes, Roland, *El susurro del lenguaje. Más allá de la palabra y la escritura*, Barcelona, Paidós, 1987.

Bello, Andrés, *Gramática de la lengua castellana* (edición de Ramón Trujillo), Tenerife, Cabildo de Tenerife, 1981.

Benveniste, Émile, *Ojeada a la historia de la lingüística*, in: Benveniste, Émile, *Problemas de lingüística general*, Madrid, Siglo Veintiuno, 1974, 20–32 (= 1974a).

Benveniste, Émile, *Naturaleza del signo lingüístico*, in: Benveniste, Émile, *Problemas de lingüística general*, Madrid, Siglo Veintiuno, 1974, 49–55 (= 1974b).

Benveniste, Émile, *Categorías de pensamiento y categorías de lengua*, in: Benveniste, Émile, *Problemas de lingüística general*, Madrid, Siglo Veintiuno, 1974, 63–64 (= 1974c).

Bergson, Henri, *Ensayo sobre los datos inmediatos de la conciencia*, Salamanca, Hermeneia 45, 1999.

Bohm, David, *La totalidad y el orden implicado*, Barcelona, Kairós, 1992.

Borges, Jorge Luis, *El informe de Brodie*, in: Borges, Jorge Luis, *Narraciones* (edición de M. Ricardo Barnatán), Madrid, Cátedra, 1980, 203–210.

Cordón, Faustino, *La naturaleza del hombre a la luz de su origen biológico*, Barcelona, Anthropos, 1981.

Coseriu, Eugenio, *Lecciones de lingüística general*, Madrid, Gredos, 1981.

Cuervo, Rufino José, *Apuntaciones críticas sobre el lenguaje bogotano*, Bogotá, Instituto Caro y Cuervo, 1907.

Frege, Gottlob, *Estudios sobre semántica*, Barcelona, Ariel, 1984.

Heidegger, Martin, *Conferencias y artículos*, Barcelona, Serbal–Francesc Tàrrega, 1994.

Heidegger, Martin, *Carta sobre el humanismo* (traducción de Elena Cortés y Arturo Leyte), Madrid, Alianza, 2000.

Hjelmslev, Louis, *Principios de gramática general*, Madrid, Gredos, 1980.

Humboldt, Wilhem, *Sobre la diversidad de la estructura del lenguaje humano y su influencia sobre el desarrollo espiritual de la humanidad* (edición de Ana Agud), Barcelona, Anthropos, 1990.

Jespersen, Otto, *La filosofía de la gramática*, Barcelona, Anagrama, 1975.

Kant, Inmanuel, *Crítica de la razón pura*, Madrid, Alfaguara, 1993.

Machado, Antonio, *Juan de Mairena*, Madrid, Castalia, 1972.

Morera, Marcial, *La complementación morfológica en español. Ensayo de interpretación semántica*, Frankfurt, Lang, 2005.

Morera, Marcial, *Diccionario histórico-etimológico del habla canaria*, Puerto del Rosario, Cabildo de Fuerteventura, 2007 (= 2007a).

Morera, Marcial, *La gramática del léxico*, in: Morera, Marcial, *La gramática del léxico*, Badajoz, Abecedario, 2007, 29–41 (= 2007b).

Morera, Marcial, *La palabra como texto*, in: Morera, Marcial, *La gramática del léxico*, Badajoz, Abecedario, 2007, 43–54 (= 2007c).

Morera, Marcial, *Polisemia y sinonimia como hechos de discurso*, in: Marrero Henríquez, José Manuel, et al. (edd.), *La luz no interrumpida. Homenaje a Eugenio Padorno*, Madrid, Ediciones Clásicas, 2012, 427–434.

Morera, Marcial, *Las partículas de alejamiento españolas «de», «abs-», «ex-», «dis-», «des-» y «desde»: estructura semántica y campos de uso*, Lingüística Española Actual XXXV (2013), 41–86.

Morera, Marcial, *Cortesía, apodos e hipocorísticos en español. Fundamentos lingüísticos*, Madrid, Arco/Libros, S. L., 2017.

Pagliaro, Antonio, *A vida do sinal. Ensaios sobre a lingua e outros símbolos*, Lisboa, Fundação Calouste Gulbenkian, 1983.

Platón, *Obras Completas* (traducción del griego, preámbulo y notas por Francisco de P. Samaranch), Madrid, Aguilar, 1974.

Pottier, Bernard, *Lingüística moderna y filología hispánica*, Madrid, Gredos, 1968.

Sapir, Edward, *El lenguaje*, Madrid, Fondo de Cultura Económica, 1981.

Saussure, Ferdinand de, *Curso de lingüística general*, Buenos Aires, Losada, 1976.

Searle, John, *Actos de habla*, Madrid, Cátedra, 2015.

Unamuno, Miguel, *Cancionero. Diario poético*, in: Unamuno, Miguel, *Obras completas* IV, Madrid, Escelicer, 1966, 931–1424.

Wilde, Óscar, *El crítico como artista*, Madrid, Espasa Calpe, 1968.

Wittgenstein, Ludwig, *Tractatus Logico-Philosophicus*, Madrid, Alianza, 1975.

Whorf, Benjamin, *Language, thought and reality*, Cambridge, Massachusetts, MIT Press, 1956.

Parte II: **Semántica y cognición**

Juan Cuartero Otal
Dificultades para la distinción entre predicados télicos y atélicos

Abstract: Studies on aspectuality generally accept the basic difference between telic and atelic events. It is interesting, however, to observe that this agreement among authors is based on the non-critical repetition of a series of affirmations about the expected characteristics of predicates belonging to each of the classes and not on the careful and qualified application of procedures for analysis and the detailed analysis of an extensive and representative set of examples. In this paper, I intend to show that this distinction between telicity and atelicity is not as clear and evident as it is often purported.

Keywords: *Aktionsarten*, aspectuality, atelic verbs, telic verbs

1 Presentación

El estudio de la aspectualidad, es decir, de los modos en que las lenguas expresan informaciones sobre el desarrollo temporal de las situaciones, se halla estrechamente relacionado con la determinación de los límites temporales con los que se representan tales situaciones cuando son descritas por medio del lenguaje. Todos los modelos teóricos que se ocupan de la aspectualidad se fijan en primera instancia en los datos acerca de los límites de estas.[1] Sean cuales sean sus enfoques e hipótesis de trabajo, los autores están de acuerdo en una clasificación básica que se aplica a las *Aktionsarten* o modos de acción, ya sea de piezas léxicas como de enunciados. De hecho, las dos distinciones iniciales que se establecen se basan en diferenciar por un lado los estados, situaciones sin límites temporales claros y generalmente consideradas no dinámicas, frente a los eventos, situaciones con límites temporales y generalmente consideradas dinámicas. Por otro lado, entre los eventos, a su

---

[1] «The basic component of a theory of aspect is thus concerned with the modeling of the linguistic encoding of situations with respect to their boundaries» (Sasse 2002, 201).

Nota: Realizado con la ayuda del Proyecto de investigación COMBIDIGILEX (MINECO-FEDER FFI-2015-64476-P).

Juan Cuartero Otal, Universidad Pablo de Olavide
https://doi.org/10.1515/9783110637700-007

vez, se diferencian los télicos, que contienen un límite temporal inherente, el llamado *telos*, frente a los atélicos, cuyo límite temporal no es inherente sino arbitrario. Así, como vamos a ver, se entiende que cada evento télico contiene a su vez un subevento que marca un límite cuya consecución es necesaria para que se pueda afirmar que ese evento ha tenido lugar, mientras que los eventos atélicos no contienen ningún subevento que especifique un límite inherente y necesario, sino que tienen lugar hasta que el sujeto abandona su ejecución.

Menos claro es el uso de términos concretos para nombrar estas dos clases. En español podemos encontrar sobre todo tres pares diferentes: *télico / atélico, perfectivo / imperfectivo y delimitado / no delimitado.*[2] En este punto comienzan a entrar en juego las diferentes configuraciones de los modelos de trabajo y, según los componentes y los niveles de análisis que se prevean, se establecen o no distinciones claras entre unos y otros. Ha de tenerse en cuenta que, en lo que respecta a estas cuestiones terminológicas concretas, la bibliografía permite hallar diversos ejemplos de distintas combinaciones, libertades y confusiones. Posiblemente es más adecuado diferenciar con claridad los niveles y las unidades para las que se emplea cada uno de los pares:

- el par *télico / atélico* se emplea en este trabajo para hablar de las informaciones aspectuales relacionadas con aspecto léxico, de acuerdo con la denominación de Garey (1957, 106), mientras que
- el par *perfectivo / imperfectivo* es preferible por su larga tradición para referirse a los dos principales tipos de aspecto gramatical, y finalmente
- el par *delimitado / no delimitado* permite hacer referencia a las informaciones aspectuales tal y como aparecen en los enunciados, siguiendo por ejemplo la distinción que propone Depraetere (1995, 2–6).

2 Determinación de las unidades télicas

Los expertos aceptan de manera unánime la adecuación y la validez de esta dicotomía, que parte de una distinción teórica previa y se ha solido apoyar preponderantemente en la aplicación de dos pruebas concretas que permiten adscribirles a diferentes unidades lingüísticas los rasgos de telicidad o atelicidad.

---

2 En Dahl (1981, 80) se presentan hasta quince pares de términos diferentes que ya en aquellos años se podían encontrar en la bibliografía sobre el tema para referirse a ellas.

2.1 Los dos test clásicos de telicidad

2.1.1 Prueba de implicación

La primera prueba se basa en la observación de que el sentido de algunas construcciones, a saber, las atélicas, cuando se presentan en un enunciado en las formas verbales que indican aspecto gramatical imperfectivo, permiten la implicación del sentido de esa misma construcción con las formas perfectivas correspondientes. Por su parte, las otras construcciones, las télicas, no permiten esa implicación. La idea está ya en la clásica distinción aristotélica entre κίνησις 'movimiento' y ενέργεια 'acto':

> Se puede ver y haber visto; gustar y haber gustado; entender y haber entendido, pero no se puede aprender y haber aprendido una misma cosa y curar y haber curado una enfermedad. [...] De estos distintos modos llamaremos movimientos a los unos y actos a los otros (Aristóteles 1973, 1015).

Hallamos el mismo criterio planteado en el artículo clásico de Vendler (1957, 100), que lo propuso explícitamente como el parámetro que permite distinguir entre las *activities* y los *accomplishments*. La misma diferencia se presenta en Kenny (1963, 172s.) o en Garey (1957), que le dio su forma más citada:

> There might be two categories (or constructions) according to the answer you get for the following question: if one was *verb*ing, but was interrupted while *verb*ing, has one *verb*ed? (Si on *verb*ait mais a été interrompu tout en *verb*ant, est-ce qu'on a *verb*é?) Substitute the test verb where the formula was *verb: Si on se noyait...*, *Si on jouait au bridge...*, and so on (Garey 1957, 105).

2.1.2 Prueba de combinación

El segundo test se basa en la observación de las diferencias en las restricciones de combinabilidad de las construcciones en relación con dos tipos específicos de indicaciones temporales de duración:
- las del tipo *in X time* / *en X tiempo* subrayan el hecho de que una situación se prolonga hasta alcanzar ese *telos* que sirve de culminación, de modo que solo son compatibles con construcciones que describen situaciones télicas, mientras que
- las del tipo *for X time* / *durante X tiempo* indican simplemente que una situación se prolonga a lo largo de un periodo de tiempo sin aludir a un punto temporal de culminación, y por ello se combinan con naturalidad con construcciones que describen situaciones atélicas o bien —y ahí

tenemos una primera dificultad— convierten en no delimitadas algunas que están constituidas a partir de predicados que, en principio, son télicos.

Esa propuesta aparece aplicada de modo incipiente en Vendler (1957), que la presenta en términos de preguntas y respuestas variables:

> [T]he question *For how long did he push the cart?* is a significant one, while *How long did it take to push the cart?* sounds odd. On the other hand *How long did it take to draw the circle?* is the appropriate question, and *For how long did he draw the circle?* is somewhat queer. And, of course, the corresponding answers will be *He was pushing it for half an hour* and *It took him twenty seconds to draw the circle* or *He did it in twenty seconds* and not vice versa. Pushing a cart may go on for a time, but it does not take any definite time; the activity of drawing may also go on for a time, but it takes a certain time to draw a circle. (Vendler 1957, 100s).

También en el trabajo de Kenny (1963) aparece expuesta esta correlación de un modo algo más escueto:

> Performances are performed *in* a period of time; states and activities are prolonged *for* a period of time. We travel to Rome in three days, and stay there for three days; if we spend an hour in a successful search for the thimble, then we look for it for an hour and find it in an hour (Kenny 1963, 176).

2.1.3 Alcance de las dos pruebas

Ambos test cuentan incluso con la interesante ventaja de que se les puede atribuir alcance interlingüístico. Con ello se justifica además el trasvase de pruebas, análisis y clasificaciones de unas lenguas a otras y se favorece su aplicación desde una perspectiva contrastiva. Aun aceptando que conllevan ciertas dificultades, se utilizan como criterio objetivo y convencional que permite llevar a cabo la clasificación correspondiente a los tipos clásicos de *Aktionsarten*:

- Las *actividades* son el tipo característico de predicados atélicos, de modo que sus formas imperfectivas implican a las perfectivas, son compatibles con las indicaciones del tipo *durante X tiempo* y son incompatibles con *en X tiempo*:

(1) Si alguien está durmiendo, ¿ya ha dormido? – SÍ
     Alguien ha dormido *en diez minutos / durante diez minutos.

- Las *realizaciones* son télicas; por lo tanto, sus formas imperfectivas no permiten implicar a las perfectivas, son compatibles con las indicaciones del tipo *en X tiempo* y se puede considerar que resultan detelizadas o, más bien, que los enunciados se hacen no delimitados por la presencia de *durante X tiempo*[3]:

(2) Si alguien está escribiendo un libro, ¿ya lo ha escrito? – NO
Alguien ha escrito algo en diez minutos / #durante diez minutos.

– Los logros también son télicos; de ahí que sus formas imperfectivas no puedan implicar a las perfectivas y que sean compatibles con indicaciones *en X tiempo* e incompatibles con *durante X tiempo*:

(3) Si alguien está llegando a un lugar, ¿ya ha llegado? – NO
Alguien ha llegado a un lugar en diez minutos / *durante diez minutos.

3 Diagnósticos problemáticos

El análisis que acabamos de ver, en principio, permite una descripción clara, elegante y exhaustiva de los datos lingüísticos relacionados con los límites temporales de las situaciones. Al aplicarlo, no obstante, a otras construcciones distintas de las de los ejemplos que aparecen bajo (1–3), podemos observar que se obtienen muchos otros datos que perfilan un panorama y unos resultados bastante más complicados.

3.1 Los predicados de estado

Hay que señalar, para empezar, que ambas pruebas no son fácilmente aplicables a construcciones que describen estados y, sobre todo, que los estados de ningún modo se comportan de modo homogéneo con respecto a ellas:

(4a) Si alguien se está pareciendo a su padre, ¿ya se ha parecido a su padre? –
¿…?
Alguien se ha parecido a su padre *en diez minutos / ?durante diez minutos.

---

3 En Bertinetto (1997, 30) se introduce el término *detelizado* para referirse a «i.e. a situation in which the inherently telic predicate loses its disctintive feature (this is often referred to as the 'imperfective paradox')». Por otro lado, Albertuz (1995) y Cuartero Otal (2012) ofrecen argumentos para considerar que la lectura de *Alguien ha escrito algo durante diez minutos* no es necesariamente de un evento inacabado.

(4b) ??Si alguien está necesitando diez euros, ¿ya ha necesitado diez euros? – ¿...?

Alguien ha necesitado diez euros *en diez minutos / ?durante diez minutos.

(4c) ??Si alguien está teniendo sueño, ¿ya ha tenido sueño? – ¿...?

Alguien ha tenido sueño *en diez minutos / durante diez minutos.

En los casos (4b y c), la prueba de la implicación simplemente no se puede plantear y, en cualquier caso, no hay posibilidad de establecerla; por otro lado, algunos estados (4c) parecen más fácilmente combinables con la indicación *durante X tiempo* y todos resultan incompatibles[4] con *en X tiempo*.

Con respecto a los estados, se podría argumentar en la línea de la propuesta de Smith que no son ni télicos ni atélicos: «[T]he feature [± Telic] is irrelevant to situations with the property [+Static]» (Smith 1991, 20). Se puede aceptar así que su naturaleza peculiar se relaciona con la extrañeza que produce la prueba de la implicación con las formas imperfectivas y que su comportamiento con respecto a las indicaciones temporales atélicas simplemente es variable, como se observa en los contrastes entre (4a–c). Ya que contrastan tanto con los comportamientos característicos de los otros tipos de construcciones que hemos revisado, esta podría ser una argumentación plausible.

3.2 Eventos puntuales

Las construcciones que presentan *semelfactivos* o *eventos puntuales*, es decir, situaciones estrictamente instantáneas, cumplen la implicación que caracteriza a las situaciones atélicas. Es más, al igual que los procesos, solo resultan compatibles con las indicaciones temporales del tipo *durante X tiempo*, las cuales, si son posibles, fuerzan una lectura necesariamente iterativa (y durativa):

(5a) Si alguien está chocando con alguien, ¿ya ha chocado? – SÍ.

Alguien choca con alguien *en diez minutos / ?durante diez minutos.

---

4 Cuidado con la evaluación de esta combinación: *en X tiempo* puede equivaler tanto a *al cabo de X tiempo* y señalar un punto temporal como a *ha empleado X tiempo para + INF* o *le ha costado X tiempo + INF* y señalar la duración del evento. Esa última es la lectura que nos interesa para este trabajo.

(5b) Si algo está explotando, ¿ya ha explotado? – SÍ.
Algo explota *en diez minutos / ?durante diez minutos.

(5b) Si alguien está pulsando un botón, ¿ya lo ha pulsado? – SÍ.
Alguien pulsa un botón *en diez minutos / durante diez minutos.

Al aplicar exhaustivamente la caracterización mediante los rasgos [±estativo], [±durativo] y [±télico], Smith (1991, 29s) propuso que los semelfactivos han de ser atélicos. Xiao y McEnery presentaron, no obstante, un buen argumento en contra de esa interpretación:

> Smith does not think instantaneous situations like semelfactives have a natural final end-point. However, this is arguable, as if semelfactives have no natural final endpoint, how can they produce iterative readings? A punctual situation [...] is conceived of as having no inherent duration, 'not even duration of a very short period' (Comrie 1976, 42), hence its initial endpoint overlaps with its final endpoint [...] (Xiao/McEnery 2004, 336).

La argumentación resulta muy convincente, pero resulta más complejo comprender y justificar que los eventos puntuales, pese a su evidente instantaneidad, deban presentar un comportamiento tan (imprevisiblemente) similar al de los procesos.

3.3 Más datos inesperados

Aun si obviáramos algunas dificultades para su aplicación y algunos resultados imprevisibles como los que acabamos de ver, la validez empírica de las dos pruebas que he presentado debe confrontarse con otra evidencia aún más decisiva: su aplicación simultánea no siempre permite diferenciar con claridad predicados de carácter télico frente a otros de carácter atélico.

Como hemos visto, es posible hallar ejemplos, como los de (1–3), cuyo comportamiento se corresponde exactamente con el esperado para esas pruebas; incluso también se podría aceptar que existen clases con características no claramente télicas o atélicas, a saber, los estados y los eventos puntuales (4 y 5), que presentan comportamientos específicos y hasta cierto punto previsibles. No obstante, tan pronto como se intenten aplicar los mismos test a un conjunto más amplio de enunciados, nos vamos a encontrar con numerosas y complicadas paradojas.

Los ejemplos que tenemos a continuación bajo (6) son de predicados performativos (6b y 6c) y de cambio de posición (6a). De acuerdo con los datos que hemos ido revisando previamente, se comportan como las construcciones télicas según el test de implicación, pero como las atélicas según su combinatoria con indicaciones temporales: son difícilmente compatibles con *en X tiempo* pero se combinan sin complicaciones con *durante X tiempo*.

(6a) Si alguien se está sentando en una silla, ¿ya se ha sentado? – NO.
Alguien se ha sentado en una silla *en diez minutos / durante diez minutos.

(6b) Si alguien está contratando a alguien, ¿ya lo ha contratado? – NO.
Alguien ha contratado a alguien ?en diez minutos / durante seis meses.

(6c) Si alguien está desterrando a alguien de un lugar, ¿ya lo ha desterrado? – NO.
Alguien ha desterrado a alguien de un lugar *en diez minutos / durante seis meses.

Resulta importante matizar el hecho de que en estos tres ejemplos *durante X tiempo* no indica la duración de los eventos en sí sino la del estado resultativo correspondiente al que se ha dado lugar: el de estar sentado, el de estar contratado o el de estar desterrado (cf. Cuartero Otal 2009). Roca Pons, en su poco conocida monografía sobre perífrasis (Roca Pons 1958, 32), menciona de hecho el carácter peculiar y la naturaleza momentánea de los predicados performativos. La imposibilidad de la combinatoria con *en X tiempo* se justifica por el hecho de que en los tres casos se trata de predicados pertenecientes a la clase de los eventos puntuales, tal y como sucede también con los casos de (5), pero ello no permite explicar el comportamiento con la prueba de la implicación, que contrasta con los resultados de (5).

Por otra parte, los ejemplos de (7) muestran construcciones télicas de acuerdo con el test de implicación y que, sin embargo, no presentan restricciones combinatorias en relación con las indicaciones temporales *en X tiempo* y *durante X tiempo*:

(7a) Si alguien está contando una historia, ¿ya la ha contado? – NO.
Alguien ha contado una historia en diez minutos / durante diez minutos.

(7b) Si alguien está cocinando un postre, ¿ya lo ha cocinado? – NO.
Alguien ha cocinado un postre en diez minutos / durante diez minutos.

(7b) Si alguien se está duchando, ¿ya se ha duchado? – NO.
Alguien se ha duchado en diez minutos / durante diez minutos.

En estos dos casos, el tipo de indicación temporal *durante diez minutos* no tiene influencia en el carácter aspectual del enunciado: no parece aceptable argumentar que un enunciado como *Alguien ha contado una historia durante diez minutos* da lugar incuestionablemente a una lectura como evento interrumpido, es decir, en la que el sujeto no ha logrado concluir su relato al cabo de esos diez minutos (cf. Albertuz 1995; Cuartero Otal 2012). Esa argumentación se ve más claramente a la luz de los otros ejemplos, ya que no es de esperar que haya grandes diferencias en el resultado alcanzado después de cocinar algo o ducharse en diez o durante diez minutos. El carácter especial de estos predicados que son compatibles con ambos tipos de indicación ya fue reconocido por autores como Lys/Mommer (1986, 218 y ss.), que los denominaron *UCP verbs* (*Unspecified Culmination Point*):

> UCP verbs represent a situation type which includes a durative nucleus but is unspecified for culmination point. Examples of UCP verbs are *melt, sink,* and *wash* (Lys/Mommer 1986, 221).

Aunque casi nunca se ha tratado en los estudios, sí hay algunos otros autores que se han fijado en esta clase de eventos: se han llamado también *proc-acco verbs* en Mori/Löbner/Micha (1992) o *eventos transicionales* en Havu (1997, 184–186), que también los considera una modalidad de acción a caballo entre la telicidad y la atelicidad y justifica su carácter específico por su combinabilidad.

En contraste, los ejemplos de (8) y (9) presentan con el primer test el comportamiento esperado de una construcción atélica, mientras que con el segundo no muestran restricciones combinatorias:

(8a) Si alguien está afilando un cuchillo, ¿ya lo ha afilado? – SÍ.
   Alguien ha afilado un cuchillo en diez minutos / durante diez minutos.

(8b) Si alguien está observando algo, ¿ya lo ha observado? – SÍ.
   Alguien ha observado algo en diez minutos / durante diez minutos.

(9a) Si alguien está huyendo de la justicia, ¿ya ha huido? – SÍ.
   Alguien ha huido de la justicia en diez minutos / durante diez minutos.

(9b) Si alguien está dominando algo, ¿ya lo ha dominado? – SÍ.
   Alguien ha dominado algo en diez minutos / durante diez minutos.

Se hace necesario recalcar que la mera compatibilidad entre predicados y adverbios no debe ser el único factor a tener en cuenta para valorar la contribución semántica de las dos indicaciones durativas, ya que es aún más importante observar ciertos contrastes relevantes, que se ejemplifican en los comportamientos de (8) y (9):

– Por un lado, los ejemplos de (8), que son átelicos de acuerdo con el resultado de la prueba de implicación, se combinan, no obstante, con ambos complementos de duración y, al igual que se observa en (7), ambos indican igualmente la duración del evento, sin dar lugar a diferentes lecturas: el cuchillo queda afilado tanto si se hace en diez como durante diez minutos y el objeto es igualmente observado en diez como durante diez minutos. Se podría considerar que son un tipo de los *UCP verbs* o bien un tipo específico de actividades, como se argumentó en Cuartero Otal (2012).

– Por otro lado, con los predicados de (9), que también son átelicos según la prueba de implicación, las dos indicaciones producen efectos distintos para la interpretación de los enunciados: *en diez minutos* indica el tiempo transcurrido hasta alcanzar un telos (exactamente como se espera de un típico enunciado télico), pero *durante diez minutos* indica el tiempo que se prolonga la situación producida tras haber sido alcanzado ese telos.

Aún hay más datos que contribuyen a complicar el panorama que estamos analizando, ya que al igual que hay casos en los que es dudoso aceptar la combinabilidad de un complemento de duración con algunos predicados, como sucede con los que hemos visto en (6a–c), hallamos predicados que son compatibles con la perífrasis progresiva sin que resulte definitivamente claro cuál es el significado aspectual que esta les aporta, de modo que es difícil evaluar con claridad el resultado de la prueba de implicación. Ese es un fenómeno muy interesante, que aún está pendiente de revisar:

(10a) Si alguien está perdonando a alguien, ¿lo ha perdonado ya? – ¿. . .?
Alguien perdona a alguien ??en diez minutos / ??durante diez minutos.

(10b) Si alguien está aceptando algo, ¿lo ha aceptado ya? – ¿. . .?
Alguien acepta algo ??en diez minutos / durante diez minutos.

(11a) Si alguien se está cayendo, ¿se ha caído ya? – ¿. . .?
Alguien se cae ??en diez minutos / durante diez minutos.

(11b) Si alguien se está asomando a algo, ¿se ha asomado ya? – ¿. . .?
Alguien se asoma a algo ??en diez minutos / durante diez minutos.

(11c) Si alguien está comprendiendo algo, ¿lo ha comprendido ya? – ¿. . .?
Alguien comprende algo en diez minutos / *durante diez minutos.

Obsérvese, por un lado, que los ejemplos de (10) no permiten ofrecer una respuesta clara al test de implicación, mientras que la dificultad con los de (11) es que resultan inesperadamente ambiguos: la misma construcción *Antón está comprendiendo el texto* se puede interpretar como que Antón comienza a comprender ese texto pero igualmente se puede entender que ya lo está comprendiendo. Y obsérvese, por otro lado, que todos esos enunciados se comportan de modo verdaderamente muy distinto con respecto a la combinación con las dos indicaciones de duración.

4 Unas conclusiones solamente parciales

A la vista de los datos que acabamos de revisar, resulta acertado considerar que, al contrario de lo que se ha solido pensar, la aplicación de estos dos test clásicos en realidad no permite determinar con respecto a los enunciados una característica tempo-aspectual ni única ni común.

La primera consecuencia que se deriva de ello es que las dos pruebas tampoco permiten establecer dos clases claramente disjuntas de eventos: los télicos en oposición a los atélicos. Desde el punto de vista metodológico, otra consecuencia es la necesidad de plantearse dónde se halla el origen del problema, es decir, si resulta que las dos pruebas no diagnostican la mera [±telicidad] sino dos o más rasgos semánticos distintos y separables o bien si resulta que las clases de eventos son más numerosas y más complejas de lo que pensaba Aristóteles. Una tercera alternativa más plausible es que puede tratarse de las dos cosas al mismo tiempo.

Se puede considerar probado que, si tomamos como criterio la aplicación de ambos test para comprobar las características de los límites temporales de los eventos, se van a establecer muchas más de dos clases: a las télica y atélica (mostradas en 2.1.3) se les suman, para empezar, dos ya conocidas, la estativa (en 3.1) y la de los eventos puntuales (en 3.2). Ello sin perjuicio de que todavía se puedan o se deban determinar algunas más, como se desprende sin duda de los numerosos datos (en 3.3) que se han mostrado con todos los ejemplos bajo (6–11).

Para terminar con esta cuestión, vale la pena introducir una observación de interés para nuestro trabajo: en la monografía de Vetters (1996) se llega a la conclusión de que, dado que los resultados de los análisis acerca de aspecto y *Aktionsart* pueden resultar verdaderamente inesperados, es preferible no partir de los test —que no sirven para demostrar lo que se pretendía—, sino justamente de una *definición semántica o conceptual* de la categoría que se está analizando:

> Cette définition sera indépendante des résultats d'application des tests formels. Ceux-ci n'auront pas de valeur définitoire mais seulement un valeur de support: [. . .] [cela] implique tout de suite prévoir le cas où un element appartient à une catégorie mais ne se comporte pas comme les autres membres de la catégorie (Vetters 1996, 96).

Si se asume, pues, la enorme dificultad de buscar evidencias en la imprevisible combinatoria común de los elementos lingüísticos, la hipótesis nos conduce al siguiente apartado de este trabajo, donde se van a revisar tres definiciones de las unidades télicas.

5 Definiciones de las unidades télicas

5.1 Las tres caracterizaciones de telicidad

En la bibliografía especializada, los autores han ofrecido hasta tres caracterizaciones concretas del fenómeno de la telicidad, basadas en la determinación de ciertas propiedades ontológicas:

1) La ejecución de un evento télico, como ya planteaba Aristóteles, necesariamente tiende hacia un *telos*, un punto temporal concreto más allá del cual no puede continuar. Esa es la tradición que retomaron autores como Garey (1957, 106) o el influyente Vendler:

> Thus we see that while running or pushing a cart has no set terminal point, running a mile and drawing a circle do have a «climax,» which has to be reached if the action is to be what it is claimed to be (Garey 1957, 100).

También Comrie (1976, 44) insistió en el mismo sentido. Finalmente, Smith (1991) la combinó con otra posible caracterización de la telicidad:

> Accomplishments have successive stages in which the process advances to its natural final endpoint. *They result in a new state.* When a process with a natural final endpoint reaches its outcome, the event is completed and cannot continue (Smith 1991, 26).

2) La ejecución de un evento télico da lugar a un estado resultante; de hecho, el evento llega a su término en el momento en que se verifica este estado. Esa era justamente la caracterización que proponía Kenny (1963):

Performances [= Accomplishments + Achievements] are brought to an end by states. Any performance is describable in the form: 'bringing it about that p' (Kenny 1963, 177).

Esa también era la propuesta aceptada en el trabajo de Dowty (1979, 168–170), que incluso llamó en general a todos los verbos télicos «cambios de estado» –las realizaciones son para él *complex changes of state* y los logros son *single changes of state* (Dowty 1979, 179)–. Igualmente, en el trabajo de Smith (1991), heredera de la mayor parte de las ideas de Dowty acerca de las *Aktionsarten*, se caracterizan también así (Smith 1991, 42). Michaelis (1998) define los eventos télicos como:

Events having goal states, like *reaching the summit* or *reading a book*, are typically termed telic situations (see Dahl 1981) (Michaelis 1998, 17).

3) Un evento télico contiene un argumento interno que sufre un cambio de estado que «determina» la extensión temporal del evento. Dowty (1991) habla de una nueva categoría que recibe el nombre de *incremental theme*:

The meaning of a telic predicate is a homomorphism from its (structured) theme argument denotations into a (structured) domain of events (Dowty 1991, 567).

De modo similar, Tenny (1992, 5) indica:

The direct internal argument of a verb of change «measures out» over time the event described by the verb (Tenny 1992, 5).

Propuestas similares con otras etiquetas para la categoría son las del *gradual patient* de Krifka (1992), el *odometer* de Verkuyl (1993) o el *sp-binding* de Jackendoff (1996).

Evidentemente, debe esperarse que la telicidad sea justo el fenómeno que nos permite englobar esas tres caracterizaciones y también que las tres resulten complementarias. Como hemos visto que sucedía con las pruebas de determinación, con muchos ejemplos de predicados télicos, de hecho, funciona perfectamente[5]:

(12a) Pablo escribió una carta.

(12b) Pablo se comió un sándwich.

(12c) Pablo pintó la casa.

---

5 Son versiones en español de algunos de los predicados que Dowty (1991, 568) propuso como ejemplos con *tema incremental*.

Nos encontramos ante tres eventos en cuya realización están implicados objetos que van cambiando de estado gradualmente hasta que alcanzan un punto de no retorno: la carta ya está escrita, el sandwich ya está comido y la casa ya está pintada. Nos encontramos pues ante tres ejemplos evidentes de enunciados télicos.

5.2 Más casos problemáticos

De nuevo, solo nos hace falta alejarnos de los predicados que se suelen usar como ejemplos para evidenciar que nuevamente se encuentran numerosos casos que se diferencian mucho de las descripciones que se han solido aplicar. Así pues podemos determinar predicados:

1) que no tienen tema incremental y, sin embargo, dan lugar a un estado resultante y tienden a un punto final concreto:

(13a) Puso el libro en el cajón – El libro está (puesto) en el cajón

(13b) Perdonó al acusado – El acusado está perdonado;

2) que tienen un tema incremental y dan lugar a un estado resultante pero no tienden a un punto final concreto:

(14a) Afiló el cuchillo – El cuchillo está afilado

(14b) Cepilló la chaqueta – La chaqueta está cepillada;

3) que tienen un tema incremental y tienden a un punto final concreto pero no dan lugar a un estado resultante:

(15a) Interpretó un aria – #El aria está interpretada

(15b) Declamó un poema – #El poema está declamado[6];

4) que dan lugar a un estado resultante pero ni tienen un tema incremental ni tienden a un punto final concreto:

---

6 La lectura de estos dos enunciados no es resultativa sino más bien progresiva: *El aria está siendo interpretada* y *El poema está siendo declamado*. Obsérvese además que con un enunciado perfectivo (*Interpretó un aria – Declamó un poema*) no se implica un estado resultado presente.

(16a) Vigiló la puerta – La puerta estuvo vigilada

(16b) Se sentó en mi silla – Estuvo sentado en mi silla;

5)   que tienen un tema incremental pero ni tienden a un punto final concreto ni dan lugar a un estado resultante:

(17a) Corrió cien metros – *Cien metros están corridos

(17b) Recorrió la sala – *La sala está recorrida;

6)   que tienden a un punto final concreto pero ni tienen un tema incremental ni dan lugar a un estado resultante:

(18a) Chocó contra el árbol – *Está chocado

(18b) La bomba explotó – *Está explotada.

Por lo que respecta al español, parece evidente pues que las tres caracterizaciones que he presentado en el apartado previo describen tres fenómenos que, si bien a veces pueden coincidir en un predicado como se ve en los ejemplos de (12), en realidad son perfectamente independientes y se observan por separado en algunos enunciados. Por lo tanto, estas caracterizaciones, al igual que sucedía con las pruebas de implicación y combinación, tampoco nos permiten definir una clase de eventos télicos que resulte de la presencia de una o varias características uniformes y precisas.

6 Más conclusiones solamente parciales

Con los datos que acabamos de ver, queda claro que las definiciones también son adecuadas solo para un conjunto muy restringido de ejemplos y de nuevo resulta evidente que no hay buenas razones para aceptar que mediante estas definiciones de telicidad se esté dando cuenta de las propiedades aspectuales que, vamos a decirlo así, permitan caracterizar (al menos) las realizaciones y los logros. Ello resulta patente desde el momento en que la aplicación ideal y conjunta de esas tres caracterizaciones estaría dejando fuera de esta clase algunos predicados tan evidentemente télicos como los de los ejemplos (13) y (15), algunos que en la bibliografía se suelen considerar télicos, como (17a), y otros que, en realidad, no deberían considerarse atélicos, como son los eventos semelfactivos que aparecen en (18). No resulta aconsejable tratar de escoger una sola de las caracterizaciones como más adecuada que las demás, ya que cualquiera de ellas por sí sola excluiría elementos de adscripción evidente e incluiría elementos difícilmente considerables télicos.

En cualquier caso, sí se puede afirmar que los ejemplos que se han ido mostrando a lo largo de este trabajo permiten matizar no pocas de las ideas que con frecuencia aparecen repetidas en los trabajos que se ocupan de la cuestión de la telicidad y la atelicidad:

(a) Un predicado eventivo ha de ser *necesariamente* o télico o atélico: como hemos tenido ocasión de ver en los ejemplos de (7) y (8), parece que hay no pocos predicados que no están determinados como télicos o atélicos. Incluso los semelfactivos de (5) no resultan claros representantes de esa atelicidad que algunos autores les han atribuido.

(b) El *telos* es un subevento *necesariamente* final: por el contrario, hay *telos* que al ser alcanzados dan lugar a un subevento posterior como sucede, sin ir más lejos, en (9) y en (11) y no a un punto final más allá del cual parece que la acción no puede continuar. Hay por lo tanto estructuras subeventivas que contienen un *telos* que es el punto temporal que marca una transición entre dos estadios distintos.

(c) Un *telos* va *necesariamente* seguido de un estado resultante: como acabamos de ver, hay *telos* que no dan lugar a estados, sino a eventos resultantes. Por otro lado, con los ejemplos de (15), (17) y (18) se comprueba que hay puntos temporales que indican una culminación pero no dan lugar a ningún estado.

(d) Un estado resultante es *necesariamente* posterior a la realización de un evento: como se observa en (15) y (16), hay estados resultantes que solo se producen simultáneamente a la ejecución del evento que da lugar a ellos.

(e) La presencia de ciertos argumentos determina *necesariamente* la información aspectual: la mera existencia de predicados como los de (7) y (8), al parecer no marcados con respecto a la telicidad, ya deja claro que de ningún modo puede darse una relación causa-efecto entre la presencia de un tema incremental y la telicidad, es decir, que se trata de dos nociones claramente independientes.

Si se demuestra que no funcionan las herramientas y los procedimientos con los que los especialistas han estado analizando el rasgo [±télico] en los eventos y los enunciados, se abren dos posibilidades de continuar nuestra labor: a) ensayar nuevos procedimientos de caracterización aplicándolos a un número representativo de predicados y b) revisar el alcance empírico y los límites que muestran los procedimientos vistos en este trabajo para aplicarlos con otros criterios y otras finalidades. Aun así, ambas posibilidades no se excluyen, es más, ofrecen un vasto y prometedor campo de trabajo.

El fenómeno de la telicidad, una de las piedras angulares del análisis de la información tempo-aspectual, resulta por lo visto más enrevesado y escurridizo de lo que nos habíamos podido imaginar. Tal vez es hora de dejar de hacer exégesis y justificaciones: los desarrollos del estudio de la aspectualidad suelen tener más de teoría sobre la teoría que de análisis y revisión de datos empíricos extraídos de corpus. Ello se refleja en los numerosos datos novedosos que se van a encontrar al realizar un acercamiento reposado y minucioso a un corpus de verbos más o menos amplio.

Bibliografía

Albertuz, Francisco J., *En torno a la fundamentación lingüística de la* Aktionsart, Verba 22 (1995), 285–337.

Aristóteles, *Obras*, traducción y edición de F. Samaranch, Madrid, Aguilar, 1973.

Bertinetto, Pier Marco, *Il dominio tempo-aspettuale. Demarcazioni, intersezioni, contrasti*, Torino, Rosenberg & Sellier, 1997.

Comrie, Bernard, *Aspect. An introduction to the study of verbal aspect and related problems*, Cambridge, Cambridge University Press, 1976.

Cuartero Otal, Juan, *Clases aspectuales de verbos de desplazamiento en español*, Verba 36 (2009), 255–291.

Cuartero Otal, Juan, *¿Diversas formas de leer y escribir? Un acercamiento a sus* aktionsarten, in: Bellosta von Colbe, Valeriano/García García, Marco (edd.), *Aspectualidad – transitividad – referencialidad: las lenguas románicas en contraste*, Frankfurt, Lang, 2012, 15–40.

Dahl, Östen, *On the definition of the telic-atelic (bounded-nonbounded) distinction*, in: Tedeschi, Philip/Zaenen, Annie (edd.), *Tense and aspect*, New York City, Academic Press, 1981, 79–90.

Depraetere, Ilse, *On the necessity of distinguishing between (un)boundedness and (a)telicity*, Linguistics and Philosophy 18 (1995), 1–19.

Dowty, David, *Word meaning and Montague grammar*, Dordrecht, Kluwer, 1979.

Dowty, David, *Thematic proto-roles and argument selection*, Language 67:3 (1991), 547–619.

Garey, Howard B, *Verbal aspects in French*, Language 33:2 (1957), 91–110.

Havu, Jukka, *La constitución temporal del sintagma verbal en el español moderno*, Helsinki, Academia Scientiarum Fennica, 1997.

Jackendoff, Ray, *The proper treatment of measuring out, telicity, and perhaps even quantification in English*, Natural Language and Linguistic Theory 14 (1996), 305–354.

Kenny, Anthony, *Action, emotion and will*, London, Routledge and Kegan, 1963.

Krifka, Manfred, *Thematic relations as links between nominal reference and temporal constitution*, in: Sag, Ivan A./Szabolcski, Anna (edd.), *Lexical matters*, Stanford, CSLI, 1992, 29–54.

Lys, Franziska/Mommer, Kerri, *The problem of aspectual verb classification: a two-level approach*, in: Farley Ann M./Farley, Peter T./McCullough, Karl-Erik (edd.), Chicago Linguistic Society, *CLS* 22 (Papers from the general session at the 22th regional meeting Chicago linguistic society), 1986, 216–230.

Michaelis, Laura, *Aspectual grammar and past-time reference*, London, Routledge, 1998.

Mori, Yoshiki/Löbner, Sebastian/Micha, Katharina), *Aspektuelle Verbklassen im Japanischen*, Zeitschrift für Sprachwissenschaft 11:2 (1992), 216–279.

Roca Pons, José, *Estudios sobre perífrasis verbales del español*, Madrid, CSIC, 1958.

Sasse, Hans-Jürgen, *Recent activity in the theory of aspect: Farley Ann M./Farley, Peter T./ McCullough, Karl-Erik (edd.), Chicago, Chicago Linguistic Society, CLS 22, Accomplishments, achievements, or just non-progressive state?*, Linguistic Typology 6:2 (2002), 199–271.

Smith, Carlota S., *The parameter of aspect*, Dordrecht, Kluwer, 1991.

Tenny, Carol, *The aspectual interface hypothesis*, in: Sag, Ivan A./Szabolcski, Anna (edd.), *Lexical matters*, Stanford, CSLI, 1992, 1–27.

Vendler, Zeno, *Verbs and times,* in: Vendler, Zeno, *Linguistics and Philosophy*, Ithaca, Cornell University Press, 1957 [1967], 97–121.

Verkuyl, Henk, *A theory of aspectuality. The interaction between temporal and atemporal structure*, Cambridge, Cambridge University Press, 1993.

Vetters, Carl, *Temps, aspect et narration*, Amsterdam/Atlanta, Rodopi, 1996.

Xiao, Zhonghua/McEnery, Anthony, *Situation aspect: a two-level approach*, Cahiers Chronos 13 (2005), 185–200.

Sarah Dessì Schmid

Un modelo onomasiológico y cognitivo para el análisis de la aspectualidad en las lenguas románicas

Abstract: In traditional studies on aspectuality, a very rigorous distinction is usually made between the verbal categories of grammatical and lexical aspect (*Aktionsart*). Both categories codify information on the internal temporal structure of events. Thus, in the strict sense, aspect is considered an obligatory grammatical (morphosyntactic) verbal category, which, consequently, must be expressed in all languages whose verbal system allows it. Lexical aspect is, instead, a purely lexical, and therefore optional, verbal category and it does not present such restraints in individual languages. Such a «bidimensional» perspective – one widely spread in linguistics and even more so in Romance linguistics (among many others, Bertinetto 1986; Smith 1991; Squartini 1998) – contrasts with a less frequent «monodimensional» approach (De Miguel 1999; Verkuyl 1972; 1993). The latter is based on the deeper semantic unit of what is considered as grammatical or lexical aspect in terms of a linguistic analysis of individual languages. This paper presents a critical comparative analysis of the bidimensional and monodimensional approaches. Afterwards, an alternative analysis of aspectuality will be introduced by means of a new monodimensional model which has an onomasiological background and is based on frame semantics (see Dessì Schmid 2014). This model allows to rethink some of the previously mentioned problems in an innovative way. The analysis will focus on Spanish examples, although it will also take into account some data from other Romance languages.

Keywords: aspectuality, grammatical and lexical aspect, *Aktionsart*, frame semantics, onomasiology, monodimensionality

1 Introducción

Tradicionalmente, la investigación aspectológica ha estudiado el aspecto verbal en las lenguas románicas partiendo de una perspectiva semasiológica y, con pocas excepciones (entre otros Bertinetto et al. 1995; Coseriu 1976; Squartini 1998), centrándose en una sola lengua histórico-natural.

Sarah Dessì Schmid, Universität Tübingen

https://doi.org/10.1515/9783110637700-008

El presente trabajo toma distancia de tal concepción y plantea, desde una perspectiva onomasiológica, un nuevo modelo teórico para el análisis de la categoría semántico-conceptual general de la aspectualidad que se aleja de la distinción tradicional entre aspecto gramatical y léxico. Si bien en esta contribución se mostrará esencialmente su aplicación al análisis del español, el modelo se podría utilizar para el estudio de cualquier lengua histórico-natural. La onomasiología que se defiende aquí es, sin embargo, una onomasiología controlada semasiológicamente (cf. Koch 2003), de modo que queda excluida toda forma de universalismo ingenuo o de relativismo lingüístico radical.

La elección de una onomasiología así concebida, al igual que la de un modelo que, desde el punto de vista teórico, se inserta en el ámbito de la semántica cognitiva —y que, específicamente, propone una elaboración particular de la teoría de marcos (cf. Fillmore 1975; 1977; 1985; Minsky 1975)—, parece, en efecto, particularmente adecuada para la investigación comparatística y tipológica, que necesita un *tertium comparationis* apropiado. Un enfoque de este tipo resulta, por tanto, especialmente fértil para la «romanística» en su sentido más pleno, esto es, el de disciplina comparatística *per antonomasiam*.

Si bien por razones de espacio no es posible hacer más que una breve presentación del modelo desarrollado (para una visión más detallada, véase Dessì Schmid 2014) y de su aplicación a una pequeña selección de ejemplos, esto resultará suficiente para esbozar una idea de las ventajas que ofrece para el análisis de la aspectualidad.

El trabajo está articulado en dos partes: en la primera se hará una breve reseña de las dos líneas principales de la investigación aspectológica y en la segunda se presentará el modelo elaborado, mostrando su aplicación a algunos ejemplos.

2 Enfoques bidimensionales y monodimensionales en la investigación aspectológica

El tiempo, el aspecto y la *Aktionsart* han sido considerados tradicionalmente como categorías que codifican la estructuración temporal de los estados de cosas. Mientras que en el caso del tiempo se trata de una categoría temporal *externa*, esto es, deíctica —a través del tiempo, un estado de cosas es localizado gramaticalmente en el eje temporal—, el aspecto y la *Aktionsart*, en cuanto categorías temporales definitorias, codifican *internamente* la estructuración temporal propia de un estado de cosas, independientemente de cualquier referencia al momento de la enunciación:

However, although both aspect and tense are concerned with time, they are concerned with time in very different ways. As noted above, tense is a deictic category, i.e. locates situations in time, usually with reference to the present moment, though also with reference to other situations. Aspect is not concerned with relating the time of the situation to any other time-point, but rather with the internal temporal constituency of the one situation; one could state the difference as one between situation-internal time (aspect) and situation-external time (tense) (Comrie 1976, 5).

Tanto el aspecto como la *Aktionsart* se consideran categorías aspectuales; sin embargo, mientras que el aspecto, al igual que el tiempo, codifica gramaticalmente los contenidos aspectuales —mediante marcas flexivas o construcciones morfosintácticas—, la *Aktionsart* los codifica léxicamente, es decir, a través del significado vinculado al lexema verbal.

En cuanto a la necesidad de distinguir entre aspecto gramatical y léxico, la investigación aspectológica presenta dos corrientes que sostienen posiciones antitéticas (cf. al respecto Sasse 2002; Squartini 1990), tal como se verá a continuación.

Por un lado, los defensores de los denominados «enfoques bidimensionales» (cf. entre muchos otros, Bache 1982; 1995a; 1995b; Bertinetto 1986; 1994; Depraetere 1995; Ehrich 1992; Smith 1991; Squartini 1990; 1998) plantean, desde diversas perspectivas teóricas y con mayor o menor vehemencia, una distinción nítida entre las dos categorías aspectuales, concentrándose, en particular, en su diversa naturaleza semántica.

Tres parecen ser los problemas centrales de los enfoques bidimensionales que para el análisis de las lenguas románicas resultan particularmente relevantes:

1. El primer problema se relaciona con la dificultad de explicar las afinidades semánticas y los vínculos diacrónicos —cuya existencia es, en ambos casos, evidente— entre la categoría de aspecto gramatical y léxico.

2. El segundo problema concierne a la falta de adecuación de los modelos bidimensionales para llevar a cabo análisis comparatísticos o tipológicos: las categorías lingüísticas definidas semasiológicamente, a partir de una única lengua histórico-natural, son *per definitionem* incomparables. El caso del aspecto es ejemplar: en cuanto categoría morfosintáctica verbal, es considerado como de expresión obligatoria en las lenguas en las que está previsto morfosintácticamente[1] y como inexpresable en las que no lo prevén.[2]

---

1 En ruso, p. ej., al igual que en los tiempos del pasado de las lenguas románicas, el aspecto es codificado morfosintácticamente.

2 En alemán, p. ej., si bien el aspecto no se manifiesta morfosintácticamente, se pueden codificar igualmente, a través de otros medios (léxicos), los contenidos aspectuales expresados en ruso y en los tiempos del pasado de las lenguas románicas.

3. El tercer problema se relaciona con las dificultades que plantean tales enfoques a la hora de analizar las perífrasis verbales —formas que, como es bien sabido, desempeñan un papel central en la expresión de los contenidos aspectuales en las lenguas románicas—. Concretamente, resulta problemática su atribución al aspecto o a la *Aktionsart*, es decir, a la expresión gramatical o léxica de los contenidos aspectuales. En efecto, las perífrasis verbales pueden mostrar un grado mayor o menor de gramaticalización, tal como se puede observar en los siguientes ejemplos, donde (1) muestra un grado de gramaticalización muy alto frente a (4) y (5), en los cuales se conserva gran parte del significado léxico del auxiliar (cf. Heine 1993):

(1) Clara está [Pres. Ind.] hablando de los hombres de su vida. [*estar* + Ger.]

(2) Juan anda [Pres. Ind.] pensando en cómo arreglar el problema. [*andar* + Ger.]

(3) Julia acaba [Pres. Ind.] de tomar un helado. [*acabar de* + Inf.]

(4) Leo termina [Pres. Ind.] de hacer los deberes en una hora. [*terminar de* + Inf.]

(5) Empieza [Pres. Ind.] a leer el libro. [*empezar a* + Inf.]

Por su parte, los defensores de los enfoques denominados «monodimensionales» consideran el ámbito aspectual como semánticamente homogéneo —entre los análisis de tipo monodimensional se encuentran trabajos de orientación tanto funcional como formal (cf. Comrie 1976; Verkuyl 1972; 1993, respectivamente), si bien en el ámbito de la romanística son muy poco numerosos (excepción hecha de De Miguel 1999)—. Dichos enfoques atribuyen el aspecto gramatical y léxico a una categoría semántica más general que los subsume: la aspectualidad.

Las críticas más sustanciales efectuadas a los enfoques monodimensionales se podrían sintetizar del siguiente modo:
1. En primer lugar, se reprocha la escasez de rigor teórico que supondría la confusión —tanto terminológica como conceptual— de ámbitos correspondientes a las dos categorías aspectuales: en concreto, la identificación de parejas de conceptos del tipo 'télico/atélico', por un lado, y 'perfectivo/imperfectivo', por otro. En otros términos, se ocultan diferencias ligadas a niveles de lengua y a ámbitos conceptuales y categoriales diferentes.

2. En segundo lugar, se subraya la incapacidad de este tipo de enfoques para elaborar análisis precisos y detallados de los hechos de lengua. Dado que los enfoques monodimensionales se basan en un conjunto muy limitado de primitivos semánticos muy abstractos, se aduce que solo pueden ofrecer clasificaciones bastas (no granulares) que dejarían desatendidos e inexplicados los matices más sutiles de los fenómenos lingüísticos.

Ahora bien, si se acepta el hecho de que es poco riguroso desde el punto de vista teórico confundir entre sí los conceptos correspondientes a las categorías de aspecto gramatical y léxico definidas semasiológicamente, habría que preguntarse asimismo en términos más generales si es efectivamente necesario asumir la realidad de dos categorías diferentes que luego deberían reunificarse o conciliarse de alguna manera, aun cuando desde el punto de vista semántico-cognitivo no presentan ninguna diferencia entre sí.

3 Un nuevo modelo para el análisis del dominio aspectual

3.1 Fundamentos teóricos y presentación del modelo

El modelo que se presentará a continuación se basa, como se ha anticipado más arriba, en una concepción monodimensional de la aspectualidad que retoma una idea central de la tipología funcional: «From a cognitive point of view, aspect and aktionsart [...] are actually one and the same thing» (Sasse 1991, 32).

Por *aspectualidad* se entiende, entonces, aquella categoría semántica general a través de la cual los hablantes codifican lingüísticamente el desarrollo y la distribución temporal de un estado de cosas. La aspectualidad se relaciona, pues, con el conjunto de informaciones que se refieren a la estructuración temporal interna —no deíctica, es decir, independiente del momento de la enunciación— de un estado de cosas (cf. Dessì Schmid 2014, 79).

Si se observa el esquema presentado por Elena De Miguel en su artículo dedicado al aspecto léxico (tabla 1), se puede ver que la clasificación que propone de las formas a través de las cuales se expresa la aspectualidad en español es también de tipo monodimensional: la autora distingue la categoría de contenido general —entendida como semánticamente homogénea—, que se expresa en el nivel verbal y oracional, de sus manifestaciones concretas en cada lengua histórica. Dichas manifestaciones pueden ser, de nuevo, categorías léxicas o

Tabla 1: Aspectualidad, adaptada gráficamente de De Miguel (1999, 2993).

Aspectualidad	verbal	oposición de formas de un mismo verbo (oposición imperfecto/ perfecto simple)	aspecto flexivo
		afijos derivativos (*re-*)	aspecto léxico
		oposición de las clases aspectuales de verbos («modos de acción»: *viajar, llegar*)	
		ciertas combinaciones de verbos (modos de acción analíticos: perífrasis verbales)	aspecto léxico-sintáctico
	oracional	marcas léxicas y funcionales (adverbios, negación)	
		características gramaticales de los participantes del evento (función semántica y sintáctica, número, determinación, cuantificación)	

gramaticales, denominadas, respectivamente, *aspecto léxico* y *aspecto flexivo* o *aspecto* en un sentido estrecho.[3]

De todas maneras, la autora no se puede detener en la aspectualidad en sentido amplio, tal como ella misma la entiende, porque su investigación se focaliza específicamente en el aspecto léxico.[4] De Miguel es plenamente consciente de la problematicidad que entraña la delimitación que establece en su artículo e incluso se refiere a ella de manera explícita:

> Pese a todo, parece conveniente mantener el término de «aspecto léxico», por tradición, por comodidad y por atender a su especificación original — la que lo distingue del aspecto flexivo (en cuanto que manifestación morfológica productiva y regular) y del tiempo (como categoría también con realización morfológica productiva y regular que no

---

3 Junto a estas dos subcategorías, De Miguel distingue también, apoyándose en la estructuración de la aspectualidad desarrollada por Maslov (1978, 21), un aspecto léxico-sintáctico. Esto permite, por un lado, incluir en la clasificación construcciones más complejas e «híbridas», como las perífrasis verbales, y, por otro, definir los elementos adverbiales no solo léxicamente, sino también considerando sus propiedades sintácticas.
4 Tampoco hay que olvidar que el artículo de De Miguel aparece en la misma gramática, unas pocas páginas después, que el de Rojo y Veiga, dedicado a las relaciones temporales en el sistema verbal español, y en él la existencia del aspecto gramatical se niega explícitamente.

toma en cuenta el significado de la base verbal). Así se hace por lo general, a pesar de que este *modus operandi* pueda resultar paradójico o inadecuado si no se concibe el término como una mera etiqueta que recubre un concepto más abarcador (De Miguel 1999, 2987).

Ahora bien, el modelo que se presentará aquí se desarrolla precisamente a partir de estas consideraciones. Comparte, pues, el enfoque monodimensional — onomasiológico— que les sirve de sustento, pero va más allá al proponer una nueva clasificación de los componentes de la aspectualidad.

Para sustraerse a las críticas bidimensionalistas arriba presentadas, es necesario, por un lado, recurrir a una nueva categorización y consecuentemente a una nueva terminología, y, por otro, demostrar que también un enfoque monodimensional puede alcanzar un alto grado de precisión en el análisis.

Pero antes de continuar con la exposición del modelo, es necesario especificar el estatus semiótico, el estatus lingüístico-teórico de la aspectualidad concebida en los términos propuestos: en cuanto categoría conceptual, la aspectualidad no se circunscribe a los límites de una lengua histórico-natural, sino que más bien podría ubicarse en el nivel universal del lenguaje (cf. Coseriu [2]1981); es decir, se trata de un contenido abstracto que se manifiesta de manera muy diferente en las diversas lenguas, y la semántica de las distintas lenguas remite al nivel histórico del lenguaje —donde se encuentran, justamente, el aspecto gramatical y léxico—.

La compleja estructuración aspectual de un estado de cosas resulta de la interacción de los contenidos aspectuales vehiculados por diferentes elementos en la unidad de la frase. Dichos elementos se distribuyen en todos los niveles de organización del lenguaje —desde los más típicamente léxicos hasta los más típicamente gramaticales— e interactúan entre ellos:

> It is precisely in «the linguistic tradition in the first half of this century», [...] that aspectologists have become conscious of the fact that a pure morphosyntactic approach to aspect falls short of recognising the importance of the interaction between the organisation of the verbal lexicon and the aspect markers and/or aspectual interpretation cues operating on the morphosyntactic level (Sasse 2002, 220).

Entre estos elementos se encuentran algunas formas y estructuras que expresan *directamente* la aspectualidad, y otras que no lo hacen, pero *interactúan* con la información aspectual. La tabla 2 presenta una visión panorámica de estos elementos: los diversos contenidos semánticos presentes en los lexemas verbales, los argumentos del verbo, los morfemas flexivos y derivativos, las perífrasis verbales, las locuciones adverbiales, los cuantificadores, la negación, el orden de palabras, etc.

Tabla 2: Modos de expresión de la aspectualidad.

Formas y estructuras que expresan información aspectual	(raíz del) verbo argumentos (del verbo) marcas morfológicas (flexivas y derivativas) marcas morfosintácticas (perífrasis verbales) complementos adverbiales . . .
Formas y estructuras que interactúan con la información aspectual	núcleos vinculados a los argumentos marcas morfológicas (p. ej., temporales, modales . . .) complementos adverbiales cuantificadores negación orden de palabras . . .

La comparación entre los ejemplos (6)–(8), perfectamente equivalentes en su valor aspectual, muestra de manera clara cómo cada lengua tiene a disposición y utiliza medios diferentes para expresar las posibles combinaciones de informaciones aspectuales, las cuales son comparables en el nivel semántico universal: mientras que en italiano (6) un elemento adverbial —*appena*— se combina con una forma como el *passato prossimo* —constituida por el presente del auxiliar *avere* y el participio pasado del verbo *mangiare*—, en francés (7) se usa una perífrasis verbal que une el presente del auxiliar *venir* y la preposición *de* con el infinitivo *manger*, y, por último, el español (8) se sirve de una perífrasis aún menos gramaticalizada que une el presente indicativo de *acabar* y la preposición *de* con el infinitivo *comer*:

(6) it. Ho appena mangiato.

(7) fr. Je viens de manger.

(8) es. Acabo de comer.

El modelo parte de la hipótesis de que la aspectualidad de un estado de cosas se articula como un marco, es decir, como configuración (*Gestalt*) de la percepción y de la conceptualización, como forma fundamental del conocimiento humano para la estructuración y organización de la realidad y de la experiencia que se basa en el principio asociativo de la contigüidad (Fillmore 1975; 1977; 1985; Minsky 1975). En relación con los marcos en términos generales es preciso considerar:

- que las facultades perceptivas y categorizadoras de los seres humanos perciben conceptos, partes de conceptos y categorías que se combinan e interactúan entre sí y que, de este modo, se almacenan en la memoria;
- que si, por un lado, el marco se forma justamente a partir de la combinación de sus subcomponentes, que están conectados entre sí, por otro lado,
  cada subcomponente adquiere su configuración (*Gestalt*) solamente dentro
  del marco y en relación con su fondo.

Como tales, los marcos son estructuras caracterizadas por el *principio de supra-
sumatividad* y por la articulación figura-fondo entre los elementos que las constituyen, los cuales guardan entre sí una relación de contigüidad conceptual. En
concreto, se pueden observar dos tipos de efecto figura-fondo (que no son sino
cambios de perspectivización, de focalización de la atención con respecto al
marco): 1) el cambio de focalización entre dos elementos constitutivos del
marco; 2) el cambio de focalización entre uno de sus elementos constitutivos y
el marco en su conjunto, como se puede observar en el siguiente esquema (respectivamente, en las figuras 1 y 2:

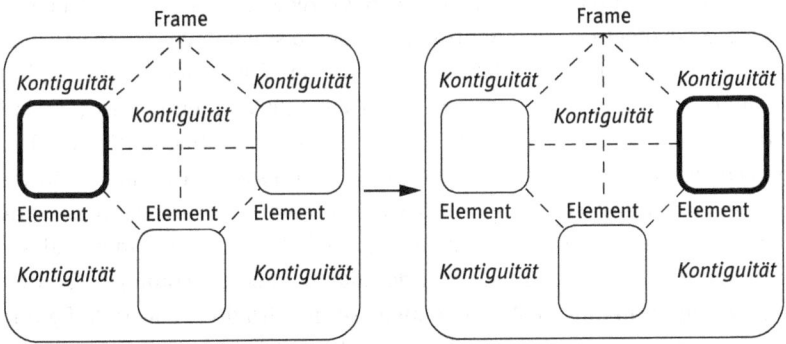

Figura 1: Figura-fondo I, modificada según Koch (2012, 267), apud Dessì Schmid (2014, 75).

En la estructuración aspectual de los estados de cosas, es posible reconocer relaciones de contigüidad temporal —antes/después, parte/todo— que manifies-
tan diferentes constelaciones de la articulación figura-fondo —esto es,
diferentes perspectivizaciones— y representan, en este sentido, verdaderos
marcos —si bien de un tipo sumamente abstracto—.

No se trata, en efecto, de marcos constituidos por una suerte de sustancia
particular de nuestra experiencia y conocimiento del mundo —como los que se
describen típicamente en los análisis de semántica cognitiva, del tipo COMER EN

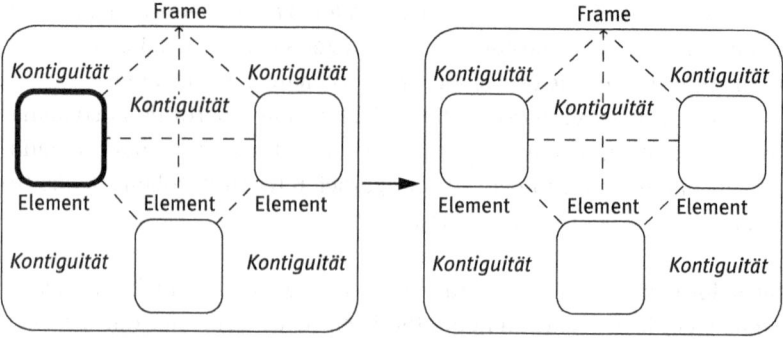

Figura 2: Figura-fondo II, modificada según Koch (2012, 267), apud Dessì Schmid (2014, 75).

UN RESTAURANTE—, sino más bien de marcos que funcionan a su vez como esquemas generales, esto es, que representan clases enteras —se los puede parangonar con los que Talmy (2000) utiliza para la elaboración de la tipología de las conceptualizaciones de los procesos de MOVIMIENTO—.

Cuando se intenta dar cuenta de los mecanismos en los cuales se apoya la aspectualidad, resulta particularmente adecuado recurrir a la concepción de la focalización o perspectivización dentro de un marco situacional —si se usa una terminología cognitivista, se hablará de «windowing of attention» o «highlighting» (Fillmore 1977; Koch 2001; Talmy 1996; Taylor 1995; cf. entre otros, Taylor 2002; Croft 1993; Ungerer/Schmid 1997; Talmy 2000, especialmente el cap. 4)—. Y no parece ser casual el hecho de que justamente esta idea de la puesta en relieve y del punto de vista de la observación se haya correlacionado siempre con la categoría del aspecto, incluso en el ámbito de los estudios tradicionales.

En la figura 3, que muestra el nivel del marco como un conjunto, los tres colores representan lo que en el marco puede ser focalizado (es decir, la figura) respecto del resto (que entonces se desplaza al fondo): la delimitación del estado de cosas en negro, la estructuración interna en gris oscuro, la vinculación con el entorno (contexto) en gris claro. Esta representación destaca el hecho de que estos elementos guardan una relación de contigüidad entre sí:

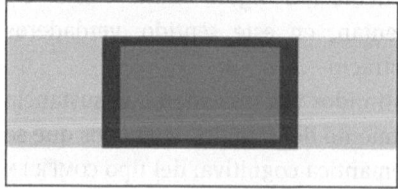

Figura 3: Delimitación – constitución temporal del estado de cosas, apud Dessì Schmid (2014, 104).

En síntesis, podemos decir que el modelo aquí presentado concibe los estados de cosas siguiendo los lineamientos teóricos de la semántica de marcos, y se sirve de medios de representación y visualización parangonables con los que se utilizan en ella.

El problema fundamental que subyace a cada forma de estructuración temporal de los estados de cosas en cuanto marcos es la fijación de límites —precisamente, lo que se denomina *highlighting*—: a) límites entre las partes que constituyen el marco, b) límites del marco considerado en su conjunto (como un todo), c) límites entre un marco y otro más abarcador y complejo del que el primero forma parte. Así, el principio esencial de una aspectualidad concebida en términos monodimensionales es el de *delimitación aspectual*, que permite establecer límites —iniciales, finales o de distribución— en el desarrollo temporal de un estado de cosas.

Según los límites fijados en el marco situacional, es decir, según lo que en el estado de cosas se presenta como figura y lo que funciona como fondo, la aspectualidad se puede abordar desde tres perspectivas —o dimensiones— (figura 4): la aspectualidad externa, la aspectualidad contextual —o adyacente— y la aspectualidad interna. Cada estructuración temporal propia de un estado de cosas se articula siempre a partir de la combinación de estas tres dimensiones:

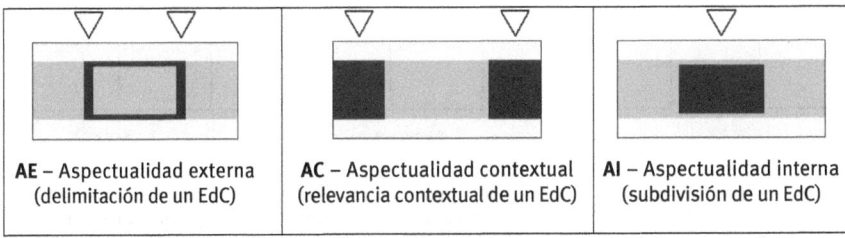

AE – Aspectualidad externa (delimitación de un EdC)	**AC** – Aspectualidad contextual (relevancia contextual de un EdC)	**AI** – Aspectualidad interna (subdivisión de un EdC)

Figura 4: Las tres perspectivas de la aspectualidad, apud Dessì Schmid (2014, 112).

Las tres dimensiones de la determinación aspectual presentan, a su vez, un número determinado de subtipos, que constituyen las diversas posibilidades de manifestación de cada delimitación aspectual en los marcos situacionales y que se denominarán *conceptualizaciones aspectuales básicas*. En otras palabras, se trata de primitivos conceptuales que, combinados entre sí, representan las múltiples estructuraciones aspectuales posibles de los estados de cosas (EdC) —nuestro *tertium comparationis*—: a) desde el punto de vista de la aspectualidad externa (AE), un estado de cosas puede ser delimitado externamente —en su conjunto— o no delimitado; b) desde el punto de vista de la aspectualidad contextual (AC), un estado de cosas puede resultar relevante para el entorno —temporal— inmediatamente adyacente —en el caso de que, por ejemplo, constituya su inicio o su fin— o bien no relevante; c) desde el punto de vista de la aspectualidad interna (AI), por último, un estado de cosas puede estar subdividido internamente —es decir, puede ser plurifásico— o no —esto es, puede ser monofásico—.

La figura 5 presenta esquemáticamente el inventario completo de las conceptualizaciones aspectuales básicas.

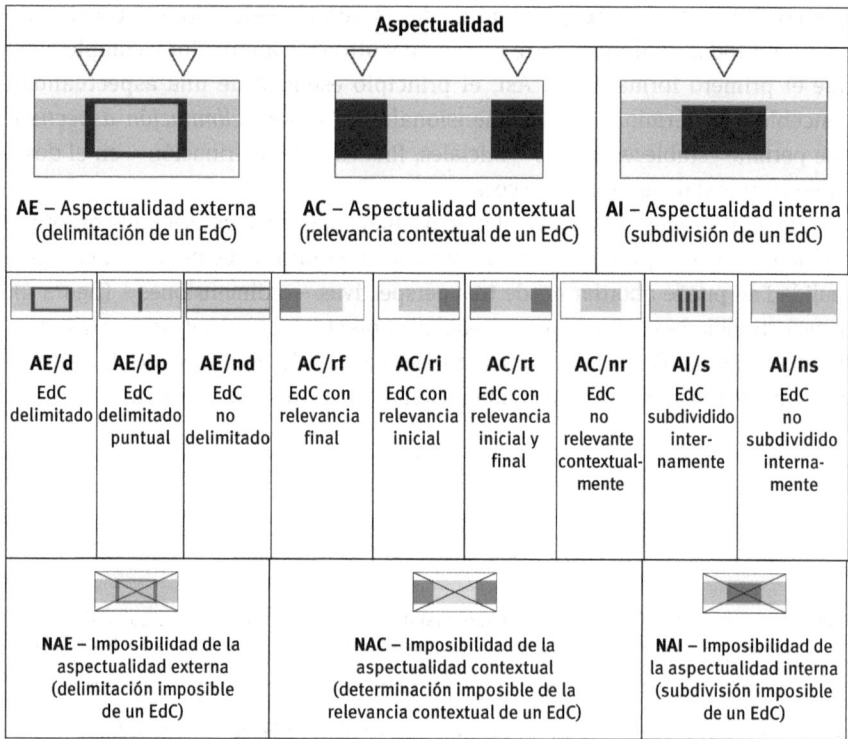

Figura 5: Conceptualizaciones aspectuales básicas, apud Dessì Schmid (2014, 116).

Antes de continuar con la exposición es necesario insistir sobre un punto que reviste una enorme importancia para el modelo: no existe una correspondencia biunívoca entre una determinada dimensión de la aspectualidad y una marca morfológica precisa o un tipo de predicado. Esto significa que no es posible, por ejemplo, relacionar de manera directa y exclusiva las oposiciones aspectuales clásicas (perfectividad vs. imperfectividad) con la AE y los diversos tipos de *Aktionsarten* con la AI. Por lo tanto, no es posible «sustituir» las tradicionalmente denominadas formas verbales perfectivas —*perfecto simple* y *perfecto compuesto*— con un determinado tipo de AE. Sin duda, el español —como todas las lenguas románicas en general— muestra una tendencia a expresar los contenidos de las diversas formas de AE a través de medios gramaticales:

(9) Hubiera querido un bocado de ese rico cruasán que había comprado Daniel, pero se lo ha comido Leo.

Se trata, sin embargo, de una tendencia y no de una necesidad, como demuestra el hecho de que esos contenidos no solo se pueden expresar a través de medios gramaticales, sino que también pueden verse afectados por la presencia de elementos léxicos:

(10) a. Leo viaja de Roma a París.
     b. Leo viaja con gusto.

Volviendo a los subtipos de las tres dimensiones de la aspectualidad —externa, contextual e interna—, hemos dicho que: a) representan las diversas posibilidades de manifestación de cada delimitación aspectual en los marcos situacionales; b) constituyen una suerte de primitivos conceptuales y, de este modo, el tan buscado *tertium comparationis*; c) se denominan justamente *conceptualizaciones aspectuales básicas* (CAB).

Tal como hemos sugerido más arriba, dichas conceptualizaciones no aparecen en forma aislada en cada estructuración temporal de un estado de cosas. En efecto, cada una de ellas representa una combinación de conceptualizaciones aspectuales básicas: en concreto, de una CAB de la aspectualidad externa (AE) con una de la contextual (AC) y una de la interna (AI). Es decir que el significado aspectual de un estado de cosas se constituye siempre y solamente a partir de la combinación de tres CAB de cada una de las tres perspectivas de la aspectualidad, y dicha combinación se denomina *esquema de delimitación*.

3.2 Aplicación del modelo

A continuación se llevará a cabo el análisis de los ejemplos (11) a (13) mediante los instrumentos provistos por el modelo propuesto para mostrar su aplicación y sus diferencias en relación con los análisis tradicionales:

(11) La vela se apagó.

(12) La vela se apagó lentamente.

(13) Leo era pelirrojo.

Lo que estos ejemplos representan a nivel del contenido aspectual —y que el modelo propuesto permite analizar de manera homogénea— corresponde, en parte, a lo que tradicionalmente se define como oposición entre aspecto perfectivo e imperfectivo —expresada a través de las formas temporales *pretérito perfecto simple* e *imperfecto* respectivamente—. Los modelos tradicionales ofrecerían, junto al del aspecto, un tratamiento separado de las diversas *Aktionsarten* presentes en los ejemplos, y hablaría de interferencias, de preferencias o de rasgos idiosincrásicos en las combinaciones de aspecto gramatical y léxico.

La figura 6, que ilustra la estructura aspectual del ejemplo (11), representa una combinación de las siguientes conceptualizaciones aspectuales básicas:

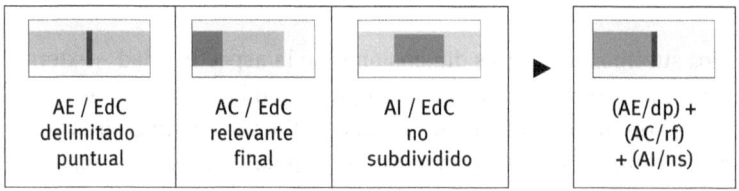

| AE / EdC delimitado puntual | AC / EdC relevante final | AI / EdC no subdividido | ▶ | (AE/dp) + (AC/rf) + (AI/ns) |

Figura 6: [(AE/dp) + (AC/rf) + (AI/ns)], apud Dessì Schmid (2014, 157).

A) Se trata de un EdC externamente delimitado: el hecho de apagarse la vela es representado en su conjunto —como un todo acabado—, y el inicio y el final del EdC están, en efecto, focalizados puntualmente, como un solo instante; B) el EdC es relevante para el entorno que lo precede inmediatamente: determina su final, pues cuando la vela se apaga deja de estar encendida; C) se trata, por último, de un EdC que no presenta subdivisiones internas, es decir, monofásico —es lógico que así sea en el caso de una aspectualidad externa delimitada puntual: si se trata de un EdC que acontece en un solo instante, este instante no se puede dividir ulteriormente—.

En (12) observamos el mismo tipo de B) aspectualidad contextual —cuando la vela se apaga, más allá de que el proceso dure un instante o un lapso de tiempo, deja de estar encendida, y esto influye en el entorno que lo precede inmediatamente determinando su final—; pero, en cambio, A) la aspectualidad externa es diversa: si bien es también delimitada, no es puntual —se trata, pues, de un todo acabado, pero que no se desarrolla (no culmina) en un solo instante—. La aspectualidad interna C) es también diferente: muestra un EdC plurifásico. En efecto, en él están representados sucesivamente diversos momentos del apagado de la vela que son individualmente perceptibles y focalizables. Más precisamente, habría que decir «del *lento* apagarse de la vela», porque para la interpretación aspectual de este EdC es decisiva la presencia del adverbio *lentamente*: en función de su experiencia y de su conocimiento del mundo, el hablante reinterpreta el apagarse de la vela —que, en sí mismo, podría ser percibido como puntual— como un EdC que transcurre en un lapso de tiempo dilatado que contiene distintos momentos, en los cuales la llama disminuye de intensidad, titila y, por último, se apaga definitivamente. La estructura aspectual de (12) se puede representar, entonces, del siguiente modo (figura 7):

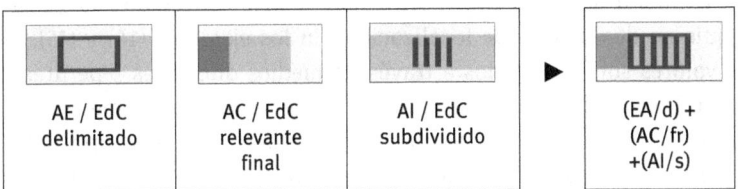

Figura 7: [(AE/d) + (AC/rf) + (AI/s)], apud Dessì Schmid (2014, 150).

Si comparamos, entonces, el análisis de los ejemplos (11) y (12), que presentan una estructuración aspectual de un tipo diverso —si bien la única discrepancia formal entre ambos ejemplos consiste en la presencia/ausencia del adverbio *lentamente*—, podremos tener una visión más detallada del funcionamiento del modelo y de las diferencias que presenta frente a los modelos semasiológicos tradicionales.

La estructura aspectual del ejemplo (13), ilustrada en la figura 8, representa, en cambio, un EdC A) no delimitado externamente, pues no se focaliza ni el inicio ni el final del hecho de ser pelirrojo: el EdC, en otras palabras, no es representado como un todo acabado. En este caso, B) es lógicamente imposible determinar la relevancia de ser pelirrojo para el entorno temporal inmediato, justamente porque faltan los límites que constituirían el entorno adyacente al estado de cosas y, por lo tanto, el entorno mismo. Por último, C) se trata de un EdC sin subdivisiones internas, monofásico: no es posible aislar y focalizar momentos individuales que se diferencien unos de otros en el hecho de que Leo sea pelirrojo.

Dado que los efectos de la articulación figura-fondo y las operaciones de focalización en un EdC en cuanto marco pueden repetirse y aplicarse en diferentes niveles de estructuración del marco mismo, se puede hablar de efectos de focalización múltiple (de multiplicación de los planos de focalización). Son

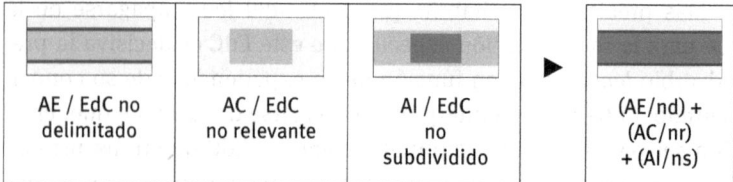

Figura 8: [(AE/nd) + (AC/nr) + (AI/ns)], apud Dessì Schmid (2014, 143).

justamente estos efectos los que se encuentran, por ejemplo, en la compleja estructuración temporal de los EdC que presentan valores aspectuales progresivos, que requieren dos niveles de focalización. En los ejemplos (14) y (15), si bien dichos valores son expresados a través de medios diferentes —perífrasis verbal y forma flexiva del verbo (presente) combinada con otros elementos desambiguadores (en este caso, *¡Mira!*)—, se muestra exactamente este tipo de focalización. Un análisis detallado de un ejemplo que contenga perífrasis verbales revela también que el modelo permite tratarlas de manera completa y, sobre todo, de manera coherente con las otras formas de expresión de los contenidos aspectuales:

(14) El perro de Leo está [Pres. Ind.] durmiendo con un ojo abierto. [*estar* + Ger.]

(15) ¡Mira! Juan duerme [Pres. Ind.] con un ojo abierto.

En el primer nivel de combinación de CAB, los ejemplos (14) y (15) A) no focalizan el punto inicial t_x ni el punto final t_y de los respectivos EdC —esto es, no focalizan ni el inicio ni el final del dormir del perro de Leo en (14) y de Juan en (15)—. En otras palabras, los EdC no son representados en su conjunto y, por lo tanto, son no delimitados. Asimismo, B) es lógicamente imposible hallar la relevancia contextual de tales marcos, puesto que faltan el límite inicial t_x y el límite final t_y de los EdC que permitirían la constitución de su entorno. Por último, C) es posible encontrar momentos t_{x1}, t_{x2}, ..., t_{xn} (sustancialmente) distintos en los EdC plurifásicos como los de los ejemplos aquí tratados: el perro de Leo duerme en todos los momentos t_{x1}, t_{x2}, ..., t_{xn} y cada uno de ellos se puede observar y representar individualmente: en cada t_{x1}, t_{x2}, ..., t_{xn} el perro de Leo duerme de modo diferente, más o menos profundamente, etc. (lo mismo vale para (15)).

Ahora bien, dado que para estos ejemplos existe la posibilidad de establecer ulteriores subdivisiones en la estructuración temporal del EdC y de considerar los intervalos discretos t_{x1}, t_{x2}, . . ., t_{xn}, se vuelve también posible una nueva focalización de tales intervalos (segundo nivel de combinación de CAB), alrededor de los cuales se configuran submarcos. En (14) y (15) se focaliza un t_x particular (un momento determinado del dormir del perro de Leo o de Juan), que constituye, a su vez, un submarco dentro del marco global. Dicho submarco representa, por su parte, la siguiente combinación de CAB: es a') externamente delimitado, focalizado en forma puntual (AE/dp); es decir, el inicio y el fin del momento t_x del dormir del perro de Leo coinciden. Desde el punto de vista de la aspectualidad contextual, el submarco es b') no relevante (AC/nr): el dormir del perro de Leo (y de Juan) no influye sobre su entorno, pues no determina el inicio ni el fin de un nuevo EdC, ni el inicio o el fin del mismo EdC (del dormir). Por último, el submarco c') no está subdividido internamente (AI/ns), tal como ocurre lógicamente con estados de cosas que presentan una AE/dp.

Este tipo de configuración puede ser expresado en español por medio de construcciones perifrásticas con un alto grado de gramaticalización, del tipo ESTAR + gerundio, como muestra el ejemplo (14), o a través del presente (acompañado por elementos como *¡mira!*, que bloquean la lectura genérica), como se ve en (15), en combinación con verbos como *dormir* y su correspondiente argumento (*el perro de Leo* y *Juan*).

Los ejemplos (14) y (15) se ilustran en la figura 9:

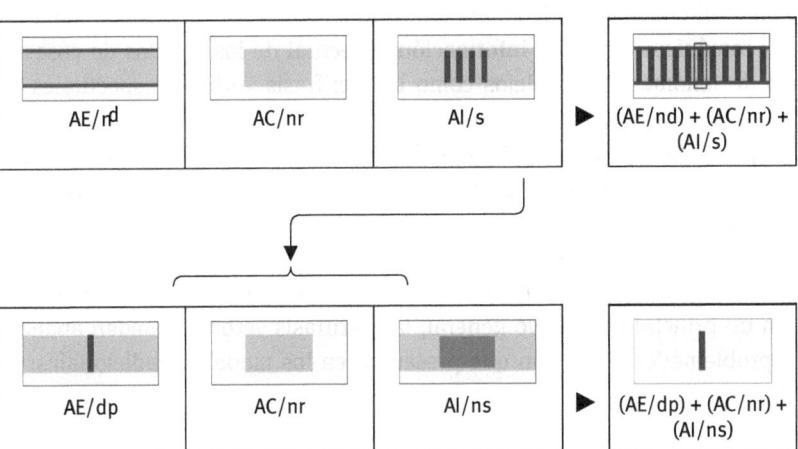

Figura 9: [((AE/nd) + (AC/nr) + (AI/s)) > ((AE/dp) + (AC/nr) + (AI/ns))], apud Dessì Schmid (2014, 171).

4 Observaciones finales

Abordar la aspectualidad como categoría universal no significa en absoluto negar su pluralidad de manifestaciones en las diversas lenguas del mundo ni confundir entre sí los medios a través de los cuales se expresa: es indudable que la determinación aspectual se realiza en los niveles más diversos de la lengua, en función de distintos principios de organización —morfológicos, sintácticos, etc.— y a través de diferentes medios de expresión, desde los más típicamente léxicos hasta los más típicamente gramaticales, porque, como se ha visto, los componentes aspectuales básicos están codificados de manera diferente en las diversas lenguas, como *cluster* o como material sintagmático, por ejemplo. Significa, en todo caso, cambiar la óptica de observación e intentar insertar esta pluralidad en un marco interpretativo coherente que insista en su universalidad cognitiva y en su homogeneidad semántica. Esto ya representa una primera ventaja importante: el criterio en el que se basan la descripción y la clasificación de la información aspectual, asentado en el principio de la delimitación, del cual deriva un inventario limitado de conceptualizaciones aspectuales básicas, no solo se muestra eficaz en los análisis de una sola lengua, sino que puede también funcionar como *tertium comparationis* en las investigaciones contrastivas y tipológicas.

Contra las críticas planteadas en relación con los enfoques monodimensionales se puede objetar que el modelo elaborado permite alcanzar un alto grado de precisión tanto en la descripción y en el análisis de los hechos de lengua como en la diferenciación detallada de los fenómenos más diversos que en las lenguas románicas expresan información aspectual de los estados de cosas —incluso de fenómenos complejos como las perífrasis verbales aspectuales en sus distintos grados de gramaticalización—.

Las posibilidades del modelo no se limitan solo a esto: un abordaje onomasiológico, pero controlado semasiológicamente, de las perífrasis aspectuales permite también una mejor comparabilidad entre ellas, así como un tratamiento semejante al de las otras formas de expresión de la aspectualidad en el sistema verbal románico. Es decir, mediante su integración en un sistema basado en un principio cognitivo general, las perífrasis verbales pueden abandonar la problemática condición que presentan en los modelos tradicionales: su estatus «híbrido».

Bibliografía

Bache, Carl, *Aspect and aktionsart: towards a semantic distinction*, Linguistics 18 (1982), 57–72.

Bache, Carl, *The study of aspect, tense and action: towards a theory of the semantics of grammatical categories*, Frankfurt, Lang, 1995 (= 1995a).

Bache, Carl, *Another look at the distinction between aspect and action*, in: Bertinetto, Pier Marco, et al. (edd.), *Temporal referent, aspect and actionality*, vol. 2: *Typological perspectives*, Torino, Rosenberg & Sellier, 1995, 65–78 (= 1995b).

Bertinetto, Pier Marco, *Tempo, aspetto e azione nel verbo italiano. Il sistema dell'indicativo*, Firenze, Accademia della Crusca, 1986.

Bertinetto, Pier Marco, *Statives, progressives and habituals: analogies and differences*, Linguistics 32 (1994), 391–423.

Bertinetto, Pier Marco, et al. (edd.), *Temporal reference, aspect and actionality*, vol. 1: *Semantic and syntactic perspectives*, Torino, Rosenberg & Sellier, 1995.

Comrie, Bernard, *Aspect: an introduction to the study of verbal aspect and related problems*, Cambridge, Cambridge University Press, 1976.

Coseriu, Eugenio, *Das romanische Verbalsystem*, Tübingen, Narr, 1976.

Coseriu, Eugenio, *Textlinguistik. Eine Einführung*, Tübingen, Narr, ²1981.

Croft, William, *The role of domains in the interpretation of metaphors and metonymies*, Cognitive Linguistics 4:4 (1993), 335–370.

De Miguel, Elena, *El aspecto léxico*, in: Bosque, Ignacio/Demonte, Violeta (dirs.), *Gramática descriptiva de la lengua española*, vol. 2, Madrid, Espasa Calpe, 1999, 2977–3060.

Depraetere, Ilse, *On the necessity of distinguishing between (un)boundedness and (a)telicity*, Linguistics and Philosophy 18 (1995), 1–19.

Dessì Schmid, Sarah, *Aspektualität. Ein onomasiologisches Modell am Beispiel der romanischen Sprachen*, Berlin/Boston, de Gruyter, 2014.

Ehrich, Veronika, *Hier und Jetzt. Studien zur lokalen und temporalen Deixis*, Tübingen, Niemeyer, 1992.

Fillmore, Charles, *An alternative to checklist theories of meaning*, in: *Proceedings of the 1ˢᵗ annual meeting of the Berkeley linguistic society*, Berkeley, Berkeley Linguistic Society, 1975, 123–131.

Fillmore, Charles, *Scenes-and-frames semantics*, in: Zampolli, Antonio (ed.), *Linguistic structures processing*, vol. 5, Amsterdam et al., North Holland, 1977, 55–81.

Fillmore, Charles, *Frames and the semantics of understanding*, Quaderni di Semantica 6:2 (1985), 222–254.

Heine, Bernd, *Auxiliaries. Cognitive forces and grammaticalization*, New York/Oxford, Oxford University Press, 1993.

Koch, Peter, *Bedeutungswandel und Bezeichnungswandel: von der kognitiven Semasiologie zur kognitiven Onomasiologie*, Zeitschrift für Literaturwissenschaft und Linguistik 121 (2001), 7–36.

Koch, Peter, *Qu'est-ce que le cognitive?*, in: Blumenthal, Peter/Tyvaert, Jean-Emmanuel (edd.), *La cognition dans les temps*, Tübingen, Niemeyer, 2003, 85–100.

Koch, Peter, *The pervasiveness of contiguity and metonymy in semantic change*, in: Allan, Kathryn (ed.), *Current methods in historical semantics*, Berlin, de Gruyter, 2012, 259–311.

Maslov, Yakov, *An outline of contrastive aspectology*, in: Maslov, Yakov (ed.), *Contrastive studies in verbal aspect*, Heidelberg, Gross, 1978, 1–44.

Minsky, Marvin, *A framework for representing knowledge*, in: Winston, Patrick (ed.), *The psychology of computer vision*, New York, McGraw Hill, 1975, 211–277.

Sasse, Hans-Jürgen, *Aspect and Aktionsart: a reconciliation*, in: Vetters, Carl, et al. (edd.), *Perspectives on aspect and Aktionsart*, Bruxelles, Editions de l'Université, 1991, 30–45.

Sasse, Hans-Jürgen, *Recent activity in the theory of aspect: accomplishments, achievements, or just non-progressive state?*, Linguistic Typology 6 (2002), 199–271.

Smith, Carlota, *The parameter of aspect*, Dordrecht, Kluwer, 1991.

Squartini, Mario, *Contributo per la caratterizzazione aspettuale delle perifrasi italiane «andare» + gerundio, «venire» + gerundio. Uno studio diacronico*, Studi e Saggi Linguistici XXX (1990), 117–212.

Squartini, Mario, *Verbal periphrases in Romance: aspect, actionality, and grammaticalization*, Berlin, de Gruyter, 1998.

Talmy, Leonard, *The windowing of attention in language*, in: Shibatani, Masayoshi/ Thompson, Sandra A. (edd.), *Grammatical constructions. Their form and meaning*, Oxford, Clarendon, 1996, 235–287.

Talmy, Leonard, *Toward a cognitive semantics*, Cambridge, Massachusetts, MIT Press, 2000.

Taylor, John R., *Linguistic categorization. Prototypes in linguistic theory*, Oxford, Clarendon, 1995.

Taylor, John R., *Cognitive grammar*, Oxford, Oxford University Press, 2002.

Ungerer, Friedrich/Schmid, Hans-Jörg, *An introduction to cognitive linguistics*, London, Longman, 1997.

Verkuyl, Henk, *On the compositional nature of the aspects*, Dordrecht, Reidel, 1972.

Verkuyl, Henk, *A theory of aspectuality: the interaction between temporal and atemporal structure*, Cambridge, Cambridge University Press, 1993.

Gerda Haßler y Verónica Böhm

La integración de la aspectualidad como categoría semántico-funcional en la lingüística española

Abstract: The term and notion of aspectuality were introduced relatively late to Spanish and Romance linguistics. Aspectuality is a universal category which comprises all possible means – morphologic, syntactic, lexical or contextual – to express the development of an action and to mark the internal temporal limits of it. In aspectual languages such as Slavic and Greek, aspect is morphologically marked. The notion of aspect seems to have a contradictory history in Spanish grammaticography, which has been reflected in the names assigned to the Spanish verb tenses since the 17th century. The names of the Spanish verb tenses underwent a process of numerous changes in the history of the Spanish grammars. Up to the 18th century it was especially the accuracy of the Latin tradition which led to difficulties in the designation of the verb tenses because of the contradiction between the names and the use of the Latin and Spanish verb tenses. The delay in introducing compound verb tenses into the regular grammatical description is one of the results. On the other hand, there is a frequent tendency to mix up grammatical and lexical aspect in Spanish grammars. This, in turn, has led to the non-distinction between aspect and *Aktionsarten* as a grammatical phenomenon. For that reason, there is a tendency to speak more about lexical (*Aktionsarten*) than about grammatical aspect in some posterior Spanish grammars.

Keywords: grammatical categories of the verb, grammatical aspect, functional grammar, Spanish grammaticography, *Aktionsarten*

1 La introducción de la noción de 'aspecto' en las gramáticas de lenguas aspectuales

1.1 El origen y desarrollo de la noción de 'aspecto' en griego y latín

La palabra *aspecto* es un calco del esquema de la palabra *вид* (*vid* 'aspecto'), de la lengua eslava eclesiástica antigua, que aparece por primera vez en 1619

Gerda Haßler, Verónica Böhm, Universität Potsdam

https://doi.org/10.1515/9783110637700-009

en la gramática de Smotrickij y que denominaba una relación morfológica en un verbo derivado. No obstante, el origen del término *vid* se remonta a la palabra εἶδος (*eídos* 'visión, idea') de la gramática griega de Dionisio de Tracia (II B.C.), que introdujo los términos *perfectum* 'completo' / *imperfectum* 'no completo' para hacer una distinción entre los términos griegos παρατατικός (*paratatikós* – en latín, *infectum*: tiempos extendidos; no completos) y συντελικός (*syntelikós* – en latín, *perfectum*: tiempos completos), aunque aparentemente esta distinción se haya hecho más bien en términos temporales que aspectuales.

En el griego clásico existen cuatro temas verbales que representan tres aspectos y de los que se derivan las formas verbales sintéticas:

- Tema de Presente (presente, imperfecto)
- Tema de Aoristo (aoristo)
- Tema de Perfecto (perfecto, pluscuamperfecto, futuro perfecto)
- Tema de Futuro (futuro)

El *tema de presente* designa acciones o situaciones durativas, iterativas o repetitivas y se usa para expresar procesos. Del *tema de aoristo* se forma el aoristo, que indica un evento puntual, así como el final o el inicio de una situación. El *tema de perfecto* forma el perfecto, el futuro perfecto y el pluscuamperfecto, que expresan los estados de la completa realización de una acción o situación, es decir, la finalización o realización de una acción en el presente (perfecto), futuro (futuro perfecto) y pasado (pluscuamperfecto). Las formas verbales se distinguen de acuerdo a sus rasgos temporales y aspectuales. De acuerdo con Bentein (2014, 379) se pueden representar de la siguiente forma (tabla 1; Haßler 2016, 150–151):

Tabla 1: El sistema temporal-aspectual del griego clásico.

	Pasado	Presente	Futuro
imperfectivo	Imperfecto	Presente	Futuro
perfectivo	Aoristo	Ø	Futuro
perfecto	Pluscuamperfecto	Perfecto	Futuro perfecto

Un punto controvertido es aparentemente la diferenciación entre los términos *perfectivo* y *perfecto*. *Perfecto* es la completa realización de una situación en relación con una referencia temporal del presente, del futuro o del pasado. Un ejemplo al respecto lo proporciona la lengua alemana, no aspectual, donde las formas temporales del verbo *schreiben* 'escribir' en los siguientes enunciados son perfectas:

(1) al. Er hatte den Brief geschrieben, als seine Mutter nach Hause kam.
'(Él) había escrito la carta cuando su mamá llegó a casa.'

(2) al. Er hat den Brief geschrieben.
'(Él) ha escrito la carta.'

(3) al. Er wird den Brief heute Mittag geschrieben haben.
'(Él) escrito la carta hoy al mediodía.'

El término *perfectivo* de una forma verbal está relacionado exclusivamente con un rasgo aspectual: una situación es presentada con los límites de inicio y final. El término *aoristo* —que será importante también en la historia de las gramáticas españolas— se deriva de ἀόριστος, que significa (tiempo) 'indeterminado, ilimitado', es decir, no existe ninguna «extensión temporal específica» (Haßler 2016, 151). A diferencia de las otras formas verbales del pasado, como por ejemplo el imperfecto o el perfecto, el aoristo describe eventos o situaciones en el pasado que son consideradas como individuales y concluidas, es decir, se trata de acciones puntuales. Mientras que las formas verbales perfectas (pluscuamperfecto, perfecto y futuro perfecto) relacionan siempre sus rasgos aspectuales perfectivos con rasgos temporales, el significado aspectual del aoristo puede funcionar en algunas formas sin rasgos temporales. Se sospecha incluso que la lengua proto-indoeuropea expresaba el aoristo sin rasgos temporales. No obstante, desde temprano se debe haber relacionado su significado aspectual con el temporal, puesto que ya en el griego clásico y en el sánscrito el aoristo se convirtió en una categoría témporo-aspectual.

En la morfología verbal del latín, en el *infectum* las raíces verbales no poseen infijos y designa una situación que se encuentra en desarrollo (*ama-t* 'él ama') y en el *perfectum* la raíz verbal lleva el infijo *-v-*, que expresa una situación que ha llegado a su fin (*ama-v-i* 'he amado') (cf. Rocchetti 2012, 39; también Haßler 2016, 236). Ya en el latín existían formas verbales que eran ambivalentes en relación con la conclusión de una situación. De este modo, la forma *fuerat* significaba 'fue', 'ha sido' o 'hubiera sido'. El significado del *perfectum* de la virtualidad se puede observar mucho mejor en los siguientes enunciados de Cicero (Rocchetti 2012, 39):

(4) lat. Volumnia id **potuit** diligentius facere.
'Volumnia hubiera podido hacerlo con más cuidado.'

(5) lat. Melius **fuit** perisse quam hoc videre.
'Hubiera sido mejor estar muerto que ver eso.'

En las siguientes oposiciones de pares de verbos en *infectum / perfectum* respectivamente: e*rat / fuerat, potebat / potuerat, debebat / debuerat* se puede observar que mientras que el *infectum* expresa acciones que todavía se encuentran en desarrollo y no han alcanzado su fin, el *perfectum* expresa acciones que llegaron a su fin. En el momento del *infectum*, el *perfectum* se distingue por la perspectiva de una esperada conclusión de una acción. Cuando se alcanza el *perfectum*, el *infectum* necesariamente ya está presente, pues solo se prolongó su extensión hacia un límite final. De este modo, el *perfectum* se basa en el mecanismo del *infectum*, el cual no es homogéneo, pues la acción expresada está en desarrollo, aunque contenga ya una parte de la acción realizada, pero que todavía falta una parte por concluir. De este modo, con el *infectum* se logra tocar los puntos de ambas partes:

Tabla 2: La función del infectum (Rocchetti 2012, 44)[1].

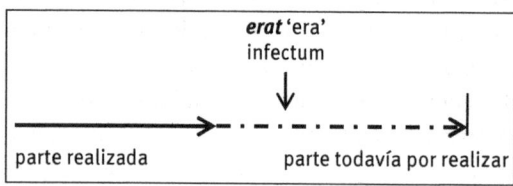

En vista de que el *infectum* consta de dos partes distintas, el hablante puede expresar con el *perfectum* —cuya función se basa en la información del alcance del límite final del *infectum*— tanto el final de la parte realizada o concluida como la parte todavía no concluida, la misma que expresa un proceso virtual y donde se enfoca el punto inicial de la acción. Siguiendo a Rocchetti (2012, 44–45), esta doble función del *perfectum* se puede expresar de la siguiente manera (Haßler 2016, 237):

Tabla 3: La doble función del perfectum (Rochetti 2012, 44–45).

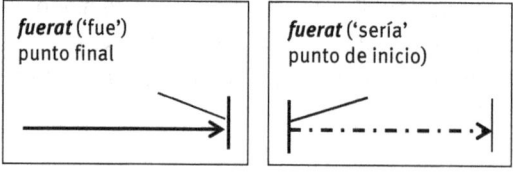

---

1 Cf. también Haßler (2016, 237).

En la gramática latina se introducen los términos *infectum / perfectum* —
que eran correspondencia, por decirlo así, de los tiempos griegos παρατατικός
(*paratatikós*, o sea, *infectum*) y συντελικός (*syntelikós*, o sea, *perfectum*)—
para designar las formas verbales en latín. Mediante el ejemplo del verbo
latino *pungere* 'picar', Holt (1943, 4) muestra cómo funcionaba el sistema
verbal latino:

Tabla 4: Sistema verbal latino según Holt (1943, 4).

	infectum	perfectum
pasado	*pungēbam* 'imperfecto'	*pupugeram* 'pluscuamperfecto'
presente	*pungō* 'presente'	*pupugī* 'presente perfecto'
futuro	*pungam* 'futuro'	*pupugerō* 'futuro perfecto'

Esta teoría latina es la que ha predominado en las investigaciones reali-
zadas sobre las formas temporales desde los siglos de la antigüedad hasta
el nacimiento de la lingüística moderna, la misma que dificultaría el conocimiento de los hechos del griego antiguo (cf. Holt 1943, 5). Los hechos y
las interpretaciones latinas basadas únicamente en la noción de 'tiempo'
influyeron enormemente en la doctrina del sistema temporal del griego
clásico. Sin embargo, se puede constatar que a partir del siglo XIX las filo-
logías clásicas se esforzaron por establecer una distinción clara entre el
tiempo y el *aspecto*, dejando la interpretación latina como parte de una
teoría clásica.

1.2 La noción de 'aspecto' en las lenguas eslavas

El concepto de 'aspecto' debería haberse mencionado más tempranamente
en las gramáticas de lenguas que llevan una correlación aspectual. Sin
embargo, estas gramáticas también siguieron el modelo del latín o el de
otras lenguas europeas bien descritas que no condujeron al reconocimiento
del aspecto como categoría verbal (Böhm 2016, 45; Haßler/Neis 2009,
1249). En la primera gramática rusa (*Grammatica Russica*) elaborada por el

lingüista alemán Heinrich Wilhelm Ludolf (1696, 26–40), Ludolf habla de verbos primitivos y derivativos. Llama *verbos frecuentativos* a los verbos derivativos formados por el sufijo -(y)va, admitiendo tres tiempos (presente, pretérito, futuro); y, aunque logra hacer esta distinción morfológica entre verbos perfectivos e imperfectivos, los agrupa en una lista de parejas verbales y constata una conexión entre los pares aspectuales formados por diferentes raíces, por ejemplo, 'tomar': *брать* (imperfectivo) / *взять* (perfectivo), pero no reconoce el significado aspectual que llevan los sufijos y también los prefijos al ser adheridos a un verbo, puesto que basa su observación de esta correlación aspectual en el uso de la lengua (cf. Haßler/Neis 2009, 1249; Böhm 2016, 47).

Muchos años más tarde, Jean Sohier, un intérprete francés de lenguas eslavas que trabajaba para la corte real francesa en la *Bibliotheque royale* en París, introduce en su gramática *Grammaire et méthode russes et françaises* de 1724 algo novedoso en la descripción del verbo: añade el perfecto como un tiempo más en el pasado. De este modo, se describen cuatro tiempos: el presente, el imperfecto, el perfecto y el futuro. Explica el perfecto como una forma verbal formada por verbos prefijados (por ejemplo, *я оценил* 'he estimado') y el imperfecto como una forma frecuentativa, formada del perfecto mediante un infijo (*une syllabe au milieu du mot*, por ejemplo -*ва*- en *я оценивал*). También en el futuro, Sohier distingue tres formas: la del verbo prefijado (*сделаю* 'haré.perfectivo') y las formas con los verbos auxiliares *буду* y *стану* y verbos imperfectivos (*буду читать, стану читать* 'leeré.imperfectivo'). La representación de los tiempos con la comparación de las formas perfectivas e imperfectivas, así como las sintéticas y las analíticas es una innovación considerable, pero procede exclusivamente dentro de las categorías temporales (Haßler 2012, 444).

En su gramática rusa *Rossijskaja grammatika* de 1755, Michail Lomonosov también estudió el tema de la prefijación y sufijación verbal. Sin embargo, su estudio se basó más en lo léxico que en una categoría verbal, ignorando así la noción de 'aspecto'. Lomonosov utiliza la palabra *вид* (*vid* 'manera de ver'), y más tarde *aspecto gramatical* como término contrario a *modo*, pues utilizaba estos dos términos para tratar los modos, los que consideraba como «Möglichkeiten des Ausdrucks eines Standpunkts zum Inhalt» ('posibilidades de expresión de la postura o punto de vista [del hablante] respecto al contenido de un enunciado', Haßler/Neis 2009, 1250). Esta postura o puntos de vistas del hablante eran expresadas mediante medios morfológicos presentes en el verbo que de acuerdo con la terminología moderna resultaron ser las *Aktionsarten* 'modos de acción'. En las primeras gramáticas de Lomonosov se puede encontrar ya una lista de tales verbos, como *учащательный* (frecuentativo), *начинательный* (incoativo), *увеличивательный* (aumentativo), *умалительный* (diminutivo), *кончательный* (terminativo) (cf. Haßler/Neis 2009, 1250).

También es importante mencionar la gramática rusa para uso escolar que fue corregida y redactada por Anton Barsov entre 1783 y 1788, en la que se consideraban los (diez) tiempos verbales clasificados por Lomonosov, pero donde se diferenciaban dos tipos de aspectos: un aspecto primitivo o perfectivo y un aspecto derivado. Es decir, que mientras Lomonosov utilizaba el término *вид* 'aspecto' solo en sus esbozos y en el sentido de modo, Barsov recurría a la tradición eslava, otorgándole al término *вид* 'aspecto' el significado que ya se encontraba en la gramática *Grammatiki Slavenskaja Pravilnoe Syntagma* de Smotrickij (1619): la diferenciación entre a) los verbos primitivos (*первообразные*), que también podían ser identificados como verbos perfectivos, y b) los verbos derivados (*производные*), que se subdividían en aspecto incoativo e iterativo. Es así como Barsov introduce el aspecto, pero no como tal, sino como una característica clasificadora.

1.3 La introducción del 'aspecto' como una categoría independiente

Solo en 1827 el gramático ruso Nikolaj Greč, en su *Praktičeskaja russkaja grammatika* 'Gramática práctica rusa', introduce el concepto 'aspecto' como una noción autónoma. Greč consideraba el aspecto como una categoría distinta a la del tiempo, a pesar de que con la noción de 'aspecto' Greč se haya referido al contexto de las clases semánticas de verbos, es decir, a las circunstancias de una acción expresada por un verbo.

El lingüista alemán Georg Curtius (1846), en su estudio sobre el sistema verbal del griego antiguo (*Bildung der Tempora und Modi im Griechischen und Lateinischen sprachvergleichend dargestellt* 'Formación de las formas verbales y los modos en el griego y latín representado en forma contrastiva'), introduce también la noción de 'aspecto' para describir aquellos matices (no temporales) que expresaba el verbo griego antiguo o para explicar esa «naturaleza distinta que la tradición gramatical no era capaz de abarcar con la denominación de «tiempo» »(MacLennan 1962, 15). De este modo, «la concepción gramatical [greco-latina] que consideraba al «tiempo» como noción única y uniforme quedaba, desde el siglo XIX, escindida» (MacLennan 1962, 34). Curtius distingue entre *Zeitstufe* 'fase temporal' y *Zeitart* 'modo temporal = aspecto' para explicar la oposición entre acción durativa, momentánea y cumplida de los verbos griegos (Genta 2008, 103). Para ello, utiliza los datos eslavos y los resultados de la gramática comparada en el dominio del griego clásico (cf. Holt 1943, 6–7). Más tarde, estos términos *Zeitstufe* y *Zeitart* serían reemplazados por los términos que se conocen hoy como *tiempo* (temporalidad) y *aspecto*, respectivamente, aunque luego, años más tarde, hayan sido Brugmann/Delbrück (1897–1916), entre otros lingüistas y gramáticos alemanes, los que mejoraran y reemplazaran el término *Zeitart* ('modo temporal' de Curtius) por *Aktionsart*, puesto que la *Aktionsart* designaría con más exactitud las distinciones de acciones momentáneas, durativas y cumplidas expresadas mediante una forma verbal, utilizando así el término de *aspecto* para referirse al término ruso *вид* usado ya por los gramáticos eslavos.

Por otro lado, Franz Miklosich (1883 [1868–1875]), en su *Vergleichende Grammatik der slavischen Sprachen* 'Gramática comparada de las lenguas eslavas', logra introducir un concepto moderno del aspecto ruso, haciendo una distinción entre la oposición aspectual imperfectivo / perfectivo y comparándola con el griego y en parte con el latín (cf. Böhm 2016, 54):

> Das (slawische) Imperfekt bezeichnet die in der Vergangenheit dauernde, wiederholte oder reine solche Handlung, die man auszuführen im Begriffe war oder versuchte. Es entspricht dem griechischen und lateinischen Imperfekt. [...] Der a[A]orist bezeichnet die in der v[V]ergangenheit eintretende Handlung. Er entspricht daher regelmässig dem griech. Aorist. (Miklosich 1883 [1868–1875], 784–785, 787).
>
> 'El imperfecto (eslavo) designa la acción que dura, se repite en el pasado o una mera acción que se tenía pensado o se intentó hacer. [El imperfecto eslavo] corresponde al imperfecto griego y latín. [...] El aoristo designa la acción que ocurrió en el pasado. Corresponde, por lo tanto, regularmente al aoristo griego'.

Debido a la introducción de los términos *perfectivo* / *imperfectivo* surgen durante el siglo XIX varios esquemas sobre el estudio del aspecto basado en las nociones de *acción terminada* / *no terminada*, *acción durativa* / *no durativa* y *acción semelfactiva* / *frecuentativa*. De este modo, el estudio y el análisis morfológico del aspecto eslavo traspasó el concepto de aspecto a otras lenguas occidentales, como, por ejemplo, el alemán, y dio lugar a una nueva concepción del aspecto, introduciéndose así las *Aktionsarten* como un tipo de aspecto (léxico).

A inicios del siglo XX, Agrell (1908) y Koschmieder (1934) hicieron la distinción entre *aspecto* y *Aktionsart* en las lenguas eslavas:

> Bajo *Aktionsart* entiendo [...] no las dos categorías principales del verbo eslavo, la forma de acción incompleta y completa (lo imperfectivo y lo perfectivo) —a estos llamo yo aspectos. Con el término de *Aktionsart* designo las funciones de significado hasta ahora casi nada consideradas —ni mucho menos clasificadas— de los verbos compuestos (así como

de algunos verbos simples y sus sufijaciones), que expresan más detalladamente cómo se lleva a cabo una acción, que marcan el modo de su realización (Agrell 1908, 78).[2]

Antes de que Agrell (1908) hiciera esta distinción entre el *aspecto* y la *Aktionsart*, ambos conceptos se entendían como uno solo. A partir de ello se empezó a considerar y hablar de 'aspecto' y '*Aktionsart*' como dos conceptos distintos. Es entonces cuando los aspectólogos eslavos y germánicos tendrán que adaptarse a una nueva situación.

El aspecto léxico fue descrito entonces por eslavistas alemanes con la denominación de *Aktionsart* 'modo de acción'. Ya se hacía la distinción de dos conceptos: 'aspecto' y '*Aktionsart*'; entendiendo por *aspecto* las dos características principales del verbo (perfectivo o imperfectivo) y por *Aktionsart* los modos y las fases de la ejecución de la acción verbal (durativa, perfecta o terminada, reiterativa, puntual, incoativa, etc.). Esta distinción se integra parcial y lentamente en las gramáticas españolas.

2 La integración y descripción de la noción de 'aspecto' en las gramáticas españolas

Siguiendo el desarrollo del término de *aspecto* en el español a lo largo de la historia de las gramáticas españolas, se puede observar que el aspecto no fue estudiado como tal ni «por gramáticos anteriores a la última edición de la GRAE […] ni [por] autores posteriores como, por ejemplo, Bassols de Climent [1951, II, págs. 135–147]» (Guzmán Tirado/Herrador del Pino 2002, 28, nota al pie). El aspecto ha sido con frecuencia ignorado y ha quedado en muchos casos fuera de las gramáticas del español (Guzmán Tirado/Herrador del Pino 2002, 28), pues la tradición latina con su ponderación de la categoría del tiempo ha disfrazado durante mucho tiempo el aspecto que se realiza morfológicamente al lado del tiempo y del modo en muchas lenguas.

Estudiando la historia no del término, sino del concepto 'aspecto', se puede constatar que en las primeras gramáticas del español —desde Nebrija 1492 hasta Villalón 1558— ya se distinguía algo de aspecto en la denominación de las formas verbales *pasado acabado / pasado no acabado*, pero no era considerado un accidente del verbo, sino que se describían, sobre todo desde el punto de vista de su formación, especies de verbos que se podían interpretar como *modos de acción*:

---

2 Esta es la cita traducida al español (cf. Böhm 2016, 57).

> Los *Inchoativos*, que denotan el principio de una accion con continuación, y aumento; v. g. de *Noche, anochecer*: de *Vejéz, envejecer*. Los *Freqüentativos*, que significan la freqüencia de una misma acción; v. g. de *Correr, corretear*: de *Beber, beborrotear* (Martínez Gómez Gayoso 1769, 122–123).

Años más tarde, Jiménez Patón (1614) y Villar (1651) introducen los términos de *preterito perfeto / preterito imperfeto* para diferenciar las formas verbales de *canté / cantaba* respectivamente. Encontramos la descripción de las formas verbales según el criterio de la terminación del proceso designado ya mucho antes de la incorporación del término de 'aspecto' en gramáticas españolas. Calleja (1818) explica, por ejemplo, la distinción entre el *imperfecto* y *pretérito perfecto simple* sobre la base del criterio del término de un proceso designado:

> El pretérito imperfecto manifiesta en su significación que se estaba haciendo una cosa, cuando ocurrió otra, v. g. *escribía*, cuando *llegaste*. Se emplea para expresar acciones habituales en un tiempo pasado que no se determina, como: *cuando estudiaba en Salamanca, iba con frecuencia al Espolón*; y también es muy usado en las narraciones, para expresar un pretérito sin relación al presente, v. g. *los filósofos griegos estaban encargados de la educación de la juventud*. El pretérito perfecto remoto simple manifiesta ya pasada la significación del verbo, v. g. *fui, estuve, escribí*. Se llama simple, porque su terminación lo es, y remoto porque para usarle no basta que la cosa de que se habla haya pasado, sino que es menester que haya algún tiempo que pasó (Calleja 1818, 26).

En este sentido es interesante la denominación del *pretérito perfecto simple* que Calleja denomina —a la manera italiana— *pretérito perfecto remoto*. Verifiquemos brevemente las denominaciones de las formas verbales *he cantado, canté* y *cantaba* en la tradición gramaticográfica española (tabla 5):

Tabla 5: Las formas verbales hasta el siglo XVII.

forma verbal	Nebrija 1492	Villalón 1558	Jiménez Patón 1614	Villar 1651
canté	Pasado acabado	Passado	Preterito perfeto	Preterito perfeto
cantaba	Pasado no acabado	—	Preterito imperfeto	Preterito imperfeto
he cantado	—	—	—	—

Hasta el siglo XVII el *perfecto compuesto* no se consideraba como un tiempo verbal. Nebrija lo llama *pasado acabado por rodeo* y describe su composición a partir de los tiempos del auxiliar *haber*, al cual se le añade el *nombre verbal infinito* que Nebrija (1492, 83–84) había introducido como una nueva parte de la oración y que expresa el sentido de la acción verbal. Además vemos que en las primeras gramáticas no se distinguía el tiempo cronológico y el tiempo gramatical y se utilizaba la denominación *pasado*. No obstante, se puede constatar desde Nebrija la distinción entre un tiempo acabado (perfecto) y no acabado (imperfecto).

Esta tradición de denominación continuaba en el siglo XVIII (tabla 6), cuando la Real Academia introdujo el término *pretérito perfecto próximo*, considerado hasta entonces como el *presente* de *haber* con participio para los tiempos del pasado. En 1769, aparece por primera vez el término de *pretérito indefinido* usado por Benito de San Pedro para describir el uso del pretérito perfecto compuesto *he cantado*, pues, al parecer, esta forma verbal carecía de valor temporal definido, aunque se la relacionara con el presente. Pocos años más tarde, en la Gramática de 1771 y 1796, la Real Academia denomina *pretérito perfecto próximo* a la forma verbal *he cantado*:

Tabla 6: Las formas verbales en el siglo XVIII.

forma verbal	Martínez Gómez Gayoso 1769	San Pedro 1769	GRAE 1771	GRAE 1796
canté	Pretérito perfecto	Pretérito perfecto	Pretérito perfecto remoto	Pretérito perfecto remoto
cantaba	Pretérito imperfecto	Pretérito imperfecto	Pretérito imperfecto	Pretérito imperfecto
he cantado	—	Pretérito indefinido	Pretérito perfecto próximo	Pretérito perfecto próximo

Luego, aparece la innovación terminológica de Bello (1988 [1847]), en la que se distinguen las formas verbales desde el punto de vista temporal; así el *copretérito cantaba* expresa una acción que se desarrolla al mismo tiempo que otra acción y el *antepresente he cantado* expresa una acción relacionada con el presente. En la Gramática de 1854 y 1858 se decide, sin embargo, volver a la tradición terminológica, introduciendo un nuevo criterio morfológico. Así, para el uso del pretérito perfecto simple y del pretérito perfecto compuesto se da una regla basada en la referencia temporal (cf. GRAE 1854, 49). Ya no se usa más el *criterio de proximidad* para referirse a *he cantado*, pues esta forma verbal era denominada por la GRAE (1771, 1796) *pretérito perfecto próximo* y por Salvá (1852) *pretérito próximo*: tabla 7.

Las denominaciones *pretérito perfecto simple* y *pretérito perfecto compuesto* son modificadas por la GRAE de 1917, que llama *pretérito indefinido* a la forma verbal *canté*, y *pretérito perfecto* a la forma verbal *he cantado*.

Tabla 7: Las formas verbales en el siglo XIX hasta el inicio del siglo XX.

forma verbal	Bello (1847)	Salvá (1852)	GRAE 1854 y 1858	GRAE 1920
canté	Pretérito	Pretérito absoluto (el perfecto de los gramáticos)	Pretérito perfecto simple	Pretérito indefinido
cantaba	Copretérito	Pretérito coexistente (imperfecto de los gramáticos)	Pretérito imperfecto	Pretérito imperfecto
he cantado	Antepresente	Pretérito próximo	Pretérito perfecto compuesto	Pretérito perfecto

El término *indefinido* lo habíamos encontrado en la gramática de San Pedro (1769), que había designado con este la capacidad del *pretérito perfecto compuesto* de describir acciones cuyos resultados perduran hasta la actualidad. Encontramos este término también en la gramática de Noboa (1839), que reflexiona sobre esta forma verbal y señala que el pretérito compuesto denota una época más indeterminada que los otros pretéritos y que no ha acabado de ocurrir, sino que está pendiente o está relacionada con el presente:

> Pretérito actual. Se llama pretérito porque espresa la significación como pasada respecto del presente, pero como presente ó coexistente con otra época anterior, v.g. *yo entraba cuando tú salías.* Pretérito definido. Se llama definido este pretérito porque se refiere á una época fija, determinada, i enteramente concluida, haga poco ó mucho que se concluyó, sin embargo de que se le mire como mas remoto que el indefinido. Pretérito indefinido. Se llama indefinido porque la época á que se refiere es mas indeterminada ó no ha acabado de pasar, sino que está pendiente ó relacionada con la presente; por cuya razon se le considera mas inmediato al presente, que el definido. Ejemplos de los dos: *El año ó el siglo pasado hubo hambres, este año ó este siglo ha habido guerras. Ayer se marchó el criado, i no ha venido hasta ahora* (Noboa 1839, 84).[3]

Entonces, ¿Qué pudo haber movido a la Real Academia a denominar el *pretérito definido* de Noboa como *indefinido*? Se puede ver una explicación en la interacción de tres razones:

1. La analogía de algunas formas del pretérito perfecto simple con el aoristo griego puede haber conducido al préstamo del término griego *aoristo* y a su calco español *indefinido*.
2. La segunda razón ya fue identificada por Gili Gaya (1961, § 119): «[la Academia] confunde la perfección de un acto con su terminación en el tiempo». La Academia justificó esta clasificación del así llamado indefinido basándose

---

3 El subrayado es nuestro.

en que «expresa unas veces el hecho o acción como incipientes, y otras como terminados, según la significación del verbo» (GRAE 1931, § 294b). Con esta justificación se juzga mal el carácter general del aspecto que puede aparecer en varias significaciones que corresponden también a las características léxicas de los modos de acción.

3. Además, el criterio formal de la oposición simple / compuesto se revela como dominante. La consideración del perfecto simple como forma perfecta rompería por completo la simetría del sistema al ser simple, pero perfecta y no poder oponerse luego a su compuesta correspondiente (tabla 8; Rojo 1990, 20–21). Se puede constatar la superposición del sistema morfológico a las funciones de las formas verbales, pues se identificaba una oposición morfológica entre *formas verbales compuestas / simples* y una oposición *aspectual terminado / no terminado*.

Tabla 8: El verbo en las Gramáticas de la Academia desde 1917 (Rojo 1990, 20).

Tiempos que representan la acción como no terminada		Tiempos que representan la acción como terminada	
Modo Indicativo			
Presente	digo	Pretérito perfecto	he dicho
Pretérito imperfecto	decía	Pretérito	
Pretérito indefinido	dije	pluscuamperfecto	había dicho
Futuro imperfecto	diré	Pretérito anterior	hube dicho
		Futuro perfecto	habré dicho
Modo Potencial			
Potencial simple o imperfecto	diría	Potencial compuesto o perfecto	habría dicho
Modo Subjuntivo			
Presente	diga	Pretérito perfecto	haya dicho
Pretérito imperfecto	dijera	Pretérito	hubiera dicho
Futuro imperfecto	dijese	pluscuamperfecto	hubiese dicho
	dijere	Futuro perfecto	hubiere dicho

Y como en el siglo XX se difundió en Europa la noción de 'aspecto' en la descripción del sistema verbal, «no hubo problema de integración del aspecto en la descripción de las gramáticas del español como tercera categoría porque la distinción entre terminado y no terminado ya estaba antes presente» (Haßler 2012, 449).[4] Se

---

4 Para más detalles, cf. GRAE (1931, 266) y Rojo (1990, 19).

trataba de «desgajar lo que antes era un rasgo que formaba parte de algo más amplio (el tiempo) y convertirlo en categoría independiente» (Rojo 1990, 20).

El error de la clasificación del pretérito perfecto simple como *indefinido* fue corregido por Gili Gaya, quien llegó a una visión global de la estructura del verbo, que es el punto de arranque de la mayor parte de los enfoques ulteriores. En esta visión son perfectivas todas las formas compuestas y *leí*, y las imperfectas son todas las simples, salvo *leí* (tabla 9):

Tabla 9: El verbo en Gili Gaya 1961, § 120 (Rojo 1990, 23).

	Imperfectos Absolutos	Relativos	Perfectos Absolutos	Relativos
Presente	leo			
Pretérito	leía		leí	había leído
			he leído	hube leído
Futuro	leeré	leería		habré leído
				habría leído

En el *Esbozo* (1985 [1973]) se abandona el uso del término *pretérito indefinido* y se utiliza el término *pretérito perfecto simple*, para el cual se da la explicación de que no siempre el concepto de perfección gramatical coincide con el término de la acción en el tiempo (*Esbozo* 1985 [1973], 462) (tabla 10):

Tabla 10: Las formas verbales en el siglo XX.

forma verbal	RAE (1931)	*Esbozo* (1973)	DRAE
canté	Pretérito indefinido	Pretérito perfecto simple	Pretérito perfecto simple
cantaba	Pretérito imperfecto	Pretérito imperfecto	Pretérito imperfecto
he cantado	Pretérito perfecto	Pretérito perfecto compuesto	Pretérito perfecto compuesto

3 La integración de la noción de 'aspecto' y aspectualidad en las gramáticas españolas posteriores

La categoría de la aspectualidad no depende de la gramaticalización del aspecto y no se limita a la posibilidad de expresar la totalidad de un evento o el evento en su transcurso. Hubo varias discusiones sobre el aspecto en la segunda mitad del siglo XX, de las cuales queremos mencionar solamente a Bondarko (1984; 1991) y Comrie (1976), que mantienen una postura radical en la distinción del aspecto perfectivo e imperfectivo que pueden presentarse con diferentes significaciones que parcialmente coinciden con los modos de acción. Parece también importante separar el aspecto gramatical de las otras posibilidades de expresión que tiene la aspectualidad, que son en la mayor parte léxicas.

La aspectualidad está definida por estos autores como una categoría funcional cuyo núcleo es el aspecto verbal, pero que reúne también los modos de acción, adverbios, partículas, perífrasis verbales e incluso elementos sintácticos como el orden de las palabras.

El español tiene formas verbales marcadas aspectualmente, pero no tiene una correlación aspectual como en las lenguas eslavas. Es decir, el aspecto en español está parcialmente gramaticalizado. Esto se puede comprobar mediante la traducción de una frase rusa en la cual aparecen dos verbos correlacionados:

(6) Он сдавал   экзамен, но   не сдал.
     El   pasaba.3.S.IPFV examen   pero no pasó.3.S.PFV.
     'Él estaba dando el examen pero no lo pasó.'
     *Pasaba el examen, pero no lo pasó.

Mientras que la correlación aspectual entre *сдавать* (imperfecto) y *сдать* (perfecto) basta para expresar la oposición entre el intento y el resultado, la oposición entre el imperfecto y el perfecto simple no es suficiente en la frase española. La telicidad del verbo se superpone, en este caso, al aspecto gramatical. Es uno de los hechos por los cuales resulta difícil considerar las lenguas románicas como aspectuales. Esta dominancia léxica parece también la razón por la cual el aspecto como fenómeno gramatical se distingue insuficientemente de los modos de acción. Por eso, en el español existe la tendencia a confundir y mezclar, con frecuencia, el *aspecto gramatical* con el *aspecto léxico*. Por ejemplo, en el *Esbozo* (1985 [1973]), el aspecto jugaba un papel mínimo y aparece solamente en la descripción de los modos de acción expresados por el significado léxico de los verbos. El aspecto se describe como modificaciones morfológicas o perifrásticas que «reciben el nombre de aspectos en cuanto pueden reforzar o alterar la clase de acción que cada verbo tiene por su significado propio» (*Esbozo* 1985 [1973], 461). Se expresa, según esta opinión, por elementos morfológicos que añaden un rasgo aspectual al significado léxico de los verbos:

Así, por ejemplo, *enojarse* (comenzar a sentir enojo) toma aspecto incoativo, que no tiene el verbo *enojar*, por la añadidura del pronombre reflexivo; lo mismo ocurre entre *dormirse* (incoativo) y *dormir* (durativo) (*Esbozo* 1985 [1973], 461).

En la *Gramática Descriptiva*, De Miguel (1999, 2993) introduce la noción de *aspectualidad* como *manifestaciones formales de la aspectualidad*, pero aparece en el capítulo del *aspecto léxico* (De Miguel 1999, 2979–3056) y empieza con la descripción de los modos de acción (De Miguel 1999, 2979). No obstante, llega a una visión general de la aspectualidad.

En la *Nueva Gramática* (NGLE 2009) se toma en cuenta el estado de la discusión sobre la aspectualidad, pero se pone al *modo de acción* en el centro de estudio del aspecto, y a pesar de que se habla de tres grupos de manifestaciones del aspecto verbal: a) aspecto léxico o modo de acción, b) aspecto sintáctico o perifrástico y c) aspecto morfológico o desinencial (formas verbales) (NGLE 2009, 1685), no se encuentra coherentemente la noción de 'aspectualidad' como una categoría semántico-funcional que comprende todos los temas aspectuales. Por ejemplo, en la descripción de las perífrasis verbales se utilizan sobre todo denominaciones de fases de un evento, como incoativo, o perífrasis de interrupción y término. La perífrasis *estar+gerundio* se destaca por su frecuencia y su compatibilidad con todas las formas verbales del auxiliar y se le atribuye el rasgo de *aspecto progresivo*. En la descripción de esta perífrasis se muestra incluso la complejidad de la categoría de aspectualidad (sin llamarla así). Con el uso del *pretérito perfecto simple* u otra forma verbal perfectiva en la perífrasis, el término natural de un proceso télico queda oculto y se sugiere que no ha sido alcanzado:

Estuvo escribiendo una telenovela, pero nunca la terminó.
Han estado reparando la instalación del gas, pero no sé si por fin funciona.
Habían estado pintando la fachada, pero la habían dejado a medias (NGLE 2009, 2187).

En estos ejemplos se ve la interacción entre la significación del verbo que implica un proceso télico, la perfectividad del auxiliar y la imperfectividad de la perífrasis que domina el conjunto.

También es un avance importante que se reconozca la naturaleza composicional del aspecto léxico. Por *naturaleza composicional* se entiende la aportación de los rasgos que determinan el modo de acción por el verbo, pero también por alguno de sus complementos (NGLE 2009, 1693). La determinación composicional puede explicarse a partir de los complementos del verbo *escribir*:

Cortés <u>escribió la carta</u> y cerrada se la dio (Cervantes Salazar, Crónica).
Mas no lo cumplió ni guardó más tiempo de cuanto <u>tardó en escribir la carta</u> (Cieza, Guerras).

Y para mayor acrecentamiento de esta devoción, escribió cartas a los Sumos Pontifices (Granada, Vida).
La madre de doña Paquita dio en escribir cartas y más cartas (Moratín, Sí) (NGLE 2009, 1703).

El verbo *escribir* designa en estos ejemplos situaciones de naturaleza diferente. En *Cortés escribió la carta*, se trata de una acción terminada; en *tardó en escribir la carta* se dice que la acción terminada tuvo cierta duración. En los últimos textos se reintroduce una situación que carece de límite inherente, a pesar de que el predicado *escribir algo* lo tiene en función de su significado. Estos ejemplos muestran que la determinación composicional es un proceso meramente léxico que abstrae incluso de la función sintáctica.

En la descripción de los tiempos verbales se puede observar también que el pensamiento en términos de *modos de acción* está siempre implicado.

4 La categoría semántico-funcional de la aspectualidad en español

En el sistema verbal de las lenguas romances, la expresión de la aspectualidad está estrechamente unida con la temporalidad. En estas lenguas no existe ninguna forma verbal que exprese solamente cualidades aspectuales. No obstante, hay algunas formas verbales a las que se les puede atribuir solo rasgos aspectuales más que temporales, por ejemplo, el pretérito imperfecto *cantaba* (cf. Haßler 2016, 107–118). Como ya habíamos mencionado anteriormente, el aspecto es una categoría gramatical (no deíctica) del verbo que expresa una acción en su totalidad o una acción en su transcurso. No existe en las lenguas romances una correlación aspectual perfectiva / imperfectiva como en las lenguas eslavas.

Pero ya Bondarko (1967; 1984; 1987; 1996) y Comrie (1976) habían analizado las características funcionales del aspecto en las lenguas aspectuales como un criterio contrastivo para el estudio tipológico en lenguas no aspectuales o que no poseen una correlación aspectual. Más allá de la categoría gramatical de aspecto, existen en las diversas lenguas (no aspectuales) diversos medios de expresión que pueden asumir funciones aspectuales (Haßler 2016, 190). Estos medios pueden estar más o menos especializados en asumir estas funciones aspectuales o proporcionar estos significados aspectuales dependiendo del contexto en que aparezcan. La totalidad de estos medios forman parte de la categoría semántico-funcional de la aspectualidad. La aspectualidad es una categoría universal y desde un «enfoque onomasiológico» (Dessì Schmid 2014) se parte del concepto de 'aspecto' hacia los posibles medios lingüísticos que existen en una lengua para expresar aspectualidad (cf. Böhm 2016, 99).

En las lenguas aspectuales, por ejemplo en las eslavas, el núcleo de la aspectualidad es el aspecto gramatical, pero a su vez existen otros medios que extienden semánticamente el significado del aspecto gramatical (tabla 11):

Tabla 11: La composición de la aspectualidad en lenguas aspectuales (Haßler 2016, 191).

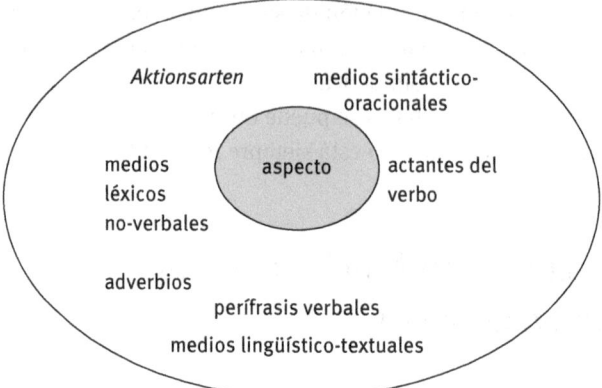

No obstante, en las lenguas romances donde el aspecto gramatical no se concibe como tal, la aspectualidad no estaría constituida por un núcleo gramatical, sino que en su lugar aparecen formas verbales que marcan la aspectualidad y que se encuentran en oposición, como, por ejemplo, el *imparfait* y el *passé simple* o el *passé composé* en el francés. Estas formas verbales poseen sin embargo cualidades temporales y no están especializadas en la expresión de aspectualidad. De este modo, podrán ser vistas como núcleo de la aspectualidad en forma restringida (Haßler 2016, 192).

En el español, donde el aspecto verbal está parcialmente gramaticalizado, Böhm (2016, 20) explica que la aspectualidad en español está compuesta por un centro y una periferia (tabla 12).[5] En el **centro** se encontrarían:

a) la oposición gramatical de las formas verbales del pasado: el pretérito imperfecto (*cantaba*) / el pretérito perfecto simple (*canté*),

b) la oposición aspectual flexiva de las formas verbales compuestas y no compuestas: *he cantado* / *canto* y

c) la oposición progresiva *estoy cantando*/no progresiva *canto* y *cantar*.

---

5 Cf. también Guzmán Tirado/Herrador del Pino (2002).

Tabla 12: La composición de la aspectualidad en las lenguas romances, por ejemplo el francés (Haßler 2016, 192).

La **periferia** estaría compuesta por medios léxicos (*Aktionsarten* o modos de acción), como los verbos incoativos (*empezar, comenzar*), verbos durativos (*leer, trabajar, viajar*), verbos continuativos (*seguir*), verbos repetitivos (*releer, volver*), verbos terminativos (*finalizar, terminar, morir*), etc., y los adverbios, como *siempre, de repente, durante*, etc. También se encuentran los medios sintácticos, por ejemplo, las perífrasis verbales de infinitivo (*ir a / volver+infinitivo*, etc.), las perífrasis de gerundio (*ir / andar / llevar+gerundio*, etc.) y las perífrasis de participio (*tener / llevar+participio*, etc.), así como los medios contextuales, como *los complementos del verbo* que cambian el significado aspectual del verbo. Por ejemplo, *bebió leche* (verbo de actividad) y *bebió la leche* (verbo de logro) (cf. García Fernández 2011, 44); los verbos *ser* y *estar*, por ejemplo, *es feliz* (duración continua de una situación) / *estaba feliz* (duración de un estado en un determinado tiempo); los pronombres *me, te, se, nos, os, se*, por ejemplo, *dormir* (verbo de actividad) / *dormirse* (verbo de logro); entre otros (cf. Guzmán Tirado/Herrador del Pino 2002, Böhm 2016, 20, 226–227).

5 Conclusión

De este modo, parece comprensible agrupar los medios de expresión anteriormente mencionados bajo una categoría funcional (Haßler 2016, 197–198):

Primero, porque su similitud funcional queda más clara —independientemente de que exista o no una gramaticalización y en qué estadio se encuentre—.

Segundo, se hace también aprehensible la interacción de los medios de expresión de una categoría funcional en el contexto. Los rasgos aspectuales pueden incluso interactuar en una oración, como, por ejemplo, la perífrasis imperfectiva *estar+gerundio,* la cual puede ser usada tanto en la forma perfectiva como la imperfectiva (Haßler 2016, 197):

(7) María *estuvo hablando* con Jorge durante dos horas.

(8) María *estaba hablando* con Jorge durante dos horas.

Este fenómeno aspectual puede ser visto desde dos perspectivas respecto a la situación debido a la doble marcación aspectual. En (7) la perífrasis imperfectiva lleva a contemplar la situación desde su interior, mientras que la forma perfectiva del auxiliar (*estuvo*) presenta la acción como terminada. En el ejemplo (8) el auxiliar en la forma imperfectiva (*estaba*) no proporciona esta misma información sobre la situación.

Tercero, el estudio de categorías funcionales permite estudiar lenguas que no poseen un núcleo gramatical. Además de la aspectualidad se suman otras categorías funcionales similares. Por ejemplo, la evidencialidad, para la cual en las lenguas europeas no existe un núcleo, pero que contiene diversos medios de expresión que en los últimos diez años han llamado la atención.

Bibliografía

Agrell, Sigurd, *Aspektänderung und Aktionsartbildung beim polnischen Zeitworte,* N. F. Afd. 1, Bd. 4, Nr. 2, Lund, Häkan Ohlssons Buchdruckerei, Lunds Universitets Ärsskrift, 1908.

Barsov, Anton, *Rossijskaja Grammatika,* in: Tobolova, Mariâ Pavlovna/Uspenskij, Boris (edd.), *Rossijskaja grammatika Antona Alekseeviča Barsova,* Moskva, Izdatel'stvo Moskovskogo Universiteta, 1981 [manuscrito 1783–1788].

Bello, Andrés, *Gramática de la lengua castellana destinada al uso de los americanos. Con las notas de Rufino José Cuervo,* Estudio y edición de Ramón Trujillo, vol. 2, Madrid, Arco/ Libros, S.A., 1988 [1847].

Bentein, Klaas, *Tense and aspect from hellenistic to early byzantine,* in: Giannakis, Georgios (ed.), *Encyclopedia of Ancient Greek language and linguistics,* Brill, Leiden, 2014, 379–381.

Böhm, Verónica, *La imperfectividad en la prensa española y su relación con las categorías semánticas de modalidad y evidencialidad,* Frankfurt, Lang, 2016.

Bondarko, Aleksandr, *K problematike funkcional'no- semantičeskich kategorij: (Glagol'nyj vid i «aspektual'nost'»* v russkom jazyke) / *On the problems of functional- semantic categories: the verbalaspect and «aspectuality» in the Russian language,* Voprosy jazykoznanjia 2 (1967), 18–31.

Bondarko, Aleksandr, *Teorija grammatičeskogo značenija i aspektologičeskie issledovanija,* Leningrad, Nauka, 1984.

Bondarko, Aleksandr, *Teorija funkcional'noj grammatiki. Vvedenie. Aspektual'nost'. Vremennaja lokalizovannost'*, Leningrad, Taksis, 1987.

Bondarko, Aleksandr, *Functional grammar. A field approach*, Traducido por I.S. Chulaki, Amsterdam/Philadelphia, Benjamins, 1991.

Bondarko, Aleksandr, *Problemy grammatičeskoj semantiki i russkoj aspektologii*, St. Petersburg, Izdatel'stvo Sankt-Peterburgskogo universiteta, 1996.

Brugmann, Karl/Delbrück, Berthold, *Grundriss der vergleichenden Grammatik der indogermanischen Sprachen*, Strassburg, Truebner, 1897–1916.

Calleja, Juan, *Elementos de gramática castellana*, Bilbao, Pedro Antonio de Apraiz, 1818.

Comrie, Bernard, *Aspect: An introduction to the study of verbal aspect and related problems*, Cambridge, Cambridge University Press, 1976.

Curtius, Georg, *Die Bildung der Tempora und Modi im Griechischen und Lateinischen sprachvergleichend dargestellt*, Berlin, Besser, 1846.

De Miguel, Elena, *El aspecto léxico*, in: Bosque, Ignacio/Demonte, Violeta (dirs.), *Gramática descriptiva de la lengua española*, vol. 2, Madrid, Espasa Calpe, 1999, 2977–3060.

Dessì Schmid, Sarah, *Aspektualität. Ein onomasiologisches Modell am Beispiel der romanischen Sprachen*, Berlin/Boston, de Gruyter, 2014.

García Fernández, Luis, *Algunas observaciones sobre se aspectual*, in: Cuartero, Juan/García Fernández, Luis/Sinner, Carsten (edd.), *Estudios sobre perífrasis y aspecto*, München, Peniope, 2011, 43–71.

Genta, Florencia, *Perífrasis verbales en español: focalización aspectual, restricción temporal y rendimiento discursivo*, Universidad de Granada, Departamento de Lingüística General y Teoría de la Literatura, Tesis doctoral, 2008.

Gili Gaya, Samuel, *Curso superior de sintaxis española*, Barcelona, Biblograf, 1961.

GRAE (1771) = Real Academia Española, *Gramática de la lengua castellana*, Madrid, Don Joaquín Ibarra, Impresor de Cámara de S.M., 1771.

GRAE (1796) = Real Academia Española, *Gramática de la lengua castellana*, Madrid, La viuda de Don Joaquín Ibarra Quarta, edición corregida y aumentada, 1796.

GRAE (1854) = Real Academia Española, *Gramática de la lengua castellana*, Madrid, Imprenta Nacional, Nueva edición, 1854.

GRAE (1858) = Real Academia Española, *Gramática de la lengua castellana*, Madrid, Perlado, Páez y compañía, Nueva edición, 1858.

GRAE (1920) = Real Academia Española, *Gramática de la lengua castellana*, Madrid, Perlado, Páez y companía, Nueva edición reformada, 1920.

GRAE (1931) = Real Academia Española, *Gramática de la lengua española*, Madrid, Espasa Calpe, Nueva edición reformada, 1931.

GRAE (1985 [1973]) = Real Academia Española, *Esbozo de una nueva gramática de la lengua española*, Madrid, Espasa Calpe, 1985 [1973].

Greč, Nikolaj, *Praktičeskaja russkaja grammatika*, Sankt-Peterburg, Tipografija Imperatorskogo sanktpeterburgskogo vospitatel'nogo doma, 1827.

Guzmán Tirado, Rafael/Herrador del Pino, Manuela, *El aspecto verbal en español: Historia de la cuestión y nuevas aportaciones a su estudio*, Cuba, Universidad de Oriente, Santiago de Cuba, 2002.

Haßler, Gerda, *Temporalität, Aspektualität und Modalität in romanischen Sprachen*, Berlin/New York, de Gruyter, 2016.

Haßler, Gerda/Neis, Cordula, *Lexikon sprachtheoretischer Grundbegriffe des 17. und 18. Jahrhunderts*, 2 vol. Berlin/New York, de Gruyter, 2009, 1218–1262.

Holt, Jens, *Études d'aspect*, Acta Jutlandica Aarsskrift for Aarhus Universitet 15:2, 1943.

Jiménez Patón, Bartolomé, *Instituciones de la gramática española*, Baeza, Piedro de la Cuesta, 1614.

Koschmieder, Erwin, *Nauka o aspektach czasownika polskiego w zarysie. prˊoba syntezy*, in: *Rozprawy i materiały wydziału i towarzystwa przyjaciˊoł nauk w wilnie*, vol. 2, Wilno, 1934.

Lomonosov, Michail, *Rossijskaja grammatika*, St. Petersburg, Imperatorskaja Akademija Nauk, 1755.

Ludolf, Heinrich, *Grammatica Russica quae continet non tantum praecipua fundamenta russicae linguae, verum etiam manductionem quandam ad grammaticam slavonicam*, Oxonii, Sheldon, 1696.

MacLennan, Luis, *El problema del aspecto verbal: estudio crítico de sus presupuestos*, Madrid, Gredos, 1962.

Martínez Gómez Gayoso, Benito, *Gramática de la lengua castellana reducida a breves reglas, facil méthodo para instruccion de la Juventud: nuevamente añadida y emendada*, Madrid, Gabriel Ramirez, 1769.

Miklosisch, Franz, *Vergleichende Grammatik der Slavischen Sprachen*, vol. 4: *Syntax*, Wien, Wilhelm Braumüller, 1883 [1868–1875].

Nebrija, Antonio de, *Gramática de la lengua castellana* (Salamanca 1492), Valencia, Servicio de Reproducción de libros, 1992.

NGLE = Real Academia Española y Asociación de Academias de la Lengua Española, *Nueva gramática de la lengua española*, 2 vol., Madrid, Espasa, 2009.

Noboa, Andrés, *Nueva gramática de la lengua castellana, según los principios de la filosofía gramatical*, Madrid, Eusebio Aguado, 1839.

Rocchetti, Alvaro, *Les rapports de l'infectum et du perfectum dans les langues romanes*, in: Bracquenier, Christine/Begioni, Louis (edd.), *L'aspect dans les langues naturelles. Approche comparative*, Rennes, Presses Universitaires de Rennes, 2012, 39–50.

Rojo, Guillermo, *Relaciones entre temporalidad y aspecto en el verbo español*, in: Bosque, Ignacio (coord.), *Tiempo y aspecto en español*, Madrid, Cátedra, 1990, 17–43.

Salvá, Vicente, *Gramática de la lengua castellana según ahora se habla*, París, Garnier Hermanos/México, José María Andrade, novena edición, 1852.

San Pedro, Benito de, *Arte del romance castellano, dispuesta segun sus principios generales i el uso de los mejores autores*, vol. 2, Valencia, Benito Monfort, Impressor del colegio Andresiano, 1769.

Smotrickij, Meletij, *Grammatiki Slavenskaja Pravilnoe Syntagma* (edición de Horbatsch, Olexa/Freidhof,Gerd), Frankfurt, Kubon und Sagner, 1974 [1619].

Sohier, Jean, *Grammaire et Methode Russes et Françoises*, München, Sagner, 1987 [1724].

Thrax, Dionysios (170–90 a. C.), *The art of grammar*, in: Uhlig, Gustav, *Grammatici Graeci* I:1, Bibliotheca Augustana, Lipsiae, 1883.

Villalón, Cristóbal, *Gramática castellana: arte breue y compendiosa para saber hablar y escreuir en la lengua castellana congrua y deçentemente*, Anvers, Guillermo Simon, 1558.

Villar, Juan, *Arte de la lengua española reducida a reglas y preceptos de rigurosa gramatica*, Valencia, Francisco Verengel, 1651.

Héctor Hernández Arocha y Guillermo Zecua

El estado es eterno mientras dura

Abstract: The present paper provides a critical review of some of the formal definitions usually put forward for the change of the state operator BECOME. It was first developed by Dowty (1979) in the framework of interval semantics. In order to overcome the main difficulties that are often encountered when applying those definitions to a broader range of data, we propose to start the event calculus by defining an irreducible time operator STATE as a universal semantic primitive which ranges over all non-logical and language-dependent constants. As a result, BECOME can be redefined as its logical complement. This theoretical change of perspective sheds light on the causes of some semantic shifts detected in the behavior of Spanish achievement and accomplishment predicates. Moreover, we discuss a possible definition for a semantic or mental time, relating its properties with those of physical time and its theoretical models.

Keywords: BECOME, STATE, interval semantics, achievements, accomplishments

1 Introducción

El presente estudio representa el fruto parcial del trabajo conjunto que los autores han llevado a cabo desde la celebración del *VIII Congreso Internacional de Lingüística Hispánica* en Leipzig en septiembre de 2016. Se origina, por tanto, como un esfuerzo cooperativo por dar respuesta a algunas de las incógnitas planteadas en la sección de semántica del mencionado congreso acerca de la estructura temporal de los eventos y su tratamiento teórico, especialmente a la luz de las conclusiones surgidas a partir de la contraposición de algunos planteamientos propuestos desde la semántica formal y la física teórica. El artículo está organizado del siguiente modo: el apartado 2 resume brevemente el llamado cálculo de eventos y algunos de sus desarrollos, centrándose especialmente en la semántica del operador BECOME. A continuación se discuten en el siguiente apartado tres problemas teóricos atribuibles a este operador, para pasar a definir el operador STATE en el apartado 5 como posible alternativa. El apartado 6 pone en relación la concepción de tiempo que presuponen las definiciones de ambos operadores con el tiempo físico, sus propiedades y sus

Héctor Hernández Arocha, Universität Erfurt
Guillermo Zecua, Universitatea Babeş-Bolyai Cluj-Napoca

https://doi.org/10.1515/9783110637700-010

aproximaciones teóricas. Por último, se presentan unas conclusiones generales extraídas de los datos y modelos estudiados y se analizan sus consecuencias cognitivas para la teoría semántica.

2 El cálculo de eventos

El cálculo de eventos, como modelo explicativo de las clases aspectuales advertidas por Vendler (2005[1957]), se ha revelado como una herramienta muy útil para analizar la semántica de eventos denotados por verbos, así como la de la consistencia semántica de entidades denotadas por sustantivos. De acuerdo a la aproximación inicial de Dowty (1979), la idea que subyace en el cálculo aspectual es que todo verbo se puede concebir como el resultado de la composición de primitivos semántico-aspectuales que reciben una interpretación semántica universal y constante conforme a un modelo definido previamente. Así, se pueden definir operadores universales como CAUSE (causación), BECOME (cambio de estado) o DO (actividad) para crear predicados complejos, pero, en última instancia, todas las estructuras lógicas se han de reducir a átomos predicativos monomembres de carácter estativo, como instanciación particular de la función[1] $(\{0, 1\}^{De})^{I \times J}$. Siendo así las cosas, los estados caen fuera del alcance del análisis aspectual. En palabras del propio Dowty:

> The intuition behind the aspect calculus is of course that stative predicates are somehow simpler or more limited in their interpretation than other kinds of verbs, hence it is an interesting enterprise to try to figure out how non-statives can be constructed out of statives in a tightly-constrained way (Dowty 1979, 126).

La propuesta de Dowty pretende incorporar el concepto de «espacio lógico» de van Fraassen en el modelo, para analizar estados como puntos o regiones en el espacio determinado por un número de ejes. De este modo, los estados equivaldrían a cantidades de medida relativas, como el peso, el color o la dureza, pudiendo algún término tener un valor nulo en alguno de los ejes. La interpretación de predicados estativos (físicos) requeriría, entonces, que

---

1 De acuerdo con Montague (1974[1970], 228, 258), esta función asigna índices o intensiones representadas como pares ordenados de mundos posibles (I) y contextos de uso o instantes (J) al conjunto de denotaciones (D) verificables para un individuo o entidad (e). En otras palabras, esta función especifica el conjunto de mundos/instantes posibles en los que la denotación de cada individuo se verifica.

> for each stative predicate there is a region of logical space such that at each index, an
> individual is in the extension of that predicate at the index if and only if the individual is
> assigned to a point within that region of space (Dowty 1979, 127).

De esta forma, se pueden crear sin problemas predicados complejos del tipo 'ponerse verde', 'dejar de ser verde', 'hacer verde', 'pasar de verde a azul (dejar de ser verde al tiempo que empieza a ser azul)' con ayuda de los operadores aspectuales, pero nunca podrían formarse predicados estativos del tipo *grue*, con el significado de 'ser tanto verde como azul', como creación léxica a partir de *green* y *blue*. De este modo se excluye la posibilidad de que los predicados estativos codifiquen estados del mundo físico por más de un intervalo o mundo posible.[2]

Un aspecto interesante de su propuesta es que, determinando el número y las propiedades de los primitivos semánticos universales imprescindibles para el análisis de eventos verbales, no solo se evita el problema que arrastraba la Semántica generativa de confundir lengua y metalengua, al utilizar palabras del lenguaje común para definir funciones semánticas, sino que también, con una nomenclatura definida formalmente, se atisba por primera vez la manera de cómo dar respuesta a la cuestión de qué propiedades determinan un verbo posible y excluyen uno imposible en el lenguaje natural.[3] Paralelamente, al dar respuesta a esta pregunta, se avanza considerablemente en la resolución del problema de cuántos tipos verbales pueden encontrarse en las lenguas naturales, sustentando de forma convincente la hipótesis de Vendler.

De este modo, sabemos que todo verbo intransitivo representa una instanciación de la siguiente forma lógica (Dowty 1979, 204):

(1) $$\lambda x \left[OP_1, \ldots, OP_n \left[Pred_i(x)\right]\right]$$

Imaginemos que un verbo$_i$ dado, cuyo contenido predicativo anotamos como *Pred$_i$*, se predica de un argumento variable *x* y le asignamos un valor nulo a la cadena de operadores $OP_1, \ldots, OP_n$. Entonces, si *Pred$_i$* denota 'estar vivo' y aplicamos un individuo constante, digamos **Juan**', tal instanciación de (1) dará

---

2 Sin embargo, Dowty advierte que este análisis, a pesar de que proporciona una herramienta de indudable beneficio para establecer «significados posibles», no es extensible a todas las clases de estados, como las apreciaciones subjetivas del tipo 'beautifull', 'pleasant' o los estados cognitivos como 'saber' o 'querer', que precisan más investigación para imponerle restricciones.

3 No entraremos a debatir el considerable avance que significó la sustitución del ascenso predicativo (i.e., *predicate raising*) de la Semántica generativa por el mecanismo de abstracción lambda en una lógica intensional de orden superior. Para ello, véase Dowty (1979, 200 y ss.).

como resultado una expresión de tipo 'Juan vive', esto es, un «estado» en la clasificación de Vendler. Si, además, determinamos un único operador (*OP*) como un complemento lógico ($\neg$), i.e., como un operador de negación, y mantenemos los valores constantes anteriores para el predicado y el individuo, entonces obtendremos una expresión del tipo $\neg Pred_i(\mathbf{Juan}')$, con la denotación 'Juan no vive (está muerto)'. En el caso de que introduzcamos un nuevo operador en la cadena de (1), como el operador de cambio de estado BECOME, entonces (1) se manifestará como (2), con la denotación constante heredada de la expresión anterior, pero denotando ahora un «achievement» en la dicotomía aspectual de Vendler. La expresión se interpretará, por tanto, con la denotación 'Juan muere (Juan pasa a no estar vivo)'.

(2) $$[\text{BECOME}[\neg Pred_i(\mathbf{Juan}')]]$$

Con esto no agotamos la posible variación semántica de una expresión monomembre como (1). Supongamos que, en vez de un operador de cambio de estado, introducimos uno de actividad, sustituyendo el predicado idiosincrático correspondientemente. En este caso, si $Pred_i$ = 'correr', la plantilla se interpretará con la denotación 'Juan corre (Juan realiza la actividad de correr)', esto es, una «actividad» en el sentido de Vendler, como vemos en (3).

(3) $$[\text{DO}(\mathbf{Juan}', [Pred_i(\mathbf{Juan}')])]$$

Tanto (2) como (3) denotan, en consecuencia, eventos independientes, aunque representen instanciaciones de la misma forma lógica (1): la realización sin operador aspectual añadido realiza un «estado», la incorporación de BECOME en (2) evoca un «logro» o «achievement» y la introducción de DO en (3) produce una «actividad».

En este punto, resulta interesante destacar que tanto la negación como el cambio de estado son funciones monomembres (cf. $\neg(\phi)$, BECOME(ϕ)), de un solo argumento predicativo, de tal modo que, cuando se aplican una vez, cierran el ciclo predicativo y la derivación da lugar a una expresión bien formada (al menos, en lo que respecta a su tipo lógico $\langle t, t \rangle$). La actividad, por el contrario, describe una función que proyecta, a su vez, una función monomembre a la función de un individuo ($\langle t, \langle e, t \rangle \rangle$). Como ya alertaba Ajdukievicz (1967 [1935]), los operadores tienen la propiedad de cerrar el ciclo predicativo, de modo que o bien se siguen autoincrustando de forma recursiva (cosa que (1) prohíbe, dado que la cadena enumera necesariamente operadores *distintos* entre sí) o el ciclo predicativo termina, dando lugar a una expresión lógicamente bien formada. Para seguir derivando la expresión, se precisa, por tanto, un nuevo operador definido para una lógica intensional de orden superior, dado que la aplicación reiterada de alguno de los operadores utilizados hasta ahora convertiría la expresión en una función recursivamente enumerable para tal operador, opción, como vemos, bloqueada de antemano. En el cálculo de eventos dowtiano, el único operador restante, el operador bimembre de causación $\phi\,\mathrm{CAUSE}\,\psi$, satisface esta propiedad y evade la restricción.

Siendo así las cosas, si introducimos la forma lógica de un verbo intransitivo (1) en el dominio de un nuevo operador, obtenemos la fórmula lógica de orden superior (4), que, en oposición a la anterior, traduce cualquier verbo$_i$ transitivo dado (Dowty 1979, 205):

(4) $\qquad \lambda\mathscr{P}\lambda x\,\mathscr{P}\{\hat{y}[OP_1, \ldots, OP_k(x, OP_{k+1}, \ldots, OP_n[Pred_i(y)]\ldots)\ldots]\}$

Esta fórmula expresa la idea de que hay que aplicar un predicado de orden superior ($\mathscr{P}$) que incluye en su extensión la abstracción lambda de un argumento ($\hat{y}$) del que se predica el verbo intransitivo antes descrito. Una vez determinada la cadena $OP_1, \ldots, OP_k$, vinculada a un argumento externo (λx) mediante abstracción lambda, la forma lógica subyacente captura la propiedad esencial de la llamada «alternancia causativa» (Rappaport/Levin 1998).

Supongamos que el verbo intransitivo incrustado es (2). Como consecuencia, llevamos a cabo la conversión lambda de $\hat{y}$ en la extensión de $\mathscr{P}$ y obtenemos:

(5) $\qquad \lambda x[OP_1, \ldots, OP_k\,(x, \mathrm{BECOME}[\neg Pred_i(\mathbf{Juan}')])]$

Entonces, para seguir derivando la expresión, introducimos el operador de causación, en el que cuantificamos existencialmente su primer evento (por razones que discutiremos más adelante) y le atribuimos una nueva entidad constante en su dominio, el individuo **Pedro**′: $\lambda\phi.\exists\psi[\psi(\mathbf{Pedro}')\mathrm{CAUSE}\,\phi]$. Una vez aplicado, obtenemos (6), con la interpretación 'alguna propiedad de Pedro causa que Juan pase a estar no vivo', propia de una oración como *Pedro mata a Juan*.

(6) $\qquad \exists\psi[\psi(\mathbf{Pedro}')\mathrm{CAUSE}(\mathrm{BECOME}[\neg Pred_i(\mathbf{Juan}')])]$

Esta última expresión se corresponde con un «accomplishment» en la clasificación de Vendler. Por una parte, vemos, entonces, que el cálculo eventivo representa una teoría apropiada para la enumeración de las cuatro clases aspectuales de Vendler (y solo esas). Por otra parte, nótese que, como no puede ser introducido de nuevo el operador de causación, el ciclo derivativo se cierra, de modo que no existe verbo que pueda ser conceptualmente más complejo que una «realización» o «accomplishment».

La instanciación concreta de esta forma lógica está sujeta, con todo, a otras interesantes restricciones. Como han advertido autores como Kaufmann (1995), Wunderlich (1997) o, recientemente, Ramchand (2008), análisis como el de Dowty ponen al descubierto el hecho de que, así como (6), en tanto que instanciación concreta de (4), representa un verbo posible de toda lengua natural, un verbo como (7) es, sin embargo, universalmente imposible. En palabras más simples: mientras que un verbo dado de sujeto agente y objeto paciente es una estructura universalmente aceptable para cualquier lengua, su relación inversa, esto es, un verbo con un sujeto paciente y un objeto agente, representa una opción universalmente vetada.

(7) $^{\ast}\lambda\mathscr{P}\lambda x\mathscr{P}\ \{\widehat{y}[\exists\psi[\text{BECOME}[\neg Pred_i(x)]\ \text{CAUSE}\ \psi(y)]]\}$

Kaufmann (1995) y Wunderlich (1997) captan esta restricción mediante el siguiente principio, que los autores enuncian informalmente como sigue:

Principio de conexión
En un evento conexo, todo subevento debe posibilitar inferencias sobre el anterior.

El modo en el que se debe interpretar en este contexto la condición de posibilitar inferencias permanece, con todo, un tanto oscuro. Intuitivamente, sin embargo, es comprensible la argumentación de que toda actividad se realiza persiguiendo un fin, mientras que el fin no causa necesariamente la puesta en marcha de la actividad. En todo caso, lo que sí se vuelve evidente es que el argumento que se encuentre en el dominio de BECOME, como argumento paciente (experimentante de un cambio de estado), carece de propiedades de control que lo habiliten para ser insertado como individuo del dominio de la primera proposición ϕ (causante) de CAUSE (Dowty 1991). De este modo, la asimetría está enteramente justificada.

Otra propiedad de gran interés a este respecto es la denominada restricción de complementariedad del resultado y la manera en la composición de significados verbales (Levin/Rappaport 2013). Teniendo en cuenta que la raíz verbal, como receptáculo de la información predicativa del verbo, solo puede ser insertada en la estructura lógica una vez, esto implica que, si la forma lógica de partida es una estructura bimembre de orden superior, como (4), el momento de la inserción crea una distribución complementaria en la interpretación del verbo simple: o $Pred_i$ se interpreta como una propiedad de la actividad o se interpreta como una propiedad del cambio de estado, pero no se puede interpretar como propiedad de ambos subeventos para una misma estructura (Hernández Socas 2017).

En resumen: el cálculo eventivo no solo se ha revelado ser una herramienta muy útil para la descripción de la semántica verbal sino que, al basarse en una lógica de tipos, permite hacer predicciones interesantes acerca de la variación denotativa y sintáctica de los verbos, así como de las condiciones universales para su formación. En este sentido, es importante resaltar que el cálculo eventivo, al definir operadores universales que controlan la cuantificación del tiempo, permite hacer una diferencia estricta entre la información que el hablante debe aprender durante el periodo de la adquisición del lenguaje y la información que debe atestiguar en tal proceso. Efectivamente, los operadores semántico-temporales son propiedades que el niño no necesita aprender inductivamente durante el proceso de la adquisición lingüística. Representan condiciones para la comprensión universal del tiempo y, por lo tanto, su papel en la adquisición lingüística se limita al de ser comprobados o atestiguados. Únicamente el contenido predicativo, $Pred_i$, que representa una parte decisiva, pero llamativamente pequeña del contenido denotado por el verbo, es el conjunto de información que debe ser, efectivamente, aprendido.

A pesar de que la concepción de estado no ha sido discutida, dada la premisa de que se sitúa fuera del dominio del cálculo aspectual, los operadores restantes han recibido un gran número de críticas y han sido sujetos a revisión en diversas ocasiones. Así, el escepticismo hacia el operador CAUSE ha sido patente y en la actualidad suele considerarse como una interpretación pragmática del operador conjuntivo (Wunderlich 1997; 2012). El operador de actividad ha sido escindido en ocasiones para acomodar los diversos casos de agentividad y control en inglés (Van Valin/La Polla 1997); el de BECOME, que es en el que nos centraremos en este trabajo, ha sido objeto de algunas críticas a propósito de problemas que enumeraremos a continuación. Antes de pasar a las críticas, veamos cuál es la interpretación que le atribuye Dowty para un modelo y cómo se ha ido desarrollando desde entonces.

3 El operador BECOME

Tras analizar varias propuestas de análisis de cambios de estado basadas en modelos temporales discretos, como la de von Wright y su operador de cambio T, Dowty propone hacer uso de una lógica de intervalos que evite los problemas teóricos que presenta la concepción del tiempo basada en puntos o instantes. Después de sopesar diferentes formalizaciones, el autor propone la siguiente definición formal para el operador de cambio de estado:

[BECOME φ] is true at *I* iff (1) there is an interval *J* containing the initial bound of *I* such that ¬φ is true at *J*, (2) there is an interval *K* containing the final bound of *I* such that φ is true at *K*, and (3) there is no non-empty interval *I'* such that *I'* ⊂ *I* and conditions (1) and (2) hold for *I'* as well as *I*. (Dowty 1979, 141)

Si observamos la imagen la figura 1, la definición propuesta por Dowty estipula que el operador BECOME se verifique para el intervalo *I* en un modelo denso del tiempo.

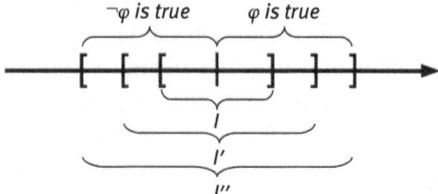

Figura 1: Intervalo de verificación de BECOME (Dowty 1979, 141).

Su ámbito de aplicación se correspondería, por tanto, con el intervalo temporal más pequeño detectable para la transición del complemento de una proposición a la propia proposición.

4 Tres problemas en la definición de BECOME

A continuación expondremos tres tipos de críticas que se han esgrimido o pueden esgrimir en contra de este operador. Para una mayor claridad expositiva, esbozaremos sucintamente las diferentes críticas según el grado en el que atentan contra la definición original, manteniendo solo colateralmente su desarrollo histórico-conceptual.

4.1 Su presuposición

En diversos trabajos, Bierwisch (2010) ha puesto de relieve el hecho de que el borde inicial (*the lower/initial bound*, en la terminología dowtiana) del intervalo verificado para BECOME no puede considerarse como una propiedad estrictamente léxica. En una oración como *Juan durmió al niño*, la definición propuesta habilita la inferencia de que, una vez llevado a cabo el cambio de estado, 'el niño duerme/está durmiendo'. Sin embargo, la inferencia 'el niño estaba despierto' no puede considerarse como un contenido explícito del evento designado por el verbo, sino, más bien, como una presuposición impuesta necesariamente al verbalizar el cambio de estado. Por esta razón, el autor propone redefinir el operador de modo que la proposición negada sea considerada como un contenido presupuesto del verbo y no una propiedad léxica en pie de igualdad con el estado resultante. Su definición es la siguiente:

> [BECOME ϕ] is true at I if and only if (i) there is an interval K containing the final bound of I with ϕ implied to be true at K, (ii) there is an interval J containing the initial bound of I with $\neg\phi$ presupposed to hold at J (Bierwisch 2010, 196).

Como vemos, esta definición difiere de la original únicamente en el estatus presuposicional del borde inicial del evento. Por razones de espacio, no enumeraremos el conjunto de consecuencias lingüísticas que el estatus presuposicional del operador tiene en su comportamiento sintáctico, tal y como ha demostrado Bierwisch (2010). Para nuestros fines argumentativos, bástenos con señalar el ligero cambio conceptual que posibilita el cambio de estatus de una parte de la definición. Por otro lado, nótese que el autor omite la tercera condición del operador, que reduce su ámbito de verificación al último intervalo posible para el que ya se da el cambio de estado. Esta infraespecificación en la definición la ha motivado, en parte, el problema del cambio de estado progresivo o gradual, que es objeto de estudio del siguiente apartado.

4.2 Su gradación

En la definición original del operador, la cláusula (3) restringe la posibilidad de que I contenga subintervalos propios, de modo que, como hemos advertido anteriormente, se concebirá siempre como el intervalo mínimo que contiene el roce entre los bordes de los intervalos J y K, y nunca superará la suma de estos dos instantes (representados a la izquierda y la derecha de la raya vertical del esquema anterior). Dowty alega una serie de problemas relativos a este fenómeno y a la necesidad de la cláusula (3). Imaginemos un evento J de cinco minutos para el que es verdad que una puerta determinada está cerrada (proposición que denotamos $\neg\phi$) y, para el evento K de cinco minutos subsiguiente, se da el caso de que la puerta está abierta (ϕ). Supongamos que I' representa la suma de J y K, y que hay un subintervalo propio de I', denominado I, que representa el intervalo mínimo para el que se da el cambio predicativo de $\neg\phi$ a ϕ. Entonces, en el esquema gráfico anterior, J simbolizaría el intervalo comprendido entre la raya vertical y el segundo corchete a su izquierda, al tiempo que K comprendería el intervalo que se extiende desde la línea vertical hasta el segundo corchete a su derecha. En este contexto, parece poco probable que el superintervalo I', que contiene J y K sucesivamente, sea una representación semántica válida para una oración como *la puerta se abrió*. Esta oración no denota, efectivamente, la duración previa y ulterior del cambio de estado, sino el cambio de estado estricto. Este argumento motiva la presencia de la tercera cláusula y restringe el operador para una representación como la expuesta en la figura 2, como variante no ambigua de la anterior:

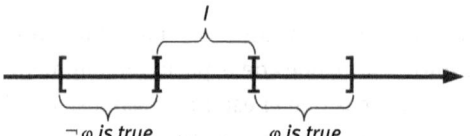

Figura 2: Intervalo mínimo de verificación de BECOME (Dowty 1979, 140).

Un aspecto relevante en este punto es, por tanto, si I ha de permitir gradación, esto es, si el intervalo permite una transición paulatina de $\neg\phi$ a ϕ, como observamos en transiciones graduales como *descongelarse*, consideradas como eventos delimitados y subdivididos con relevancia del final (Dessì Schmid 2014, 150). Sin duda, la definición no capta esta posibilidad de forma explícita. Dowty aduce otros ejemplos incluso más complejos, como el caso en el que, durante la construcción de una casa, hay muchos momentos en los que la casa no se está construyendo *de facto*, a pesar de que continuamente pasa el tiempo involucrado en el intervalo de la construcción. Por esta razón, Dowty supone que la tercera cláusula implica una especie de «máxima conversacional» griceana, por la cual solo es relevante para el evento predicado el instante en el que efectivamente cambia de estado el objeto, aun cuando el cambio se haya realizado durante un período de tiempo más largo que el involucrado en la construcción factual. La definición omite, por tanto, el problema de la gradación y lo relega a una interpretación pragmática (van Benthem 1986, 197).

Sobre la base de diferencias tipológicas entre lenguas, algunos autores como Van Valin/La Polla (1997, 104) han creído necesario escindir el operador de acuerdo a este criterio, asingando INGR (ingresivo) para cambios de estados instantáneos y BECOME para cambios de estado paulatinos, sin proporcionar, sin embargo, una definición formal para ambos.

La noción de cambio de estado paulatino está íntimamente relacionada con el concepto de tema incremental, tal y como ha sido aplicado en Dowty (1991) y desarrollado conceptualmente en Krifka (1998) en el marco de la teoría mereológica. Según este último autor, los predicados pueden ser *cumulativos* o *cuantificables*. Dada una estructura mereológica definida por una tupla $\langle U, \oplus, \leq, <, \otimes \rangle$, que contenga un conjunto de entidades U, una operación de suma tarskiana $\oplus$ (Champollion/Krifka 2016) que satisfaga las propiedades conmutativa, asociativa y de idempotencia,[4] una relación de parte $\leq$, una relación de parte propia $<$ y una relación de superposición $\otimes$, esto es, una relación entre dos entidades por la que hay alguna región que es una parte (propia) de ambas entidades, entonces, un predicado X generado por un álgebra mereológica es, efectivamente, *cumulativo* cuando se da el caso de que, dadas dos entidades x e y contenidas en X, $x \neq y$, y la suma tarskiana de x e y está contenida en X. Definido formalmente (Krifka 1998, 199ss), un predicado X es cumulativo si satisface (8):

$$(8) \qquad \exists x \,\exists y \,[X(x) \,\wedge\, X(y) \,\wedge x{\neq}y\,] \,\wedge\, \forall x \,\forall y \,[X(x) \wedge X(y) \rightarrow X(x \oplus y)]$$

Un predicado generado por este lenguaje mereológico es, por el contrario, *cuantificable* si, para cualquiera de las entidades x e y contenidas en X, x no es una parte propia de y, como refleja (9):

$$(9) \qquad \forall x \,\forall y [X(x) \,\wedge\, X(y) \rightarrow \neg\, x < y]$$

Esclarecidas las condiciones bajo las cuales un predicado puede ser considerado cumulativo o cuantificable, se vuelve evidente que todo predicado cumulativo ha de ser atélico, al tiempo que todo predicado cuantificable será, necesariamente, télico: Si tenemos un predicado como 〚*agua*〛 y seleccionamos de él una parte (propia), digamos, medio litro, tal parte será considerada también 〚*agua*〛, del mismo modo que seguirá considerándose 〚*agua*〛 tal predicado si aumentamos su extensión a cinco litros. Este fenómeno se observa también en los denominados *bare plurals*, como ha advertido Carlson (1977). Si el conjunto que incluye un 〚*cedro*〛, un 〚*drago*〛 y un 〚*roble*〛 puede ser nombrado como 〚*árboles*〛, tal conjunto permanecerá invariable tanto si eliminamos el elemento 〚*roble*〛 de su extensión como si la ampliamos añadiendo 〚*sabina*〛. Así, la propiedad que nos permite concebir tanto al cedro como al roble como árboles es la misma a pesar de que el cedro y el roble no sean la misma entidad. En este mismo sentido, la propiedad semántica que hace del primer y segundo litro de un líquido 〚*agua*〛 es la misma a pesar de que la del primer litro no sea la misma agua que la del segundo litro, y así sucesivamente. De este modo, si el evento 〚*trabajar*〛 tiene lugar en un intervalo temporal de una hora, se puede afirmar que, para cualquier subevento propio de tal intervalo, el predicado 〚*trabajar*〛 también se

---

4 La inclusión de la suma tarskiana posibilita la interpretación del álgebra como un semirretículo superior (*join-semilattice*).

verifica, de modo que se puede afirmar que ⟦*se ha trabajado*⟧. Si el intervalo se incrementa hasta dos horas, el predicado que se verifica para tal intervalo seguirá siendo, con todo, ⟦*trabajar*⟧. En definitiva, el carácter cumulativo permite englobar sustantivos de masa o incontables, *bare plurals* y verbos atélicos en una misma clase y resaltar su naturaleza predicativa. No ocurre lo mismo, por otra parte, con los sustantivos contables, los plurales determinados y los predicados télicos, cuyo carácter cuantificable permite agrupar en una misma clase. Si el conjunto de ⟦*mi mano izquierda*⟧ y ⟦*mi mano derecha*⟧ conforma ⟦*mis manos*⟧, no podemos decir que solo ⟦*mi mano izquierda*⟧ o alguna de las propiedades de ella, como ⟦*mis cinco dedos*⟧, pueda ser considerada como ⟦*mis manos*⟧, del mismo modo que si añadimos otra mano al conjunto, entonces tal conjunto resultante tampoco podrá ser considerado como ⟦*mis manos*⟧. Si, señalando tres libros que están sobre una mesa, me refiero a ellos como *estos libros*, entonces no puede decirse que solo uno de los libros, sus hojas o la suma de los tres libros más otro sean un miembro propio del predicado *estos libros*. Si el evento ⟦*escribir este artículo*⟧ ha sido verdad para un intervalo temporal de diez días, entonces no se puede afirmar, a diferencia del caso ya discutido, que para un intervalo temporal de cinco días ⟦*se ha escrito este artículo*⟧. En resumen: la presencia o ausencia de la cuantificación delimita la telicidad (Krifka 1998).

Partiendo de estos datos, es importante poner de relieve el hecho de que existe una relación isomórfica entre la consistencia semántica de las entidades nominales y las de las predicativas. En los casos en los que el predicado no expresa un cambio de estado instantáneo, la progresión paulatina del evento implica necesariamente la constitución o destrucción paulatina del objeto que funciona como argumento (incremental) del verbo. Krifka propone, entonces, que todo argumento puede ser considerado como *tema incremental*, argumento que anotamos mediante θ, si satisface las siguientes condiciones:

1. θ **muestra proyección sobre subeventos**: Si *y* es una *parte propia* de un tema *x* (considerado incremental θ) y *x* es argumento de un evento *e*, entonces habrá *un subintervalo propio e'* en *e*, tal que *y* es su argumento.

2. θ **muestra particularización (*uniqueness*) de eventos**: Si *y* es una *parte (impropia)* de un tema *x* (considerado incremental θ) y *x* es argumento de un evento *e*, entonces habrá *exactamente un subintervalo e'* en *e*, tal que *y* es su argumento.

3. θ **muestra proyección sobre subobjetos**: Si *x* es un tema (considerado incremental θ) de un evento *e* y *e'* es *un subintervalo propio* de *e*, entonces habrá *alguna parte propia* de *x*, por ejemplo, *y*, que sea tema de *e'*.

4. *θ* **muestra particularización (*uniqueness*) de objetos:** Si *x* es un tema (considerado incremental *θ*) de un evento *e* y *e'* es *un subintervalo (impropio)* de *e*, entonces habrá *exactamente una parte (impropia)* de *x*, por ejemplo, *y*, que sea tema de *e'*.

La proyección sobre subeventos o subobjetos alerta sobre el hecho de que, si se selecciona algún evento que tenga partes propias, entonces su tema también ha de tenerlas, de modo que para cada parte propia del evento haya una parte propia del objeto como su argumento. Si, por el contrario, se parte de los objetos, entonces, para cada parte propia del objeto habrá, correspondientemente, una parte propia del evento del cual esta se predica.

La particularización en la incrementalidad pone de relieve el hecho de que, si existe la posibilidad de que un evento tenga un tema del que se puede discriminar un subconjunto (recuérdese que todo conjunto es subconjunto de sí mismo y, por lo tanto, un subconjunto impropio no es necesariamente menor que su conjunto), entonces ha de haber al menos una parte del evento (recuérdese que todo evento es parte de sí mismo, dado el isomorfismo) que se predica del subconjunto o parte discriminable en el tema. Lo mismo ocurrirá con un evento en el que se puede discriminar un subintervalo eventivo, siendo, entonces, necesario encontrar al menos una parte del argumento del cual se predique tal subintervalo.

El tema incremental definido en una teoría mereológica posibilita que el cambio de estado sea gradual, esto es, habilita la propiedad semántica que Krifka ha denominado «incrementalidad estricta» o «graduabilidad».

Las ideas de tema incremental de Krifka han llevado a autoras como Rothstein (2004, 107ss.) a desarrollar el contenido de BECOME en términos de un cambio de estado desarrollado incrementalmente. La autora mantiene que, para cada parte discriminable en el cambio de estado, es posible distinguir un borde final (*upper bound*), denotado como (*ub*), y que cada parte muestra un orden intrínseco y natural, determinado por nuestro conocimiento del mundo. El orden de subintervalos eventivos da lugar a una cadena incremental que define como sigue (Rothstein 2004, 107; la traducción es, en adelante, nuestra):

Cadena incremental

Sea *e* un evento de tipo BECOME. Una cadena incremental $C(e)$ representa el conjunto de partes de *e* tales que:

a. El evento más pequeño en $C(e)$ es el borde inicial de *e*

b. Para todo e_1 e_2 en $C(e)$, $e_1 \sqsubseteq e_2$ ó $e_2 \sqsubseteq e_1$

c. $e \in C(e)$.

Una cadena incremental será, por tanto, aquella que se constituya a partir de partes ordenadas de modo creciente o decreciente, de forma que, si la cadena es creciente, la más pequeña será la primera y la mayor se corresponderá con la cadena total. Si, por el contrario, la cadena incremental es decreciente, la relación se invertirá, siendo la parte mayor la primera y la menor la última. La intuición que subyace a esta idea estaba ya presente en el modelo aspectual de Verkuyl (1993, 68) bajo la forma del rasgo [ADD TO], que caracterizaba a los procesos y los eventos (como parte de las eventualidades, en el sentido de Bach 2005[1986], 62) en oposición a los estados. Ahora bien, habiendo sido formalizada la cadena incremental de este modo, se puede definir, entonces, el concepto de culminación como sigue (Rothstein 2004, 107):

Culminación
Sea $(C(e))$ una cadena incremental en e.
$ub(C(e)) = \{ub(e') : e' \in C(e)\}$ (conjuntos de bordes finales de subeventos de e)
La culminación de e puede definirse como sigue: $Cul(e) =_{def} ub(e)$.

De este modo, si, dada una cadena incremental, seleccionamos los contornos finales de cada una de sus partes, la culminación de la cadena será la misma que la de parte mayor, esto es, la parte final en el caso de una cadena incremental creciente. La autora representa gráficamente la cadena incremental con culminación, por tanto, como sigue (figura 3):

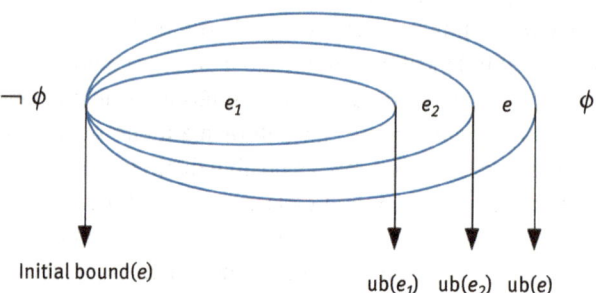

Figura 3: Cadena incremental con culminación según Rothstein (2004, 108).

La autora advierte, entonces, que la incrementalidad que se detecta en un cambio de estado paulatino debe desarrollarse paralelamente a la efectuación de la actividad que desencadena tal cambio de estado. Se debe postular, por tanto, alguna relación que vincule el desarrollo temporal de la actividad con el incremento del cambio de estado. Para solventar este problema, la autora propone la siguiente relación incremental (Rothstein 2004, 108):

Relación incremental

Sea e_1 una actividad, e_2 un evento de cambio de estado (BECOME) y $C(e_2)$ una cadena incremental definida sobre e_2.

Tendremos, entonces, una relación incremental INCR$(e_1, e_2, C(e_2))$ si y solo si se puede habilitar contextualmente una función isomórfica μ de $C(e_2)$ a PART(e_1) (conjuntos de partes de e_1), tal que:

para todo $e \in C(e_2)$: $\tau(e) = \tau(\mu(e))$.

Lo que se estipula mediante el presente operador INCR es la existencia de una relación isomórfica entre las partes de la cadena incremental definida sobre el cambio de estado y las de la actividad, únicamente en el caso de que la medida (μ) atribuible a las partes de la cadena sea equivalente a la de la actividad, de modo tal que para todo subevento contenido en la cadena incremental, su término sea el de su medida. La representación gráfica de esta relación isomórfica entre las partes del cambio de estado e_2 y las de la actividad sería la siguiente (figura 4):

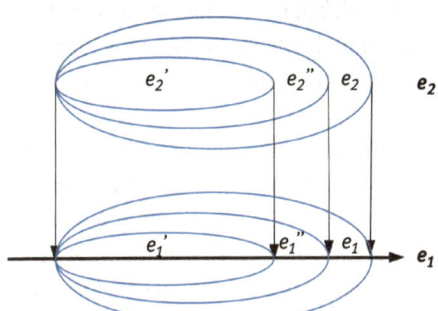

Figura 4: Isomorfismo entre un evento (e_1) y su tema incremental (e_2) según Rothstein (2004, 109).

Esta innovación le permite a la autora postular una plantilla semántico-intensional para los *accomplishments*, que mantenga las propiedades de (4) e incluya la dimensión incremental de los cambios de estado graduales. Transcribimos a continuación su representación (Rothstein 2004, 108):

Accomplishment template

$\lambda y \, \lambda e. \exists e_1 \exists e_2 \, [e =^S e_1 \sqcup e_2$

$\wedge$ ACTIVITY$_{(X)}(e_1) \wedge Ag(e_1) = x \wedge Th(e_1) = y$

$\wedge$ BECOME$_{(Y)}(e_2) \wedge Arg(e_2) = Th(e_1)$

$\wedge$ INCR$(e_1, \ e_2, \ C(e_2))]$

Si aplicamos un predicado constante a esta expresión, este será escindido en dos subintervalos temporales e_1 y e_2, donde el primero expresará la actividad, especificando al argumento externo x como su AGENTE y al interno y como su TEMA, y el segundo especificará el argumento del cambio de estado como tema de la actividad e impondrá la condición de que existe una relación isomórfica entre ambos subeventos tal que la parte mayor del segundo evento represente la culminación de la eventualidad total. Así, en una oración como *Juan construyó una casa*, por ejemplo, la interpretación atribuida a la expresión será que Juan realizó la actividad de construir una casa, siendo *Juan* el agente de la actividad y *una casa* su tema, de forma que el tema iba incrementándose (pasando a existir) paulatinamente a medida que avanzaba la actividad, hasta el punto de que la casa pasó a estar construida, de modo que la actividad cesó.

Como vemos, las restricciones sucesivas impuestas sobre la definición original dowtiana posibilitan tanto cambios de estado instantáneos (si se mantiene la cláusula 3 en la definición original) como cambios incrementales, si se implementa la definición con las nociones de presuposición para el borde inicial, cadena incremental, culminación y relación incremental en el marco de una teoría mereológica. En este último caso, se vuelve necesario eliminar la cláusula tercera de la definición dowtiana, debido al hecho de que, como hemos visto, se vuelve necesario introducir partes o subconjuntos en el intervalo para el que se verifica el cambio.

Prueba de la validez de la definición original (con independencia de las restricciones que se puedan imponer sobre ella) ha sido su vigencia en tratamientos tanto semántico-formales como computacionales, especialmente a la hora de definir desplazamientos locales. Como ejemplo, sírvanos la función de cambio de estado local definida por Mani/Pustejovsky (2012). De acuerdo con estos autores, la estructura predicativa de tal función se puede definir, por tanto, como sigue (Mani/Pustejovsky 2012, 95)[5]:

$$Change\_loc_{bas}(x) =_{df} loc(x) := y; (y := z, y \neq z)$$
$$<\mathscr{M}, (i, j), (u, v)> \vDash loc(x) := y; y := z, y \neq z$$
$$\text{iff } \exists k \, \exists w [i \leq k \leq j \wedge (u, w) \wedge (w, v)$$
$$\wedge <\mathscr{M}, (i, k), (u, w)> \vDash loc(x) := y$$
$$\wedge <\mathscr{M}, (k, j), (w, v)> \vDash loc(x) := z, y \neq z]$$

---

5 La formalización propuesta por los autores varía sensiblemente de la aquí expuesta y presenta algunas inconsistencias notacionales. Sobre la base de la argumentación mantenida por los autores en lo sucesivo, se deduce que la formalización que se persigue es efectivamente la que aquí proponemos.

En su *basic change of location*, se asigna un valor y a la variable local x ($loc(x)\colon=y$) en un modelo que vincula índices temporales (i,j) con funciones de asignación (u,v). De este modo, para el intervalo (i,k) en $\mathcal{M}$, el valor local de x es y. Para el intervalo subsiguiente (k,j) en $\mathcal{M}$, su valor cambia a z, siendo el caso que $y \neq z$.

Vemos, así, que la idea subyacente continúa siendo la de asignar proposiciones contradictorias a bordes de eventos densos. Estamos, en consecuencia, ante una definición considerablemente potente desde el punto de vista explicativo y descriptivo, cuyas deficiencias, a pesar de ser evidentes, no dejan de ser salvables. La última crítica que, en nuestra opinión, se puede esgrimir en contra del operador es la de su opacidad, que estudiaremos a continuación.

4.3 Su opacidad

Hasta ahora, todas las revisiones y restricciones que hemos estudiado para el operador de cambio de estado BECOME parecen mantener un núcleo conceptual irreductible e invariable, con las siguientes propiedades:

1. El operador se verifica para un intervalo.
2. El operador es monoargumental, de tipo $\langle t,t \rangle$.
3. El operador impone restricciones únicamente a su dominio, i.e., un predicado constante ϕ de tipo t y *stage level*.

Este núcleo conceptual irreductible representa lo que podemos denominar como el «carácter dowtiano» de BECOME, dado que son efectivamente estas propiedades las que lo diferencian conceptualmente de los usos previos que ha asumido este operador en los diversos modelos. Así, en el marco de la semántica generativa se prescindía, por ejemplo, de una interpretación basada en intervalos y, en otros modelos posteriores como el propuesto en Levin/Rappaport (2005, 72), se ha postulado un tipo semántico biargumental $\langle t, \langle e,t \rangle \rangle$ como tipo básico (no heredado en el transcurso de la conversión) en su definición, es decir, una expresión de tipo x BECOME ϕ, en su notación.[6]

Ahora bien, si partimos de estas tres condiciones dowtianas, se abre una interesante incógnita acerca de lo que hemos denominado aquí como su naturaleza opaca.

---

6 Las autoras parecen vacilar en su formulación, como se deduce de Rappaport/Levin (1998) y Levin/Rappaport(2005)

Imaginémonos la siguiente cadena funcional $C = \langle f_1, \ldots, f_i, \ldots, f_n \rangle$, donde f_i = BECOME. Entonces, la subcadena $\langle f_1, \ldots, f_{i-1} \rangle$ puede considerarse como el *dominio* del operador, al tiempo que la subcadena $\langle f_1, \ldots, f_n \rangle$ se considerá como su *universo*. El dominio estrictamente local del operador será, por tanto, la función f_{i-1} y la subcadena $\langle f_{i+1}, \ldots, f_n \rangle$ será su *ámbito*. La función f_{i+1} representa, consecuentemente, su ámbito local. El complemento lógico del ámbito será, necesariamente, el operador con su dominio. Esta relación se puede definir de forma inversa sin modificar su extensión: el complemento lógico de un operador con su dominio es, entonces, su ámbito. Un operador ya validado (con determinación de su dominio) está, como consecuencia, en distribución complementaria con su ámbito y ambos conforman su universo.

Como apuntábamos ya al principio de este apartado, una propiedad usual de los operadores y, por extensión, también de BECOME(ϕ), es que impongan condiciones a su dominio (la propiedad denotada entre corchetes), mientras que son insensibles a su ámbito, esto es, la estructura en la que el operador está inserto.[7] Tal y como está definido, el operador que nos ocupa es, efectivamente, opaco con respecto a su ámbito, en el sentido de que solo impone condiciones a su dominio y, una vez determinado este último, la expresión resultante pasa a ser considerada como un elemento atómico que conforma el dominio de la función siguiente (situada en el ámbito local del operador, si la cadena está bien formada). El hecho de que, a pesar de imponer condiciones a su dominio, no se restringe a su dominio local se evidencia en oraciones como *x* [*pasó a estar* [*dentro* [*de la habitación* [*de la casa* [*de tu hermano*]]]]], donde se infiere que '*x* pasa a estar dentro', '*x* pasa estar en la habitación' y '*x* pasa a estar en la casa de tu hermano', sin restringirse a la primera inferencia. Siendo así las cosas, si representamos mediante un diagrama de Euler la expresión intensional de un *accomplishment* como (4), actualizado como (6), el resultado que obtenemos es el siguiente (figura 5).

En el presente diagrama, el dominio de BECOME es el círculo que comprende ϕ. Cualquier condición impuesta por el operador se aplicará únicamente a este conjunto. El operador es, por tanto, ciego a todo superintervalo en el que esté incluido, esto es, ACTIVITY o CAUSE. Podría decirse que el operador se restringe a una función catascópica (o de mirada hacia abajo o temporalmente posterior), mientras que está bloqueado para una función anascópica (o de mirada hacia arriba o temporalmente anterior).

---

7 De las definiciones anteriores se deduce que todo operador inserto en una cadena como C representará, a su vez, el dominio del operador que le sucede y esto ocurre recursivamente (de una forma discretamente infinita) hasta que se enumeren todos los miembros de la cadena.

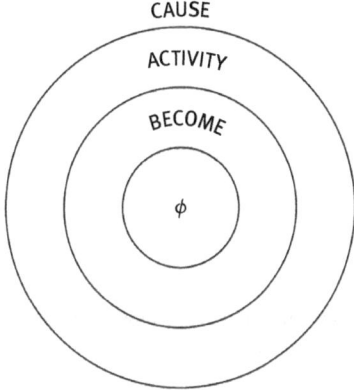

Figura 5: Diagrama de Euler para un accomplishment.

Habíamos puesto de relieve ya en el apartado 2 el hecho de que, al cerrarse un ciclo predicativo introduciendo un operador monomembre, la proposición pasa a estar bien formada y se vuelve necesario introducir un nuevo operador de relación bimembre para expandir la proposición. Esta es la razón por la que, en el diagrama anterior, CAUSE cierra definitivamente el ciclo predicativo a nivel léxico. Supongamos que, como en los casos anteriores, saturamos el primer miembro del operador con el cambio de estado, quedando un miembro pendiente para su saturación. Dado que BECOME no impone ninguna restricción anascópica a su ámbito, el primer argumento del operador ψ CAUSE ϕ, denotado en notación polaca como CAUSE (ψ, ϕ), podría ser cualquiera de los operadores disponibles. En el caso de (6), tal y como vemos en el diagrama anterior, ψ = ACTIVITY, pero no existe ninguna restricción en (4) que obligue a ψ a actualizarse como una actividad. Podría actualizarse de nuevo como un cambio de estado o, por el contrario, como un estado. De hecho, la propuesta de Dowty (1979), aunque no trata explícitamente este caso, no bloquea *a priori* esta opción.

Asumamos que este sea el caso. Tendremos entonces que el argumento interno del operador de causación es un cambio de estado (BECOME(ϕ)), al tiempo que su argumento externo, situado en el ámbito local del cambio de estado incrustado, se determina como un estado simple (ψ). Para un *accomplishment* verificado en un intervalo $I = [\alpha, \omega]$, su representación es la siguiente (figura 6).

En el evento presente, el cambio de estado tiene lugar en el intervalo $I' = [\beta, \chi]$ y su dominio se verifica en el intervalo $I'' = [\delta, \upsilon]$, de modo que $I'' < I' < I$. Así, $I - I'$ da como resultado el complemento lógico de BECOME o, lo que es lo mismo, su ámbito, tal y como lo hemos denominado aquí. Obsérvese

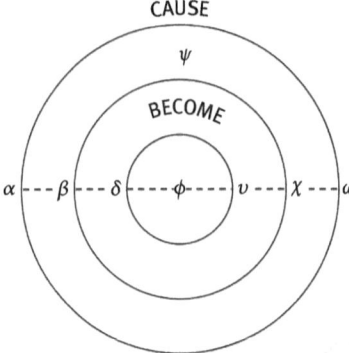

Figura 6: Diagrama de Euler segmentado para un accomplishment como (4).

ahora que la concepción dowtiana, tal y como está expuesta, predice correctamente que el ámbito de un estado (ϕ) es un cambio de estado. Predice correctamente también que el ámbito de un cambio de estado es un estado (ψ). Sin embargo, el modelo presenta una contradicción al llegar a este punto: tanto el operador BECOME como el estado ψ se encuentran en el complemento lógico (ámbito) del estado ϕ. Es evidente, por un lado, que la negación de un estado no puede ser un estado, sino un cambio de estado; resulta contradictorio, por otro lado, que, estando BECOME y ψ situados en el complemento de un mismo estado ϕ, tal complemento albergue un estado y un no-estado (cambio de estado) a un tiempo.

Este problema solo se evade redefiniendo el operador de causación de tal modo que el intervalo en el que se verifica el cambio de estado y el intervalo en el que se verifica el estado estén disjuntos. Pero esta nueva interpretación contradiría la opinión generalizada de que la causación es, en esencia, una interpretación pragmática del conector conjuntivo, como postulaba ya Wunderlich (1997) y mantiene Rothstein (2004, 108) con su *accomplishment template*, y, por lo tanto, se trata de una relación fundada en una intersección lógica entre los intervalos, lo que impediría su interpretación disjuntiva. Si, por el contrario, se mantiene la interpretación del operador de causación, entonces, la expresión intensional que se busca debería ser aberrante, dado que, por una parte, lo que no es un estado sigue siendo un estado (contradicción 1) y lo que no es un estado es, a su vez, un cambio de estado y un estado (contradicción 2).

En nuestra opinión, existen pruebas suficientes de que una expresión de este tipo es, efectivamente, aberrante. Si no lo fuera, podrían encontrarse construcciones lingüísticas coherentes (no anómalas) en las que el sujeto de un verbo causativo denote una entidad de la que se predica un estado y su objeto directo denote otra entidad de la que se predica un cambio de estado. Para cerciorarnos de que esto es imposible, consideremos los siguientes ejemplos:

(9)　a. Su presencia lo asustó.
　　　b. 'Su$_i$ llegada lo$_j$ asustó.'
　　　c. '[El darse$_j$ cuenta de] su$_i$ presencia lo$_j$ asustó.'
　　　d. 'Cuando [él$_j$] llegó y la$_i$vio, se$_j$ asustó.'
　　　e. *'Su$_i$ presencia lo$_j$ mantuvo asustado.'
　　　f. #'Su$_i$ presencia lo$_j$ asustó.'

La única forma de insertar un evento predicativo en la posición de argumento verbal es nominalizándolo. Partamos, pues, del hecho de que nominalizamos el evento estativo 'ella está presente' de forma que obtengamos el sintagma nominal *su presencia*. Si insertamos este sintagma nominal en la posición de sujeto de un predicado verbal causativo, como *asustarlo*, y determinamos la proposición temporalmente, situándola, por ejemplo, en el pasado, obtendremos una oración como (9a). Esta oración parece satisfacer las condiciones requeridas y, por tanto, contradecir nuestra suposición. Sin embargo, considérese que, aunque la oración se pronuncia como (9a), se interpreta necesariamente como alguna de las denotaciones listadas en (9b–d). Empecemos por (9b). Dado que el pretérito indefinido sitúa el evento en un instante definido en el pasado y, para este instante, se denota el cambio de estado 'él pasó a estar asustado', entonces, para salvaguardar la estructura, tiene lugar una coerción semántica del sujeto, siendo reinterpretado como un cambio de estado. Como el cambio de estado de 'estar presente' es 'pasar a estar presente' y esta denotación define también al lexema *llegar*, entonces (9a) se coerciona necesariamente como (9b). Existen, con todo, otras posibilidades.

　　Asumamos que mantenemos el sujeto con su significado original estativo y preservamos también el significado verbal como un cambio. Como decíamos, esta posibilidad es aberrante, pero puede dar lugar a una segunda coerción. De este modo, podría interpretarse la estructura como el acontecimiento en el que no es la presencia en sí la que causa el susto experimentado por el objeto, sino el hecho de que el individuo masculino que funciona como objeto *pase a ser consciente de* la presencia del individuo femenino que funciona como sujeto causante y, por ende, es este cambio de estado el que causa su susto, como se observa en (9c). Este cambio de estado perceptivo en la consciencia de un argumento correferencial al del objeto verbal podría estar motivada por un desplazamiento físico, como describe (9d). En este caso, se desvanece la inferencia de que su presencia le había pasado desapercibida al argumento que experimenta el susto, dado que él mismo lleva a cabo voluntariamente el desplazamiento hacia donde se encuentra el estímulo del susto y es únicamente a su llegada cuando se percata de su presencia y se asusta.

Vemos, por tanto, que la estructura semántica es aberrante sin una coerción del sujeto. La representación conceptual (10b) queda, entonces, desechada para (9a), coercionándose como (10c). En este sentido, cabe la pregunta de si es posible coercionar el predicado para que anule el componente BECOME del objeto y mantenga solo un estado, expresando así una representación conceptual como (10a).

(10) a. $\lambda \mathscr{P} \lambda x. \mathscr{P}\{\hat{y}.\exists\psi\exists\phi[\psi(x) \text{ CAUSE } \phi(y)]\}$

  b. $\#\lambda \mathscr{P} \lambda x. \mathscr{P}\{\hat{y}.\exists\psi\exists\phi[\psi(x) \text{ CAUSE } (\text{BECOME}(\phi(y)))]\}$

  c. $\lambda \mathscr{P} \lambda x. \mathscr{P}\{\hat{y}.\exists\psi\exists\phi[\text{BECOME}(\psi(x)) \text{ CAUSE } (\text{BECOME}(\phi(y)))]\}$

Téngase en cuenta que, mediante la marcación morfológica del pretérito indefinido, la determinación del evento como un instante del pasado restringe cualquier lectura durativa. De este modo, el mantenimiento del estado en la posición de sujeto y la coerción del objeto como un estado se percibe anómala. Por este motivo, la interpretación (9e) para (9a) queda bloqueda de antemano para lenguas en las que exista una oposición imperfecto/perfecto en el pasado de su sistema de tiempos verbales (Batista/Tabares 2011). En lenguas sin esta oposición gramatical, como las lenguas germánicas, esta última interpretación permanece disponible (cf. *Her presence scared him, Ihre Anwensenheit erschreckte ihn*, etc.). La anomalía de (9e) es, como vemos, paramétrica y depende del sistema de tiempos verbales de la lengua dada, mientras que el bloqueo de (9f), como expresión informal de (10b) para (9a), representa una restricción universal. El comportamiento semántico varía, por tanto, si se modifica el marco temporal del evento. Observemos la siguiente oración:

(11) a. Su presencia lo asustaba.

  b. 'Su$_i$ llegada lo$_j$ asustaba.'

  c. '[El darse$_j$ cuenta de] su$_i$ presencia lo$_j$ asustaba.'

  d. 'Cuando [él$_j$] llegaba y la$_i$ veía, se$_j$ asustaba.'

  e. 'Su$_i$ presencia lo$_j$ mantenía asustado.'

  f. $\#$'Su$_i$ presencia lo$_j$ asustaba.'

Como en el caso anterior, la oración (11a) se reinterpreta necesariamente como (11b–e). Si el lexema del sujeto permanece interpretado como un estado, entonces se desencadena una coerción de la expresión como (11c), que, en el caso de que tenga lugar un desplazamiento del argumento que experimenta el susto, puede llegar a interpretarse como (11d). A diferencia de los ejemplos anteriores, los presentes muestran la propiedad de cuantificarse una vez que se extiende el marco temporal: tanto (11c) como (11d) son susceptibles de cuantificarse universalmente y denotar, entonces, algo como '{cada vez que él$_i$ pasaba a darse cuenta de su$_j$ presencia / cada vez que él$_i$ llegaba y la$_j$ veía} se$_i$ asustaba', respectivamente. La cuantificación debe ser universal ($\forall$) cuando estamos ante un intervalo en el que el tema es cuantificable, en el sentido antes expuesto. Si cambiamos la cuantificación a existencial ($\exists$), la estructura semántica se colapsa: si el evento que describimos para (11c) y (11d) es '{alguna de las veces en las que él$_i$ estuvo y pasó a darse cuenta de su$_j$ presencia / alguna de las veces en las que él$_i$ llegó y la$_j$ vio} se$_i$ asustó', respectivamente, entonces se vuelve necesario o bien cambiar el tiempo verbal a indefinido o bien desechar la estructura como imposible para (11a).

Otra consecuencia de ampliar el marco temporal al usar el tiempo imperfectivo con lectura durativa es la posibilidad de coercionar el objeto verbal como un estado, anulando el operador BECOME, de modo que la oración pase a denotar (11e), como representación informal de (10a). En todo caso, la lectura (11f) permanece universalmente vetada.

Queda, por último, un contexto que podría llevar a pensar que la presente estructura semántica no es aberrante. Imaginémonos que, como tenemos un contexto temporal durativo, tomamos un tema incremental θ como objeto del verbo, mientras que mantenemos el significado estativo del sujeto. Analicemos una oración como (12a). Sin el modificador *cada vez más*, el objeto no se interpretaría necesariamente como θ. Es necesario hacerlo explícito para asegurar el carácter incremental del objeto. La hipótesis que queremos someter a comprobación ahora es si, en el momento en el que se introduce el modificador, este crea como reflejo una lectura incremental del sujeto *su presencia*. Efectivamente, ocurre entonces un fenómeno sutil y, en gran medida, inconsciente: la oración pasa a denotar algo así como que la representación mental del individuo que sirve de ESTÍMULO del susto se vuelve cada vez más más presente en la mente del experimentante, de forma que el susto que le causa tal representación mental al experimentante aumenta con el paso del tiempo. Por lo tanto, para salvaguardar la estructura sintáctica de (12a), la acepción aberrante (12c) se coerciona semánticamente como (12b). Si, por el contrario, tenemos una coerción directa de la semántica del sustantivo estativo, dando lugar a un cambio de estado, entonces, la cuantificación universal impuesta al evento crea un reflejo múltiple en el sujeto, como vemos en (12d).

(12) a. Su presencia lo asustaba cada vez más.

     b. '[El darle [él$_j$] cada vez más vueltas a aquel aspecto de] su$_i$ presencia lo$_j$ asustaba cada vez más.'

c. #'Su$_i$ presencia lo$_j$ asustaba cada vez más.'

d. 'El incremento del número de sus$_i$ llegadas lo$_j$ asustaba cada vez más.'

En el supuesto caso de que el cambio de estado esté léxicamente bloqueado, la coerción del intervalo temporal a través de algún tipo de inferencia pragmática permance como último recurso antes de que la oración se colapse semánticamente. Así, una oración como *el brillo constante de la luz lo encandilaba cada vez más*, donde el contenido léxico del adjetivo asegura la lectura estativa del sujeto, hará inferir necesariamente el sentido de que 'su$_i$ creciente sensibilidad al brillo constante lo$_i$ encandilaba cada vez más'. Este tipo de inferencias pragmáticas podrían parecer, sin embargo, altamente subjetivas y no necesariamente vinculadas a la interpretación del operador.

De hecho, sin un análisis minucioso y detenido, resulta difícil persuadir al lector apresurado de este hecho. Llevemos a cabo, pues, algunas pruebas que arrojen luz suficiente a este dominio. Una forma de poner a prueba la estructura para comprobar si, efectivamente, ha tenido lugar una coerción semántica podría ser introducir en el sintagma nominal *su presencia* un adjetivo calificativo que no denote una propiedad intrínseca del individuo, sino una propiedad accidental (una propiedad de *stage level*, en el sentido de Carslon 1977) que satisfaga, además, la condición de denotar paralelamente un estado mental en un experimentante ajeno que no sea correferencial con el individuo del que se predica tal propiedad y que funcione, además, como ESTÍMULO causante de su susto. El adjetivo *desagradable* parece satisfacer estas condiciones: no es una propiedad necesariamente intrínseca del objeto y denota una afección mental en un individuo ajeno al que porta esta propiedad. Si lo insertamos en el sintagma nominal, obtenemos la oración (13a).

(13) a. Su desagradable presencia lo asustaba cada vez más.

    b. '[El darle [él$_j$] cada vez más vueltas a aquel aspecto de] su$_i$ desagradable presencia lo$_j$ asustaba cada vez más.'

    c. #'Su$_i$ desagradable presencia lo$_j$ asustaba cada vez más.'

    d. 'Cada vez que llegaba [él$_j$], su$_i$ impresión [de él$_j$] se volvía más desagradable, de modo que con cada llegada se$_i$ asustaba más.'

Por su condición de adjetivo, *desagradable* se puede graduar, esto es, es susceptible de una lectura incremental. Como hemos visto a propósito del la concepción incremental de Krifka, es de esperar que se produzca una relación isomórfica entre los dos eventos que constituyen la causalidad, esto es, entre los dos eventos que dan lugar al *accomplishment*. La interpretación más natural de (13a) es, por tanto, aquella que resuelve la contradicción mediante la gradación del adjetivo: 'a medida que la presencia de individuo considerado ES-TÍMULO se iba volviendo más desagradable para el individuo experimentante, este se iba sintiendo más asustado'. De nuevo, para salvaguardar la estructura sintáctica de (13a), la acepción aberrante (13c) se coerciona semánticamente como (13b). Como en el caso anterior, la coerción del sustantivo desencadena una lectura cuantificada (13d), con la posibilidad de interpretarse con desplazamiento del experimentante o del estímulo.

Ahora que hemos introducido en el análisis la noción de *stage level* de Carlson, podemos definir el dominio del problema que estudiamos de un modo más preciso. Un estado se considera *stage level* si denota una propiedad contingente, temporalmente delimitada y no sustancial, de una entidad. La oposición léxica {*ser* / *estar*} <*así*> del español suele fundarse en esta distinción en numerosas ocasiones. Es importante resaltar el hecho de que, dado que el operador BECOME impone la restricción de que, para todo intervalo previo al evento léxico, el argumento situado en su dominio no poseía la propiedad sujeta al cambio de estado, entonces, es posible que tal entidad reciba la predicación de forma circunstancial. Concluimos, entonces, que la propiedad atribuida a tal entidad no es necesaria, sino contingente. De otro modo, sería imposible que, para cualquier intervalo temporal previo al evento, la entidad no presentara tal propiedad. El operador restringe su dominio, por tanto, a una propiedad de *stage level*, como veíamos en la tercera cláusula con que definíamos el carácter dowtiano del operador al inicio del presente apartado. Teniendo esta restricción en mente, fijémonos ahora en la siguiente oración:

(14) El calor descongeló el hielo.

Efectivamente, el grado de calor que denota el sujeto de esta oración no precisa aumentar para que el hielo se descongele. Sin duda, la lectura semántica en la que una temperatura alta estable produce el cambio de estado no precisa coerción de ningún tipo. Sin embargo, oraciones como esta esconden algunas trampas que conviene advertir de antemano. Por un lado, ni el frío ni el calor son propiedades de *stage level* del hielo. Nótese que el hielo no puede dejar de estar congelado, dado que, en cuanto deja de estarlo, ya no es hielo, sino líquido, aquello que ha cambiado de estado. Incluso si interpretáramos la oración mediante una coerción como 'el calor descongeló el agua', que es lo que parece querer expresar, seguiríamos encontrando otros problemas: a pesar de que ha asumido una función nominal, 'calor' no denota aquí una entidad semántica en sentido estricto, como sí lo hace 'agua'. 'Calor' es, por el contrario, un predicado semántico, una propiedad que se le atribuye a un objeto o una entidad. En (14) no existen, por tanto, dos argumentos semánticos, dos entidades independientes y disjuntas donde la primera causa la segunda, como requiere (10b), sino una sola entidad (la denotada por el objeto) que recibe dos estados complementarios. Por esta causa, la interpretación de esta oración no sería 'una entidad(x) a la que se le atribuye calor actúa sobre el agua congelada(y) convirtiéndola en líquida', sino más bien 'el agua(x) se descongeló al calentarse(x)' o 'el agua(x) se calentó, descongelándose(x)'. La estructura sintáctica transitiva nos hace pensar que estamos ante un *accomplishment*, cuando, en realidad, estamos ante una estructura semántica más cercana a un *achievement*. Se trata, en efecto, de un tipo de fenómeno denominado generalmente como «causación correferencial» o «causación interna» (Rappaport/Levin 1998, 21–22; Levin/Rappaport 2011, 431–432). Incluso si insertáramos una nueva variante argumental independiente para el sujeto en una oración como *el calor de la estufa descongeló los cubos de hielo del congelador*, se vuelve necesario establecer la inferencia de que el congelador no aisla el hielo del calor de la estufa o, en otras palabras, que, para que la oración tenga sentido, el hielo del congelador recibe simultáneamente el calor de la estufa y el frío del congelador como predicación, donde la primera predicación es más intensa que la segunda. Esta hipótesis está, además, avalada por el hecho de que, en lenguas con marcación de pasividad e inacusatividad en el verbo auxiliar, como el alemán, se prefiere por esta razón, de forma incluso más evidente que en español, transformaciones inacusativas como *los cubos de hielo del congelador se descongelaron con el calor de la estufa* a transformaciones pasivas como *los cubos de hielo del congelador fueron descongelados por el calor de la estufa*. Por este tipo de razones, estamos forzados a restringirnos a oraciones del tipo (10), en las que interactúan dos argumentos disjuntos.

Pero imaginémonos que la argumentación mantenida hasta ahora es incorrecta y que, por tanto, perseveramos en nuestra convicción de que en oraciones como (13a), por el contrario, el sujeto, como entidad independiente del objeto y como portador de una predicación de *stage level*, es enteramente interpretable en un sentido estativo, sin ningún tipo de coerción. Para apuntalar nuestra convicción, afirmamos y estamos, de hecho, indefectiblemente abocados a admitir (de otro modo incurriríamos en una contradicción) que la propiedad *desagradable* no sufre gradación alguna durante el intervalo temporal en el cual el tema incremental se va asustando cada vez más. Es imprescindible, por otra parte, que este adjetivo denote un estado mental del objeto directo, que sería incremental con respecto al susto y no incremental con respecto al desagrado. Si *desagradable* fuera una propiedad percibida únicamente por el enunciante de esta oración, pero no la propiedad de la presencia que causa el incremento en el objeto, entonces, (13a) sería equivalente a (12a) y, como consecuencia, no sería una oración válida como test, dado que en este caso sería, entonces, *otra* propiedad inferida de la presencia *la que cambia* a la vez que el objeto incrementa su susto, como predecía (12b). En otras palabras, si abandonamos el marco interpretativo que estamos esbozando, la introducción del adjetivo es vacua a efectos del test. Por lo tanto, la estructura que estamos comprobando es aquella en la que el adjetivo se predica del sustantivo, formando un sintagma estativo que denota un individuo que evoca un estado mental estable en objeto verbal, considerado, sin embargo, θ. Tomemos, pues, este marco metodológico como punto de partida para el análisis. Así, asumimos también que es irrelevante el nivel de desagrado considerado como positivo en la gradación del adjetivo. Hay uno y solo un grado de desagrado en la escala que se extiende desde un nivel de desagrado mínimo hasta el desagrado absoluto que es el que se considera como grado positivo del adjetivo y el que causa el susto incremental en el objeto. Es evidente, por tanto, que, al mantener nuestra convicción, mantenemos también que el nivel de desagrado que asignamos aleatoriamente como interpretación positiva del adjetivo no varía en el transcurso del evento. Es preciso hacer una última aclaración antes de aplicar el test con el fin de que este conserve el valor heurístico que deseamos: cuando afirmamos que el sujeto no experimenta cambio, lo que queremos decir es que *es posible* que no lo experimente. Reivindicamos con nuestra convicción la idea de que la coerción como cambio *no es necesaria* y, por lo tanto, la interpretación como estado *es plenamente posible*, pero *no rechazamos* con ello la posibilidad de que se pueda interpretar como cambio. Una vez desambiguada nuestra hipótesis, no resulta difícil concluir que lo que estamos reivindicando en el fondo es la posibilidad de que no exista isomorfismo entre el sujeto y el tema incremental o, en otras palabras, que no exista una relación proporcional entre el intervalo considerado estativo y el intervalo considerado incremental. Por lo tanto, nuestro test debe perseguir el objetivo de fundamentar esta hipótesis. Se advertirá además una posible ambigüedad en esta última hipótesis que conviene aclarar previamente. Si, como se decía al inicio del trabajo, los estados escapan al cálculo eventivo y este opera con intervalos, entonces no habrá ningún intervalo que pueda considerarse estativo, de modo que la prueba se invalida. Para limar la hipótesis de posibles ambigüedades, es necesario que apliquemos la prueba a una oración en la que el elemento léxico que introduce el intervalo para el que se verifica el estado no sea el mismo que el que expresa el estado en sí, sino que se escinda léxicamente la información en la oración. El enunciado (15a) parece ser un candidato adecuado para nuestra prueba: el sintagma *aquella semana* delimita el intervalo temporal del primer evento, el sintagma *su simpatía* denota una propiedad circunstancial de un individuo tal y como la percibe un experimentador ajeno y este es, efectivamente, correferencial con el objeto verbal, considerado unívocamente incremental por la presencia del sintagma *cada vez más*.

(15) a. Su simpatía aquella semana lo alegraba cada vez más.

    b. 'A medida que ella iba siendo más simpática en el transcurso de aquella semana, él se iba alegrando cada vez más.'

    c. #'A medida que ella iba siendo menos simpática en el transcurso de aquella semana, él se iba alegrando cada vez más.'

    d. #'Su simpatía aquella semana lo alegraba cada vez más.'

Si existiera una desconexión absoluta entre el tema incremental (objeto directo) y el sujeto estativo de (15a), entonces sería posible que, para cada subintervalo propio en el que él estaba alegre, ella era simpática, pero el grado de su simpatía y el grado de su alegría no cambiarían proporcionalmente. Esto contradiría la proporcionalidad que estipula Rothstein con su relación incremental para los *accomplishments*. Siendo así las cosas, bastaría que hubiera un estado dado en el sujeto (sin necesidad de modificación incremental) para que el objeto fuera cambiando de estado paulatinamente hasta finalizar el evento. Por lo tanto, si es posible que ella mantuviera el mismo grado de simpatía durante la semana en la que él iba estando más alegre por esta causa, entonces *no existiría contradicción* en pensar que sería posible también que ella fuera disminuyendo su grado de simpatía a medida que él iba incrementando el de su alegría, siempre y cuando ella no deje de ser simpática (que es lo que predica positivamente el enunciado). Esta acepción, que describimos informalmente en (15c), parece altamente abstrusa para una oración como (15a). Resulta, efectivamente, tan inadecuada como lo puede ser una interpretación temporalmente desproporcional, en la que a medida que ella iba siendo menos simpática en el transcurso de aquella semana, él se iba alegrando cada vez más durante aquel mes. En definitiva, nuestra mente parece tender a coercionar la interpretación de (15a) como (15b). Ahora bien, si, como vemos, la condición que hace interpretar nuestra oración como (15b) en detrimento de (15c) es el principio (en este caso, aparentemente inviolable) del isomorfismo, entonces no hay razones para pensar que la causa que desvirtúa obligatoriamente (15c) no desvirtúa obligatoriamente (15d) y, consecuentemente, también (9f), (10c), (11f), (12c) y (13c).

    La cuestión que nos asalta en este punto es, ¿por qué existe una discordancia tan evidente entre la forma en la que interpretamos semánticamente una oración y la forma en la que creemos que interpretamos esa misma oración? ¿Dónde reside y qué produce el espejismo?

    La respuesta a estas preguntas parece abarcar dos dimensiones diversas de la interpretación semántica. La primera tiene que ver con la linealidad temporal de la interpretación. Téngase en cuenta que la interpretación semántica de los enunciados se lleva a cabo de un modo estrictamente cíclico en las expresiones composicionales. Esto quiere decir que la interpretación se inicia con el argumento más incrustado en la representación semántica y termina con el elemento menos incrustado, de manera que se va heredando la representación semántica a medida que la interpretación asciende mediante el proceso de conversión lambda y, paralelamente, en el de *parsing* sintáctico (cf. las apreciaciones de Bosque, en este mismo volumen). Solo en las lenguas en las que el objeto precede al sujeto en una modalidad enunciativa neutra (no por efecto de una dislocación con su respectiva focalización semántica), el proceso de conversión lambda es proporcional con respecto al paso del tiempo, de modo que se interpretan antes los argumentos más incrustados que los más externos. En lenguas de tipo SVO, como el español, existe una disparidad en este sentido. Por lo tanto, el hablante que escucha una oración con las propiedades de los enunciados discutidos tiene que esperar hasta escuchar el objeto para coercionar el sujeto, que había escuchado e interpretado anteriormente. En este sentido, cuando el hablante procesa semánticamente el sujeto a nivel léxico le asigna efectivamente una interpretación estativa que coerciona solo posteriormente, cuando pasa a interpretar el predicado.

Por lo tanto, nuestra intuición inicial tiende a favorecer la idea de que el constituyente mantiene el significado que ya le habíamos atribuido antes de la coerción.

Por otro lado, es necesario poner de relieve que el proceso coercitivo tiene lugar como procedimiento con el fin de salvaguardar el enunciado y así no incurrir en una contradicción fundada en un principio universal. No es, por ende, una coerción efectuada para salvaguardar un parámetro gramatical de la lengua, sino por salvar una restricción del pensamiento. Por ello, la aberración semántica no evoca la disconformidad cognitiva que evoca normalmente una coerción efectuada a partir de un error gramatical. Por el contrario, el *semantic shift* es drásticamente necesario y se da, por ello, de modo casi inconsciente, dado que, de otro modo, la expresión es impensable. No existe, por lo tanto, la posibilidad de establecer una jerarquía que controle el nivel de aceptación del enunciado conforme al grado en el que atente contra la prominencia de los rasgos gramaticales, como sí ocurre en las variantes sintácticas de un enunciado de acuerdo a la *Optimality Theory*. En nuestro caso, la violación del principio es, como decimos, drástica y, por lo tanto, no existe esfuerzo computacional en valorar en qué medida la alternativa estativa sería una variante más o menos aceptable para la oración dada, sino que el salto se da *ipso facto*. Estamos, por tanto, ante una oposición semejante a la que se da entre un reflejo involuntario, que se ejecuta instantánea e inconscientemente, de uno entrenado, que se ejecuta instantánea pero conscientemente.

En resumen: el carácter opaco de la definición dowtiana del operador BECOME no permite predecir por qué la relación entre los dos subeventos de un *accomplishment* tiene que ser isomórfica o, lo que es lo mismo, por qué su función estrictamente catascópica parece comportarse anascópicamente. En el siguiente apartado nos proponemos salvar esta dificultad.

5 El tiempo de los estados

La tarea de modificar la definición del operador BECOME para asumir funciones anascópicas y, por lo tanto, acomodar las observaciones advertidas no parece prometer tanto éxito como la de determinar su dominio con condiciones presuposicionales o mereológicas. De hecho, ninguno de los dieciséis operadores del álgebra booleana presenta propiedades de este tipo. Además, es bien conocido el ejemplo de que, una vez introducida la cuantificación en la lógica de predicados, se pierde en considerables casos la naturaleza composicional de la expresión y esto ocurre precisamente porque los operadores no son hábiles para una función anascópica: si, en la oración *todos los semantistas admiran a algún violinista*, llevamos a cabo una interpretación composicional, entonces, en el momento en el que ya hemos interpretado el sintagma verbal e interpretamos el sujeto, la oración solo puede denotar 'hay algún violinista al que todos los semantistas admiran' y, por lo tanto, se desechará la interpretación 'cada uno de los semantistas tiene un violinista diferente al que admira', también posible para la misma oración. Este ha sido un problema axial en la semántica formal moderna (Steedman 2012; Partee 2016) que no representaría un escollo tan grave para la composicionalidad si los operadores no fueran necesariamente catascópicos.

Por todas estas razones, exploraremos una vía considerablemente más simple y factible, al tiempo que suficientemente potente para captar los hechos discutidos por las diversas teorías.

El efecto anascópico se puede captar de un modo indirecto y natural si postuláramos una función en el dominio local de BECOME a la que le imponemos determinadas condiciones, de modo que definamos entonces el operador de cambio de estado como su complemento lógico, esto es, como una función ulterior definida para su ámbito. Definido así el operador, todas las propiedades de BECOME estudiadas hasta ahora se mentendrían, pero la orientación del operador tendría ahora el efecto colateral anascópico deseado. Intentemos esta vía. La función situada en el dominio local de BECOME puede ser un operador abstracto STATE al que le imponemos las siguientes condiciones:

[STATE(ϕ)] se verifica en un intervalo I si y solo si no existe ningún I' tal que $I' < I$ y no se da el caso de que ϕ es verdad para I y $\neg\phi$ es verdad para I'.

La condición que nuestro operador impone a un intervalo en el que se verifica una propiedad dada es, como vemos, que no exista ningún subintervalo propio de este intervalo para el que tal propiedad no se verifique. La consecuencia de este cambio de perspectiva es que el nuevo operador de estado crea cadenas predicativas tautológicas que se consideran semánticamente coherentes al ser interpretadas en un modelo denso de tiempo, como veremos en el siguiente apartado. Si Φ_I se considera como el estado 'x está presente', entonces el operador interpretará tal estado como el acontecimiento en el que, para cualquier subintervalo temporal dado, 'x está presente', de modo que 'x sigue estando presente' para el intervalo total Φ_I:

$$\Phi_I =_{def} \left[\phi_{I'_1} \wedge \phi_{I'_2} \wedge \ldots \wedge \phi_{I'_n} \right]$$

De este modo captamos el carácter estativo del intervalo. En este punto podemos redefinir BECOME como el intervalo que se verifica en el ámbito de STATE o, en otras palabras, lo que no es STATE:

$$[\text{BECOME}(\phi)] =_{def} [\neg \text{STATE}(\phi)]$$

Este operador expresa un cambio de estado «indeterminado», dado que el cambio podría darse al inicio, durante algún subintervalo dado o al final del intervalo. Si solo mantenemos las dos primeras condiciones dowtianas, atribuyéndole una condición facultativa a la tercera, querremos que el cambio se produzca únicamente en el último subintervalo posible del intervalo para el que BECOME se verifica, como mantenía Rothstein. Sería deseable también que el estado previo, que experimenta el cambio de estado, sea una propiedad presupuesta, tal y como defiende Bierwisch. Si tenemos en consideración estos aspectos y extendemos nuestro modelo como una 6-tupla $\mathcal{M} = \langle D_e, \mathcal{I}, W, <, \leq, F \rangle$, en la que D_e representa un conjunto no vacío de denotaciones de entidades, $\mathcal{I}$ un conjunto no vacío de intervalos, W uno de mundos posibles, $<$ una relación de orden parcial propio, $\leq$ una relación de orden parcial impropio y F una función que asigna una intensión a cada constante no lógica, especificando así un índice dado i como el par ordenado de un mundo y un intervalo dados, tal que $< w_i, I > \in \mathcal{M}$, podemos entonces definir nuestro operador como sigue:

$[\text{BECOME}(\phi)]^{\mathcal{M},i,g}$ se verifica en un intervalo I si y solo si (1) $[\neg \text{STATE}(\phi)]$ es verdad para I y, dado un conjunto propiamente ordenado de mundos posibles $W = \langle w_1, \ldots, w_i, \ldots, w_n \rangle$ para el que $W \models \Diamond \phi$, entonces, para todo I' tal que $I' \leq I$, (2) ϕ solo es verdad para el índice $\langle w_i, Cul(I') \rangle$, siendo el caso que $I' = I$, ó (3) ϕ es solo verdad para el índice $\langle \langle w_{i-n}, \ldots, w_i \rangle, [ub(I'), ub(I)] \rangle$, para $I' < I$.

Supongamos que tenemos la oración *Juan está construyendo la casa*. La condición (1) de la presente definición, además de definir el evento como un cambio de estado, crea un efecto anascópico que nos obliga a establecer la inferencia de que la denotación 'la presencia de Juan está construyendo la casa' es una interpretación semántica aberrante para esta oración. La condiciones disyuntivas (2) y (3) crean un isomorfismo entre los subintervalos del evento y los mundos posibles para los que tal evento puede ser verdad, restringiendo sensiblemente el concepto tradicional de «mundo posible» a aquellos estados de cosas pasados y futuros que no sean el caso en el presente. La segunda condición mantiene la propiedad dowtiana de que el cambio de estado se efectúa siempre en el borde final del evento total, tanto si el cambio es instantáneo como si no lo es. Dada la igualdad entre ambos subintervalos (impropios) I' e I, el fin del primer intervalo coincide con el del segundo. La tercera cláusula contempla la posibilidad de un cambio gradual en los casos en los que el primer intervalo I' representa un subintervalo propio de I. Así, la diferencia entre el intervalo total I y el menor I' representa el intervalo temporal estricto para el que se detecta el cambio paulatino. En este caso, la consolidación del cambio se da solo para un mundo posible posterior, aunque para el mundo actual ya se haya efectuado una parte propia del cambio. Esta segunda condición establece que (a) la denotación 'Juan ha estado construyendo la casa' es una interpretación semántica presupuesta para todo mundo previo posible (no actual), que (b) la denotación 'Juan está construyendo la casa' es una interpretación semántica válida únicamente para el mundo presente (actual) y, por último y consecuentemente, que (c) la denotación 'Juan seguirá construyendo la casa (hasta dejarla lista)' es una interpretación semántica presupuesta para todo mundo futuro posible y, por tanto, no es una interpretación necesaria para el mundo actual. Si nos fijamos en la formulación positiva de la definición, la primera cláusula asegura que un cambio de estado es un intervalo para el que se puede determinar una contradicción lógica (P y no P es verdad para el cambio) disuelta, sin embargo, por su pertenencia a mundos disjuntos. La segunda cláusula estipula que, para un conjunto de mundos posibles y ordenados, es posible que en alguno de estos mundos se dé el caso de que la propiedad en la que resulta el cambio sea verdadera y que, efectivamente, el mundo posible para el que se verifica que tal propiedad ha sido el resultado del cambio de estado es w_i (i.e., el actual, si el cambio es instantáneo). La tercera cláusula mantiene que, si el intervalo temporal es (facultativamente) incremental (INCR), entonces el intervalo total tendrá subintervalos propios, esto es, $I' < I$, y el objeto asumirá alguna parte de la propiedad cuando cada subintervalo propio termine y el cambio total se verificará en algún mundo futuro posible w_i. Nótese que esto viene dado por el hecho de que, si $I' \neq I$, entonces tendremos que esta tercera condición predecirá que el cambio de estado (incremental) solo será verdad para la culminación del intervalo total ($Cul(I)$), aunque se verifiquen paulatinamente cambios parciales en los bordes finales de cada subintervalo propio, que no son suficientes para atestiguar el cambio que enuncia el intervalo total. Si el cambio de estado no es incremental, entonces, la condición $I' = I$ se da necesariamente, se aplicará la condición (2) y el cambio se dará solo para el borde final del intervalo/mundo actual. En este caso, no existirán subintervalos propios, de modo que la naturaleza instantánea del operador se enfatiza.

Ahora que observamos que este nuevo marco de verificación del operador es compatible con las predicciones estudiadas, nos sentiremos tentados a reformular también el estado en términos de mundos posibles, de modo que ambos operadores alternen complementariamente, como es conocido en lógica modal:

$[STATE(\phi)]^{\mathcal{M},i,g}$ se verifica en un intervalo I si y solo si, dado un conjunto propiamente ordenado de mundos posibles $W = \langle w_1, \ldots, w_i, \ldots, w_n \rangle$ para el que $W \models \Diamond\phi$, (1) ϕ solo es verdad para el índice $\langle w_i, I \rangle$ y (2) no existe ningún I' tal que $\neg\phi$ es verdad para I' e $I' < I$.

Nótese que la introducción del índice (el par ordenado $< w_i, I >$ para el que el operador se verifica) nos permite captar el hecho de que ϕ es una propiedad de *stage level*, dado que esta no se verifica para todo mundo posible. En tanto que solo se da el caso que ϕ para el mundo dado en el que se produce el cambio, entonces tal propiedad es contingente o, si se quiere, innecesaria.

La estructura semántica de un *accomplishment* será, en consecuencia, la siguiente (con posibilidad de modificarse incrementalmente dependiendo del contexto y donde ψ es o bien una actividad o bien un cambio de estado inferido):

(16) $\lambda\mathscr{P}\lambda x\, \mathscr{P}\{\hat{y}.\exists\psi[\psi(x)\, \text{CAUSE}\, (\text{BECOME}[\text{STATE}(Pred_i(y))])]\}$

6 Una perspectiva probabilística de la semántica de intervalos

6.1 La relación de precedencia

Como ya ha señalado van Benthem (1986), a la hora de formalizar un decurso temporal se precisa un modelo que incluya una relación de orden parcial, con el fin de que, dado un conjunto de eventos $e_1, \ldots, e_n$, se pueda establecer una relación de precedencia entre dos eventos cualesquiera del conjunto, a saber, $e_i < e_j$. Hemos visto en los párrafos anteriores diferentes maneras de representar este orden. En todas ellas se realiza, efectivamente, una cadena de precedencia. Para percatarnos de este hecho, basta con dibujar un eje paralelo a las representaciones gráficas y proyectar alguna característica o propiedad de cada diagrama sobre esta recta. Nótese que no es necesario siquiera introducir una recta como modelo de ordenamiento de eventos. Cualquier forma de relación de orden parcial bastará para modelar nuestra percepción incremental de eventos (localmente) ordenados, donde cada evento precede a otro, incluso si prescindiéramos de una relación de causalidad. Mediante la relación de precedencia, invocamos el tiempo como coordenada o índice que acompaña la contextualización de un predicado dado.

En la semántica de intervalos podemos observar, además del orden parcial de intervalos con respecto a una frontera fija (borde izquierdo, borde derecho), otra relación especial. Nos referimos aquí a la relación de simultaneidad parcial que se verifica cuando dos intervalos I_i, I_j coinciden con respecto a la frontera que sirve de eje para determinar el orden. Es decir, cuando ambos intervalos comparten una conjunción no vacía o, dicho en otras palabras, no están disjuntos, hablaremos entonces de simultaneidad:

(17) $I_i \cap I_j \neq \varnothing (i \neq j)$

La relación de inclusión $I_i \subset I_j \Leftrightarrow I_i \cap I_j = I_i$ es, por tanto, un caso especial de simultaneidad.

En adelante, tomaremos esta relación como punto de partida para un recorrido en el que formularemos un modelo simple de semántica de intervalos en términos de vértices y enlaces de un *grafo* matemático. Observaremos cómo se pueden codificar propiedades lógicas de intervalos en términos de diagramas de tipo *grafo*. Finalmente, nos preguntaremos cuál es el tipo de evento más simple que podemos describir con esta lógica. El resultado será una prueba de que podemos formalizar la intuición que se esconde detrás de lo que podríamos llamar «el tiempo de los estados», esto es, una extensión del decurso temporal a entidades que generalmente pensamos como estáticas.

6.2 Diagramas de intervalos

A partir de un típico ordenamiento de intervalos, como el mostrado en la figura 7, en el que el eje se toma como símbolo y referencia del ordenamiento local, podemos crear un diagrama de tipo *grafo* compuesto de un conjunto vértices V y un conjunto de aristas o enlaces direccionados $E \subseteq (V \times V)$ entre los vértices, como vemos en la figura 8.

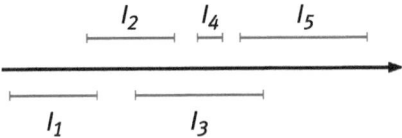

Figura 7: Una representación de intervalos ordenados a lo largo de un eje temporal.

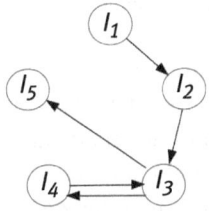

Figura 8: Grafo de los intervalos mostrados en la figura 7.

Para ello, dibujamos primero todos los intervalos como vértices, numerados con respecto a su frontera izquierda. También se podría ordenar con respecto al borde de la derecha, ya que esto no cambia el diseño.

Los enlaces entre los vértices siguen la regla de simultaneidad (17). Es decir, debemos dibujar un enlace entre dos vértices dados siempre y cuando los intervalos que representan coincidan. Para comprender mejor la lógica subyacente al diagrama, imaginemos que estamos en un intervalo dado I_a. Entonces, podremos pasar a otro intervalo I_b solo si existe algún tramo del trayecto común o compartido entre ambos, como cuando dos trenes corren paralelos a la misma velocidad en la misma dirección. Si se sigue el trayecto de las flechas, se pasa, pues, de un intervalo a otro a condición de que ambos estén enlazados o sean «comunicantes».

Para entender mejor los diagramas, veamos dos casos prototípicos de conexión entre intervalos: los subintervalos ($I_a \subseteq I_b$) y los intervalos adyacentes. Empecemos analizando los subintervalos.

Una característica interesante se observa en el diagrama que resulta de un subconjunto propio I_a del intervalo I_b, es decir, cuando $I_a \subset I_b$. En un diagrama así, tales intervalos se muestran como dos vértices que están conectados por enlaces que van y vienen de un vértice al otro, por ejemplo, los vértices $I_3 \rightarrow I_4$ y $I_4 \rightarrow I_3$ en la figura 8. Nótese que el subintervalo $I_4 \subset I_3$ se corresponde con un nodo I_4 que conduce de regreso al intervalo dominante anterior I_3. En la figura 9, tenemos una relación semejante entre los intervalos $I_{123} \subset I_{12} \subset I_1$. Definimos, entonces, el intervalo «dominante» como aquel que conduce a más subintervalos, aquel que no es, en un sentido metafórico, un callejón sin salida. Sin embargo, en ausencia de más intervalos, tendríamos una situación completamente simétrica para ambos I_a, I_b. El diagrama no podría diferenciar entre

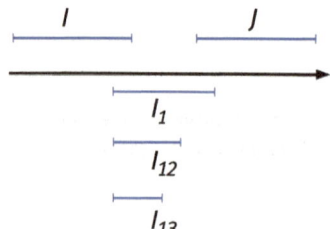

Figura 9: Subintervalos propios con un borde común.

estos intervalos. Esto es precisamente lo que se desea resaltar desde un punto de vista conceptual: el diagrama pone a la vista la relación entre intervalos con respecto a sus vecinos. Un intervalo que cubre todos los demás no añade nada nuevo o, dicho de otra forma, detrás de que cada línea temporal habrá siempre otra, más larga, que lo abarca todo, pero que a la vez no cambia el orden de los conjuntos ya establecidos, como si fuera una coordenada de tiempo absoluta. Pero, volvamos al caso de la figura 9.

En el caso de que los intervalos I_a, I_b tengan un borde común, como se ilustra en la figura 9, los dibujamos entonces como en la figura 10, aclarando a través de subíndices cuál es el orden de los subintervalos, por ejemplo, $I_{123} \subset I_{12} \subset I_1$. Nótese el orden de la cadena que se genera, donde primero buscamos el subintervalo más pequeño y después volvemos al intervalo inicial. La secuencia de entrada está marcada sobre cada flecha.

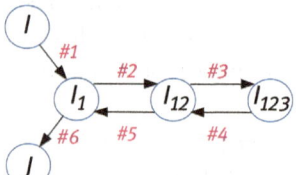

Figura 10: La representación diagramática de los intervalos en la figura 9.

El segundo caso que nos interesa explorar es el de los intervalos adyacentes, es decir, dos intervalos que solo tienen un borde en común, cuya ilustración está expuesta en la figura 11. A la hora de asignarle a la figura 11 una representación diagramática,[8] podemos dibujar un vértice para I_1 y otro adyacente para I_2. Como alternativa, para dejar claro que son intervalos adyacentes, podemos

---

8 Para dibujar el diagrama correspondiente, podríamos pensar que basta con seguir la convención que hemos usado hasta ahora, ya que la intersección de los intervalos I_1, I_2 parece no estar vacía. Este es, efectivamente, el caso, si podemos definir los intervalos extensionalmente, por ejemplo, como intervalos de números reales. Sin embargo, este punto es bastante sutil y nos llevaría directo a problemas acerca del concepto de densidad en el marco de la teoría de Lebesgue. La

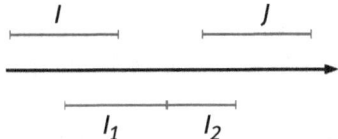

Figura 11: Dos intervalos adyacentes.

fusionar ambos intervalos en uno solo, asignándole un único vértice I_{12}. Esta situación está mostrada en la figura 12.

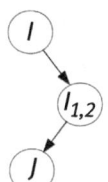

Figura 12: La representación de los intervalos en la figura 11. Los intervalos adyacentes I_1, I_2 se unen en un solo vértice como unidad $I_{1,2}$.

6.2.1 Una interpretación diagramática para el operador BECOME

Ahora que han sido esclarecidas las condiciones de inclusión y adyacencia, veamos un ejemplo con el operador BECOME. De acuerdo a la definición de Dowty, que estudiábamos en el apartado 3 (figura 1) y retomamos a continuación, BECOME(ϕ) se verifica en un intervalo I si y solo si (i) tenemos un intervalo que precede a I donde $\neg\phi$ es el caso, (ii) si igualmente tenemos un intervalo que sucede a I donde ϕ es el caso, y (iii) no puede haber un subintervalo propio de I donde se cumplan (i) y (ii). La representación diagramática de los intervalos que subyacen al operador está expuesta en la figura 9.

Para encontrar la representación diagramática de este operador, necesitamos añadir una regla más a nuestros diagramas. Hasta ahora hemos trabajado únicamente con intervalos. Si tenemos un universo de proposiciones lógicas $\Phi = \{\phi_1, \phi_2, \ldots, \phi_n\}$, podemos especificar en cada intervalo su valor de verdad, en caso de que lo conozcamos. Lo interesante es, precisamente, que, cuando aplicamos al cálculo eventivo algún operador X que selecciona Φ como su dominio (junto a la serie de intervalos en los que las proposiciones de Φ se verifican), querremos expresar también las condiciones temporales para tal

---

cuestión reside básicamente en si consideramos como intervalos admisibles solo aquellos que tienen una longitud bien definida. Si este es el caso, entonces la intersección de los intervalos existe, pero el punto de contacto carece de longitud, o, dicho en la teoría de Lebesgue, tiene longitud cero.

universo lógico. Escribimos esto simbólicamente como $(X, I)\phi$. Es decir: dado un intervalo I, un operador $X(\phi)$ induce una cierta subestructura. Es precisamente esta particularidad catascópica de los operadores la que posibilita que dentro de su dominio pueden crearse o simplificarse intervalos.

Si se prefiere, puede imaginarse el diagrama como un juego, donde uno coloca condiciones lógicas en cada uno de los vértices, que ahora funcionan como casillas del tablero. Los operadores corresponden a una ficha especial que, una vez insertada, admite ciertos patrones y rechaza otros.

Un intervalo I donde se verifica el operador BECOME(ϕ) corresponde, pues, a la figura 13. Los operadores los marcamos con un círculo doble, para indicar que se trata de intervalos especiales donde las condiciones lógicas de ϕ están sujetas a patrones particulares.

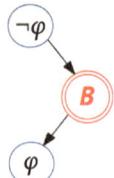

Figura 13: La representación diagramática del operador BECOME(ϕ).

Este diagrama corresponde a la versión de Dowty. Si queremos expresar una graduación del cambio de estado, siguiendo el patrón de Rothstein expuesto antes, podemos hacerlo mediante una cadena de subintervalos, véase la figura 14.

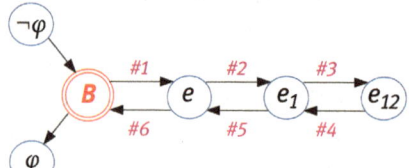

Figura 14: Representación diagramática gradual de BECOME(ϕ) correspondiente a la figura 4. Los números indican el orden para cada intervalo.

En este caso, todos los intervalos e_i inducen una diferencia, aunque sea aproximativa, en la verificación de $\neg\phi \to \phi$, como un evento compuesto. El ciclo no corre el riesgo de quedarse atrapado en los subconjuntos, porque hay una progresión hacia una condición de salida: cuando e se aproxima más a ϕ de lo que lo hacen e_1 y e_{12}. La aproximación puede ser infinita, pero se tiene la seguridad de que converge con respecto al estado final. El operador BECOME acepta, pues, una estructura de subintervalos crecientes, pero rechaza una estructura de subintervalos adyacentes, como mostramos en la figura 15.

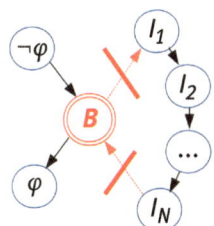

Figura 15: El operador BECOME(ϕ) no puede aceptar una partición de intervalos adyacentes.

Si no se pusiera esta restricción sobre el diagrama 15, esto implicaría que hay un subintervalo propio del intervalo I, donde reside BECOME, para el que se manifestaría el cambio $\neg\phi \to \phi$ antes de que el intervalo de B haya sido completamente transitado.

La diferencia con respecto al caso de la graduación es que en esta solo tenemos un subintervalo, e, del cual forman parte otros subintervalos $e_1, \ldots, e_n$. El intervalo e no está en relación durativa con respecto a otros intervalos y, por eso, si se desea, se puede extender su duración tanto como sea necesario, sin violar la condición de minimalidad de B.

6.2.2 Una interpretación diagramática para el operador STATE

Ya que hemos estudiado la acción de BECOME en un diagrama, con el tipo de estructura de subintervalos que acepta y las cadenas adyacentes o particiones de intervalos que rechaza, veamos ahora la lectura del operador STATE. La condición de STATE(ϕ, I) es la siguiente: dado (ϕ, J), para $J < I$, en ningún subintervalo de I se puede verificar $\neg\phi$. Es decir, cuando salimos del operador STATE, encontramos (ϕ, K) como su sucesor, para $I < K$, véase la figura 16. Entonces, si tenemos una secuencia de vértices $\phi \to \text{STATE}(\phi) \to \phi$, podemos inferir que ϕ no ha cambiado en ningún momento.

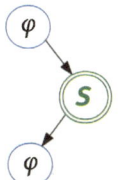

Figura 16: El operador STATE(ϕ) en forma diagramática.

El tipo de estructura que STATE(ϕ, I) acepta es precisamente la contraria a BECOME, o sea, una secuencia de intervalos adyacentes $I_1, \ldots, I_N$ o con intersección parcial del tipo escalera, como muestra la figura 17. Esto ocurre porque se

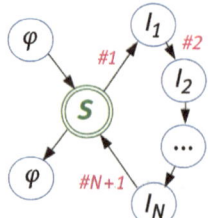

Figura 17: El operador STATE(ϕ, I) definido para una secuencia de intervalos adyacentes $I_1, \ldots, I_N$.

puede particionar el intervalo I en $I_1, \ldots I_N$, y en ninguno de ellos se verificará $\neg\phi$, esto es, el cambio instantáneo (cf. la interpretación vectorial de Gärdenfors (2016, 173) basada en espacios conceptuales).

El efecto del operador STATE(ϕ) es el de insertar una cadena de intervalos adyacentes que progresan en el tiempo, conservando el valor de ϕ. En la figura 17, los números sobre las flechas indican la secuencia en la que cada intervalo es transitado.

Por último, es importante resaltar el hecho de que el operador STATE es incompatible, por definición, con secuencias de cambio gradual, como la mostrada en la figura 18, donde cada evento e_i es diferente del anterior con respecto a la realización de ϕ, aunque sea solo de manera aproximada. A diferencia de lo que pasa con el operador BECOME, en este contexto no nos aproximamos a ningún límite que nos permita abandonar STATE (ϕ) y seguir adelante.

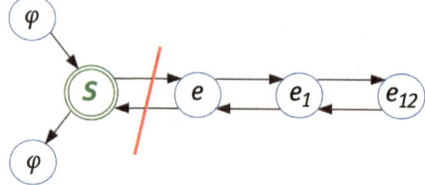

Figura 18: El operador STATE(ϕ) no admite cadenas de subintervalos que impliquen un cambio gradual o una cadena de subintervalos propios.

6.3 Un contador de eventos

La cuestión que nos hemos estado planteando reiteradamente a lo largo de este estudio es ¿cuál es el tipo de evento que podría considerarse como el más elemental? A pesar de que, como hemos visto en el apartado 2 a propósito del cálculo eventivo, el estatus del estado como componente elemental de las eventualidades se ha dado siempre por supuesto en las teoría semánticas formales, es difícil fijar un criterio sólido semejante cuando nos hacemos esta pregunta desde la perspectiva de la física. Una idea que proponemos como parangón es la de un evento que, por alguna razón, se repite con cierta regularidad, sin ser esta demasiado precisa. En este sentido, el clic de un contador Geiger es un buen ejemplo. Un contador Geiger es un aparato que registra el decaimiento de elementos radiactivos y emite un sonido cuando ha detectado una partícula proveniente del decaimiento. Dependiendo de la radioctividad de un elemento, los clics son más o menos frecuentes, pero nunca siguen un periodo fijo. A lo sumo, se puede fijar un cierto promedio λ de decaimiento en un intervalo de tiempo, la llamada «vida media» del elemento.

Podemos adaptar esta situación a nuestra descripción de diagramas si pensamos en un predicado ϕ que se verifica cuando nuestro contador indica que ha registrado un decaimiento. Entonces el contador pasa de n a $n+1$ clics registrados. El predicado ϕ será verificado en un intervalo I si el contador suma uno más a la cuenta llevada.

En este sentido, vamos recorriendo los intervalos uno por uno escuchando el contador y controlando la cuenta. Empezamos a partir de un intervalo conocido n, que especifica la cuenta del contador. Entramos, entonces, en un intervalo dominado por STATE(n), esto es, el estado del contador (y del elemento radiactivo) en ese momento. Una vez dentro del estado comprobamos si se ha registrado un incremento $n \to n+1$. Esta es la señal que nos dice que hemos salido de STATE(n) y atravesado hacia el vértice $n+1$ a través de un cambio mediado por un operador BECOME. De $(n+1)$ entramos ahora a STATE($n+1$) y así en adelante. Cada intervalo presidido por STATE está sujeto a la condición de no subdividirse en intervalos propios, precisamente porque está restringido por este operador. Esta situación está expuesta en la figura 19.

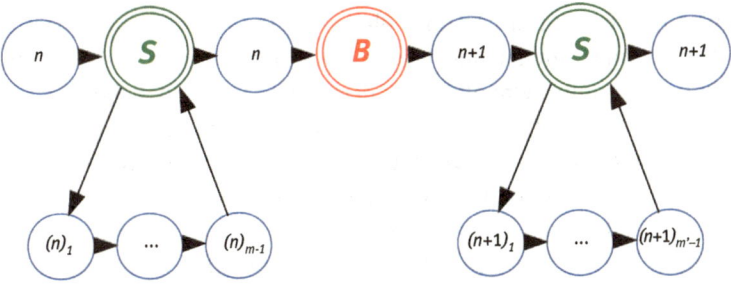

Figura 19: Contador Geiger recorriendo una serie de intervalos.

La figura 19 representa un contador Geiger que escuchamos recorriendo una serie de intervalos y que aumenta la cuenta de los eventos registrados de n a $n+1$

cuando detecta un producto de decaimiento. Partiendo de este grafo, recorremos un número de intervalos adyacentes hasta que el contador se incrementa en uno, reiterándose así el proceso. El número de intervalos que se suceden antes de cada incremento del contador sigue una distribución probabilística.

La pregunta que nos interesa responder ahora será cuántos intervalos-vértices de tipo n tenemos que atravesar hasta encontrar un vértice de tipo $n+1$, estando este último intervalo incluido en la cuenta. Para responderla, empecemos por considerar el clic del contador como un evento probabilístico, es decir, como un evento que se da de manera aleatoria.

6.4 Breve resumen de teoría de probabilidad

Un fenómeno aleatorio no necesita ser caótico; al contrario, si pensamos en el caso más simple, por ejemplo, en el lanzamiento de una moneda al aire, nos damos cuenta de que aunque el resultado es ciertamente imposible de predecir, no deja de ser regular: si el diseño de la moneda es perfecto, cualquiera de las dos caras tiene exactamente la misma probabilidad de aparecer. Como solo hay dos caras, entonces esperamos que la mitad de las veces que uno repita el experimento aparezca una cierta cara. De este modo, hemos dado entonces una predicción cuantitativa a un experimento de naturaleza impredecible.

Para formalizar esta cuantificación del azar recurrimos a una analogía lógica bien estudiada. Diremos, pues, que un evento probabilístico se corresponde con una proposición lógica que puede ser el caso. Por ejemplo, la proposición ψ, con el significado 'la moneda cae en cara' es un *evento elemental* de un experimento como el lanzamiento de la moneda al aire. Su negación, $\neg\psi$: 'la moneda cae en cruz', es otro evento. Estos son los eventos elementales que forman el conjunto elemental $\Omega = \{\psi, \neg\psi\}$. La probabilidad $\mathbb{P}:\Omega \to [0,1]$ es una función que asigna un número real a cada evento ω contenido en el conjunto elemental Ω, es decir, $\omega \in \Omega$, siendo dicho número real o bien cero, si nunca se da el caso, o bien uno, si siempre se da el caso.

Un evento *seguro* corresponde a una tautología $\psi \vee \neg\psi$, de acuerdo a la cual la moneda cae o bien en cara o bien en cruz, de forma que, como solo existen esas dos opciones, tal evento recibe la probabilidad máxima, denotada con valor de unidad, es decir, $\mathbb{P}[\psi \vee \neg\psi] = 1$. Un evento *imposible* corresponde a la contradicción $\psi \wedge \neg\psi$, en el que la moneda cae en cara y cruz a un tiempo, de modo que su probabilidad recibe el valor mínimo, esto es, $\mathbb{P}[\psi \wedge \neg\psi] = 0$.

La probabilidad para la disyunción de eventos mutuamente excluyentes es la suma de la probabilidades individuales de cada evento. Por ejemplo, $\mathbb{P}[\neg\psi \wedge \psi] = \mathbb{P}[\neg\psi] + \mathbb{P}[\psi]$. Si tenemos dos eventos A, B independientes entre sí, entonces la probabilidad de la conjunción $A \wedge B$ corresponde al producto de cada término de la conjunción, $\mathbb{P}[A \wedge B] = \mathbb{P}[A] \cdot \mathbb{P}[B]$.

Finalmente mencionamos un concepto fundamental en la teoría probabilística, la probabilidad condicionada $\mathbb{P}[A|B]$. Esta es la probabilidad de que el evento A suceda, siendo que B es ya el caso. Por ejemplo, si tenemos dos dados y preguntamos por la probabilidad de que suceda A: 'la suma de los ojos sea un número par' siendo el caso que B: 'un dado ha caído en 5', sería $\mathbb{P}[A|B] = 2/3$. Estas probabilidades se pueden calcular con la fórmula

$$\mathbb{P}[A|B] = \frac{\mathbb{P}[A \wedge B]}{\mathbb{P}[B]}$$

Vemos que si A y B son eventos independientes, la probabilidad condicionada se reduce a la la probabilidad normal.

6.5 La probabilidad de espera

Volviendo a nuestro ejemplo con el contador Geiger, definimos un evento elemental ϕ: 'el contador se incrementa por uno' y le asignamos una probabilidad $\mathbb{P}[\phi] = p$, donde p sería proporcional a la frecuencia con la que un elemento decae. El evento complementario, $\neg\phi$: 'el contador no cambia', recibe la probabilidad complementaria, $\mathbb{P}[\neg\phi] = 1 - \mathbb{P}[\phi] = 1 - p$.

Ahora introducimos una variable aleatoria X que cuenta el número de intervalos que atravesamos hasta que el contador se incremente. Podemos extender la definición de probabilidad de los eventos elementales para incluir las variables aleatorias haciendo una conexión entre los valores que la variable X puede tomar y los eventos elementales que se necesitan para que esto sea el caso.

En nuestro caso específico X tiene dominio $m = 1, 2, \ldots$. La probabilidad de que X tenga un valor particular m puede ser calculada así: para verificar el incremento del contador en el intervalo m tuvieron que pasar antes $m - 1$ intervalos en los que no se cambió el contador. Tenemos entonces una cadena de m eventos $\neg\phi, \neg\phi, \ldots, \neg\phi, \phi$. La probabilidad de esta secuencia determina la probabilidad para la variable contadora,

$$\mathbb{P}[X = m] = \mathbb{P}[\neg\phi \wedge \neg\phi \wedge \ldots \wedge \neg\phi \wedge \phi]$$

$$= \mathbb{P}[\phi] \cdot \underbrace{(\mathbb{P}[\neg\phi] \ldots \mathbb{P}[\neg\phi])}_{m-1\,veces}$$

$$= p(1-p)^{m-1}.$$

Nótese que interpretamos «$X = m$» como una proposición lógica que se verifica para una secuencia específica de eventos elementales escrita como fórmula de primer orden en las proposiciones $\phi, \neg\phi$.

Cada intervalo que contamos es independiente del anterior en lo que respecta al contador, porque este funciona sin ser influenciado por la partición $I_1, I_2, \ldots$ que hagamos. Es decir: cada vértice en la secuencia $n, n, \ldots, n+1, n+1, \ldots,$ $n+2 \ldots$ representa un evento independiente. Como estos eventos elementales son independientes entre ellos, la probabilidad de la conjunción $\neg\phi \wedge \neg\phi \wedge \ldots \wedge \neg\phi \wedge \phi$ corresponde al producto de la probabilidad de cada término. Este resultado total corresponde a la llamada *distribución discreta geométrica* para la variable X.

Este resultado obtenido a través de contar intervalos puede ser en todo caso extendido a situaciones donde vemos cada intervalo como un conjunto denso de puntos en el sentido de Dedekind, donde un punto está definido como una secuencia de intervalos que le preceden y que le anteceden. En este caso, expandemos cada vértice en el recorrido en N copias de él mismo, manteniendo la probabilidad $p = \lambda/N$ proporcional a una frecuencia ya observada λ para el decaimiento del elemento. Volvemos a contar el número de intervalos hasta verificar un cambio, pero al final el resultado se toma en el límite de una partición infinita, $N \to \infty$. Obtenemos para la variable contadora X una *distribución continua exponencial*,

$$\mathbb{P}[X > t] = e^{-\lambda t},$$

donde X cuenta ahora la «cantidad» de tiempo t que se espera antes de verificar el cambio.

6.6 La amnesia y el tiempo de los estados

Las distribuciones exponencial y geométrica son las únicas que exhiben una propiedad bien conocida e interesante, a saber, la llamada «amnesia» (*memorylessness*, en inglés). Esta propiedad se escribe para la distribución geométrica como sigue:

$$\mathbb{P}[X > m_1 + m_2 | X > m_1] = \frac{\mathbb{P}[(X > m_1 + m_2) \wedge (X > m_1)]}{\mathbb{P}[X > m_1]} = \mathbb{P}[X > m_2].$$

Expresada a través de la probabilidad condicionada $\mathbb{P}[X > m_1 + m_2 | X > m_1]$, la amnesia implica que, si ya hemos contado m_1 intervalos en los que el contador Geiger no ha cambiado, entonces el evento no será más probable en los próximos m_2 intervalos. En otras palabras, si uno ha intentado ganar la lotería durante los últimos m_1 años, entonces la probabilidad de esperar otros m_2 años hasta ganar, $\mathbb{P}[X > m_1 + m_2 | X > m_1]$, es la misma que si uno hubiera empezado a jugar este año, $\mathbb{P}[X > m_2]$.

Por poner otro ejemplo, si tenemos un isótopo radiactivo que decae cada 3 décadas, podemos imaginar la situación en la que verificamos si el átomo decayó hoy, para volver a comprobarlo en una década. Si comprobamos que el átomo no ha decaído, esto *no* significa que vaya a decaer en los siguientes veinte años. La «vida media» del isótopo sigue siendo de tres decadas y es como si apenas ayer hubieramos comenzado con el experimento. En este sentido, un átomo radiactivo no «envejece» (*ageing*, en inglés) ni mantiene memoria del tiempo que «ha vivido». No sorprende, entonces, que estos isótopos sean usados para determinar las medidas de tiempo (y espacio) en el Sistema Internacional de Pesos y Medidas. Lo que aquí nos interesa destacar es el hecho de que el átomo, como su vida media esta dada por una variable aleatoria exponencial, representa entonces un sistema que define unidades de tiempo, una escala cuyas marcas vienen dadas por decaeminientos sucesivos de *distintos* átomos.

Interpretando la propiedad de amnesia como una definición de «tiempo estático», podemos llegar a un concepto de tiempo para estados. En nuestro ejemplo con el contador Geiger, el estado en cuestión viene dado por la lectura del contador, o sea, por el número de clics que ha contado. Sabemos, además, que se relaciona causalmente con el decaimiento de un elemento radioactivo. Pero aun sin saber esta conexión causal, el estado del contador tiene una propensión a cambiar, aunque también una indiferencia con respecto a los eventos que ya se han verificado antes.

7 Conclusiones

La implementación del nuevo operador STATE en el conjunto de operadores universales del cálculo eventivo hace posible una nueva definición del operador de cambio de estado que conserve su carácter dowtiano original y mantenga, además, las propiedades que se han ido desarrollando a medida que ha ido avanzando la investigación en semántica formal. A la vez, este cambio de perspectiva resuelve el problema de la opacidad, presente en todos los modelos previos. Esta alternativa pretende formalizar la intuición de que, si tanto la actividad (*activity*) como el cambio de estado (*achievement*) son propiedades universales en nuestra concepción del tiempo, de modo que su combinación mediante causación (*accomplishment*) también lo es, entonces no parece óptimo el planteamiento que postula tres de las clases aspectuales de Vendler como primitivos universales, al tiempo que considera la clase más elemental, de la que derivan las clases restantes, como una propiedad idiosincrásica sin repercusión universal. Este nuevo planteamiento parte del hecho de que las cuatro clases aspectuales son universales en cuanto a su tratamiento interno a la teoría, de modo que cada predicado idiomático representaría una instanciación particular de alguna de ellas. Por otra parte, nuestra propuesta intenta arrojar luz a un planteamiento que, a primera vista, parece contradictorio: ¿Cómo es posible que el cálculo eventivo, como teoría sobre la estructura del tiempo, postule un primitivo atemporal que, reiterado en una cadena, forme un transcurso o evento temporal? La solución propuesta resuelve la contradicción mostrando que toda propiedad predicativa ($Pred_i$) dada, como conjunto o clase, es atemporal, mientras que el operador que interpreta eventivamente este predicado debe ser, necesariamente, temporal e iniciar el cálculo eventivo. Al mismo tiempo, definiendo las cuatro clases aspectuales como operadores, se da respuesta de forma natural al problema de la complementariedad del resultado y la manera señalado por Levin/Rappaport: si la inserción de la propiedad predicativa crea una distribución complementaria en la interpretación de eventos verbales y se da el caso de que es necesario que la raíz se inserte *en alguna de las dos* fases eventivas para crear tal complementariedad, entonces, ¿por qué no presentan todas las raíces una variante sintáctica agentiva y otra ergativa o de cambio de estado? La respuesta se da ahora de forma natural: piénsese que una actividad pura no precisa incremento de información para expresarse (*Juan actúa*), mientras que los estados puros necesitan una atribución específica para estar bien formados (**Juan es*),[9] de modo que las raíces se pueden clasificar de acuerdo a si funcionan como predicados, como modificadores predicativos o como ambos. Así, se evita que el sistema sobregenere haciendo posible que raíces ergativas como *derret(irse)* se interpreten como agentivas al insertarse en el dominio del primer evento de la causación o que actividades como *freg(ar)* se manifiesten como ergativas al insertarse en el segundo subevento. Actuando de este modo, se restringe la posibilidad de que una raíz se inserte en un dominio semántico inadecuado, pero no se restringe la posibilidad de que una raíz se infraespecifique en cuanto a este aspecto, pudiendo insertarse en cualquier dominio y manifestarse así como actividad o cambio de estado (cf. *estuve abriendo carpetas durante horas / la puerta se abrió de un corrientazo*), donde, en el

---

9 Téngase en cuenta que el verbo *estar* no expresa un estado semántico puro, dado que incluye un componente deíctico 'ser ahí / así' (cf. Hernández Arocha 2016; Hernández Socas 2017).

primer caso, se hace referencia a la actividad de abrir carpetas reiteradamente, mientras que en el segundo se hace referencia al cambio de estado que experimentó la puerta. Como vemos, la determinación de estos rasgos hace posible un tratamiento teórico eficaz de la distribución de la manera y el estado resultante, restringiendo considerablemente la productividad del sistema y optimizando, así, la capacidad de aprendizaje.

En lo que respecta a la concepción teórica del tiempo desde las perspectivas lingüística, filosófica y física, cabe mencionar que, si con el modelo dowtiano ya contábamos con una idea intuitiva del estado como una propiedad *sin tiempo*, ahora podemos reconcebirla como un intervalo temporal *sin memoria*, en el sentido de que se verifica independientemente de los estados y cambios precedentes y sucesivos. Corresponde a otros operadores definir y delimitar tales cambios.

De la misma forma, si solo tenemos las características para establecer una propiedad de un estado sin ningún tipo de protocolo definido de lo que sucedió y sucederá, entonces la interpretación del cambio y la conservación del estado solo puede darse en términos de probabilidad. Así, podemos definir el tipo de descripciones posibles: aquellas tautológicas o contradictorias. Es la misma situación que encontramos precisamente con el decaimiento de elementos radiactivos, que son ejemplos de procesos que suceden sin tener una causación y que sirven de patrón internacional para determinar las medidas de tiempo; es decir, suceden porque *pueden* suceder, y sucederán porque tienen una *probabilidad* de hacerlo. Son regulares, porque esa probabilidad tiene un valor bien definido. Y cuando el evento del decaimiento se ha verificado, entonces podemos invertir la situación y usar estos eventos como delimitantes de intervalos genuinos de tiempo, según el cual podemos basar otras descripciones.

Nuestra intención no es tanto la de insistir en el papel de un tiempo supuestamente natural y externo, sino la de subrayar que el tiempo requiere una noción de estructura de intervalos definible para un modelo mental (semántico), que funciona como punto de partida para el lenguaje natural y que se funda, además, en relaciones de inclusión y precedencia, de probabilidad y su cálculo.

Bibliografía

Ajdukievicz, Kasimierz, *Syntactic connexion*, in: McCall, Storrs (ed.), *Polish logic* 1920–1939, Oxford, Clarendon Press, 1967[1935], 207–231.

Bach, Emmon, *The algebra of events*, in: Mani, Inderjeet/Pustejovsky, James/Gaizauskas, Robert (edd.), *The language of time*, Oxford, Oxford University Press, 2005[1986], 33–60.

Batista, José Juan/Tabares Plasencia, Encarna, *Notas sobre el aspecto en griego moderno, español y alemán*, in: Sinner, Carsten/Hernández Socas, Elia (edd.), *La expresión de tiempo y espacio y las relaciones espacio-temporales. Enfoques contrastivos*, Frankfurt, Lang, 2011, 35–50.

van Benthem, Johan, *The logic of time. A model-theoretic investigation into the varieties of temporal ontology and temporal discourse*, Dordrecht, Reidel, 1986.

Bierwisch, Manfred, BECOME *and its presuppositions*, in: Bäuerle, Rainer/Reyle, Uwe/ Zimmermann, Thomas Ede (edd.), *Presuppositions and discourse. Essays offered to Hans Kamp*, Bingley, Emerald, 2010, 189–234.

Carlson, Gregory N., *A unified analysis of English bare plural*, Linguistics and Philosophy 1 (1977), 413–57.

Champollion, Lucas/Krifka, Manfred, *Mereology*, in: Aloni, Maria/Dekker, Paul (edd.), *The Cambridge handbook of formal semantics*, Cambridge, Cambridge University Press, 2016, 369–388.

Dessì Schmid, Sarah, *Aspektualität. Ein onomasiologisches Modell am Beispiel der romanischen Sprachen*, Berlin/Boston, de Gruyter, 2014.

Dowty, David R., *Word meaning and Montague grammar. The semantics of verbs and times in generative semantics and in Montague's PTQ*, Dordrecht, Reidel, 1979.

Dowty, David R., *Thematic proto-roles and argument selection*, Language 67:3 (1991), 547–619.

Gärdenfors, Peter, *The geometry of meaning. Semantics based on conceptual spaces*, Cambridge, Massachusetts, MIT Press, 2016.

Härtl, Holden, CAUSE *und* CHANGE. *Thematische Relationen und Ereignisstrukturen in Konzeptualisierung und Grammatikalisierung*, Berlin, Akademieverlag, 2001.

Hernández Arocha, Héctor, *Locución y modelos para su descripción semántica*, Lebende Sprachen 61:1 (2016), 117–174.

Hernández Socas, Elia, *La prefijación ablativa y su representación semántico-conceptual. Estudio contrastivo de equivalencias interlingüísticas entre alemán, lenguas clásicas e iberorromances*, Habilitationsschrift, Leipzig, Universität Leipzig, 2017.

Kaufmann, Ingrid, *Konzeptuelle Grundlagen semantischer Dekompositionsstrukturen. Die Kombinatorik lokaler Verben und prädikativer Komplemente*, Tübingen, Niemeyer, 1995.

Krifka, Manfred, *The origins of telicity*, in: Rothstein, Susan (ed.), *Events and grammar*, Berlin, Springer, 1998, 197–236.

Levin, Beth/Rappaport Hovav, Malka, *Lexicalized meaning and manner/result complementarity*, in: Arsenijević, Boban/Gehrke, Berit/Marín, Rafael (edd.), *Subatomic Semantics of event predicates*, Dordrecht, Springer, 2013, 49–70.

Levin, Beth/Rappaport Hovav, Malka, *Argument realization*, Cambridge, Cambridge University Press, 2005.

Levin, Beth/Rappaport Hovav, Malka, *Lexical conceptual structure*, in: Maienborn, Claudia/von Heusinger, Klaus/Portner, Paul (edd.), *Semantics: an international handbook of natural language meaning*, vol. 1, Berlin/Boston, de Gruyter, 2011, 420–441.

Mani, Inderjeet/Pustejovsky, James/Gaizauskas, Robert (edd.), *The language of time*, Oxford, Oxford University Press, 2005.

Mani, Inderjeet/Pustejovsky, James, *Interpreting motion. Grounded representation for spatial language*, Oxford, Oxford University Press, 2012.

Montague, Richard, *The proper treatment of quantification in ordinary English*, in: Thomanson, Richard (ed.), *Formal philosophy. Selected papers of Richard Montague*, New Haven/ London, Yale University Press, 1974[1970], 247–270.

Partee, Barbara, *Formal semantics*, in: Aloni, Maria/Dekker, Paul (edd.), *The Cambridge handbook of formal semantics*, Cambridge, Cambridge University Press, 2016, 3–32.

Ramchand, Gillian C., *Verb meaning and the lexicon. A first-phase syntax*, Oxford, Oxford University Press, 2008.

Rappaport Hovav, Malka/Levin, Beth, *Building verb meanings*, in: Butt, Miriam/Geuder, Wilhelm (edd.), *The projection of arguments: Lexical and compositional factors*, Stanford, CSLI Publications, 1998, 97–134.

Rothstein, Susan, *Structuring events. A study in the semantics of aspect*, Blackwell, Massachusetts, 2004.

Steedman, Mark, *Taking scope: The natural semantics of quantifiers*, Cambridge, Massachusetts, MIT Press, 2012.

Van Valin, Robert D./La Polla, Randy, *Syntax: structure, meaning, and function*, Cambridge, Cambridge University Press, 1997.

Vendler, Zeno, *Verbs and times*, in: Mani, Inderjeet/Pustejovsky, James/Gaizauskas, Robert (edd.), *The language of time*, Oxford, Oxford University Press, 2005[1957], 21–32.

Verkuyl, Henk J., *A theory of aspectuality: the interaction between temporal and atemporal structure*, Cambridge, Cambridge University Press, 1993.

Wunderlich, Dieter, *Lexical decomposition in grammar*, in: Werning, Markus/Hinzen, Wolfram/Machery, Edouard (edd.), *The Oxford handbook of compositionality*, Oxford, Oxford University Press, 2012, 307–327.

Wunderlich, Dieter, *Cause and the structure of verbs*, Linguistic Inquiry 28:1 (1997), 27–68.

Yuko Morimoto
Expresiones de macroeventos en español: más allá de la tipología de lexicalización

Abstract: According to the well-known typology of motion proposed by Talmy (1985), languages can be divided into either verb-framed or satellite-framed. It is generally accepted that Romance languages belong to the former group, whereas Germanic languages are members of the latter. However, from our point of view, in spite of the enormous contribution made by its initial proposal, the most significant development of Talmy's theory has been achieved thanks to numerous revisions and modifications from various theoretical perspectives. On the one hand, it was Talmy himself (1991; 2000) who suggested a more general applicability of his typology: from this new point of view, the typology in question can be considered a general theory on linguistic expression of complex events, referred to as macroevents. On the other hand, many scholars have pointed out the limitations of Talmy's typology, based on the existence of a large number of data that do not fit in it (Ibarretxe-Antuñano 2004; 2009; Slobin 2003, among others). Motivated by these limitations, authors like Pedersen (2009) defend the need to abandon a typology which is exclusively focused on lexicalization. The main goal of this paper is to provide some arguments in favour of the two tendencies mentioned above: the extension of Talmy's typology to include the general domain of macroevents, and the consideration of non-lexical units as an essential object of study for delving into the typological research initiated by the aforementioned author.

Keywords: change of state, construction grammar, macroevents, Talmy's typology

1 Introducción: tipología de las expresiones de desplazamiento

Como es bien sabido, desde que Talmy (1985) presentara su ya conocidísima tipología de lexicalización, basada en los distintos patrones que las lenguas del

Nota: La investigación que subyace a este trabajo se ha realizado gracias a la financiación del Ministerio de Economía, Industria y Competitividad y del Fondo Europeo de Desarrollo Regional (FEDER) al Proyecto FFI2015-65189-P 2016/0015/001 (MINECO/FEDER, UE).

Yuko Morimoto, Universidad Carlos III de Madrid

https://doi.org/10.1515/9783110637700-011

mundo utilizan en la codificación del evento de movimiento, dicha tipología ha ejercido una notable influencia en la descripción y análisis de numerosas lenguas y de grupos lingüísticos (véanse, entre muchos otros, Choi/Bowerman 1991; Morimoto 2001; Noonan 2003; Ohara 2003; Slobin 1996).

Talmy (1985) señaló que las lenguas pueden agruparse según el patrón de expresión de movimiento predominante en cada una de ellas. Entre los grupos más predominantes,[1] destacan las lenguas de marco verbal (*verb framed languages*) y las de marco de satélite (*satellite framed languages*).

Las de marco verbal codifican la Trayectoria en el verbo principal, como en {*alejarse/entrar/subir*} *corriendo*; mientras que las de marco de satélite codifican la Trayectoria en una unidad distinta del verbo, como en *run* {*away/into/up*} '(lit.) correr {lejos/adentro/arriba}'. Nótese que verbos como *alejarse, entrar* o *subir* no solo denotan la existencia de un desplazamiento, sino que, además, definen qué tipo de trayectoria sigue ese desplazamiento. En cambio, verbos como *run* 'correr', *swim* 'nadar' o *walk* 'caminar' se limitan a señalar la existencia de un desplazamiento sin definir su trayectoria; en expresiones como *run away* 'alejarse corriendo' o *run up* 'subir corriendo', es el adverbio el que define la trayectoria del desplazamiento.

Según el citado autor, las lenguas romances se incluyen en las de marco verbal, mientras que las germánicas se clasifican en las de marco de satélite. Los ejemplos incluidos en la siguiente tabla reflejan la situación que acabamos de describir:

Tabla 1: Lenguas de marco verbal versus lenguas de marco de satélite.

Lenguas de marco verbal: lenguas romances, etc.	Lenguas de marco de satélite: lenguas germánicas, etc.
María *se alejó* corriendo.	Mary ran *away*.
María *cruzó* el río {nadando/a nado}.	Mary swam *across* the river.
La calavera *cayó* rodando por la ladera.	The skull rolled *down* the slope.

Ahora bien, a pesar de la innegable contribución de su propuesta inicial, desde nuestro punto de vista el impacto más significativo de la teoría de Talmy (1985) se produce gracias a las numerosas revisiones y modificaciones que con respecto a ella se han realizado desde diversas perspectivas teóricas.

Primero, fue el propio Talmy (1991; 2000) quien señaló la aplicabilidad más general de su tipología de lexicalización. De acuerdo con este punto de vista, la

---

1 Talmy (1985) reconoce tres principales modelos de expresión de movimiento. De acuerdo con él, además de los dos modelos expuestos aquí, existe otro consistente en la lexicalización de los componentes Desplazamiento y Figura. Este modelo es el predominante en las lenguas atsugewi y navajo, siempre según el mismo autor.

tipología inicial de Talmy puede convertirse en una teoría general sobre las expresiones de eventos complejos denominados macroeventos. En esta perspectiva, los eventos de movimiento se considerarían solo un subtipo de macroeventos.

Segundo, no son pocos los autores que han señalado las limitaciones de la tipología de Talmy, basándose principalmente en la existencia de un elevado número de datos que no encajan en ella a través de distintas lenguas del mundo (Slobin 2003; Ibarretxe-Antuñano 2004; Cuartero 2016, entre otros).

Motivados por esas limitaciones, varios autores han propuesto puntos de vista alternativos. Algunos reconocen la existencia de un modelo de lexicalización no incluido en la tipología de Talmy (Ameka/Essegbey 2013; Zlatev/Yangklang 2004), que da cuenta de aquellas lenguas que se caracterizan por sus verbos seriales (el tailandés, las lenguas nigero-congoleñas, las hmong-mien, las sino-tibetanas, las tai-kadai, las mon-khmer, las austronésicas, etc.). Otros como Pedersen (2009; 2016) abogan por el abandono de una tipología centrada casi exclusivamente en la lexicalización, y proponen adoptar una perspectiva construccionista.

Teniendo en cuenta esta situación, nuestro propósito aquí consiste en explorar dos de las ideas expuestas arriba: 1) la aplicación de la tipología de lexicalización del movimiento al dominio general de macroeventos; 2) el reconocimiento y la incorporación de la llamada «construcción esquemática»[2] como unidad de análisis para el establecimiento esa tipología ampliada.

2 Tipología ampliada: macroeventos

Como comentábamos arriba, la aplicación generalizada de la tipología de Talmy, inicialmente ligada al dominio semántico del movimiento, se basa en el concepto de macroevento. Según la formulación de Talmy (2000), un macroevento es una estructura semántica consistente en un evento principal (*main event* o *framing event*) y un evento secundario (*co-event*). Este evento secundario se interpreta como «soporte» (*background*) del evento principal. La relación que une el evento principal y el secundario podría ser de causa, manera, concomitancia, posterioridad, etc., aunque causa y manera representan las relaciones más habituales, siempre según el citado autor.

---

2 Usamos este término en el sentido otorgado por Goldberg (1995), una de las primeras proponentes de la gramática de construcciones; según esta autora, una construcción esquemática consiste en un significado complejo ligado a una forma compleja, cuyas propiedades no se pueden derivar de otros pares de forma-significado.

En su trabajo de 2000, Talmy señala que la conceptualización eventiva en forma de macroeventos se observa, al menos, en los siguientes cinco dominios conceptuales:

Tabla 2: Macroeventos en distintos dominios conceptuales.

Dominios[3]	Ejemplos[4]
Movimiento	The ball rolled in. 'La pelota entró rodando'.
Constitución temporal (aspecto)	They talked on. 'Continuaron hablando'.
Cambio o mantenimiento de estado	The candle blew out. 'La vela se apagó por la corriente de aire'.
Correlación entre acciones	She sang along. 'Ella cantó junto a {alguien/la música}' = 'Ella acompañó a {alguien/la música} cantando'.
Cumplimiento y confirmación en el ámbito de realización	The police hunted the fugitive down. 'La policía dio caza al fugitivo'.

Al establecer estos dominios de macroeventos, Talmy defiende que su clasificación tipológica original, la que separa las lenguas del marco verbal (*verb framed languages*) de las de marco de satélite (*satellite framed languages*), se sostiene a través de todos ellos. De hecho, en todos los ejemplos ingleses de la tabla 2, el evento principal queda expresado mediante una unidad distinta al verbo, es decir, mediante un satélite (*in, on, out, along* y *down*, en orden de aparición en la tabla 2), mientras que el verbo (*roll* 'rodar', *talk* 'hablar', *blow* 'soplar/recibir corriente de aire',[5] *sing* 'cantar', *hunt* 'cazar', respectivamente) aporta información sobre el evento secundario. Por ejemplo, la constitución temporal del evento de

---

3 Los términos originales referidos a estos dominios son *event of motion or location in space*, *event of contourning in time* (*aspect*), *event of change or constancy among states*, *event of correlation among actions* y *event of fulfillment or confirmation in the domain of realization*, según el orden de aparición en la tabla.

4 Los ejemplos ingleses incluidos en esta tabla pertenecen a Talmy (2000, 214); la traducción al español es nuestra.

5 No resulta fácil encontrar la traducción natural y adecuada para el empleo intransitivo no causativo de este verbo inglés, cuyo empleo transitivo causativo se corresponde perfectamente al verbo español *soplar*.

They talked on 'Continuaron hablando' viene definido por el adverbio *on*, que indica continuidad; asimismo, en la oración *She sang along* '(Ella) acompañó a {alguien/la música} cantando', es el adverbio *along*, y no el verbo, el elemento que aporta la idea de acompañamiento; en el resto de los ejemplos ingleses incluidos en la tabla se observa una situación similar. Esta circunstancia parece corroborar la pertenencia del inglés a las lenguas del marco de satélite en todos los dominios incluidos en la tabla 2.[6]

Una vez presentados los cinco dominios de aplicación de la tipología de Talmy, reconocidos por este mismo autor, en el siguiente apartado nos proponemos centrar nuestra atención en el dominio de cambio de estado, que — como se podrá comprobar enseguida— resulta especialmente ilustrativo para examinar la situación de la lengua española con respecto a la nueva tipología de macroeventos.

3 Cambio de estado

Empezamos este apartado con una serie de ejemplos que ilustran con suficiente claridad dos maneras diferentes de presentar el macroevento de cambio de estado[7]:

(1) a. She shook me awake.
      b. Ella me despertó {a sacudidas/sacudiéndome}.

(2) a. They pushed the door open.
      b. Abrieron la puerta empujándola.

(3) a. The tiger bled to death. [Ejemplo tomado de Goldberg/Jackendoff, 2004, (45c)]
      b. El tigre murió {sangrando/desangrado}.

---

6 Como veremos en seguida, no resulta difícil encontrar ejemplos que nos obliguen a poner en duda esta generalización. No obstante, sí es cierto que todos los ejemplos ingleses de la tabla 2, pertenecientes a cinco dominios conceptuales distintos, presentan un mismo tipo de conceptualización eventiva configurada principalmente por el satélite.

7 Los siguientes ejemplos podrían considerarse como expresiones alternativas a los ejemplos españoles (1b), (2b) y (3b), respectivamente, aunque los primeros dos —(i) y (ii)— no implican necesariamente la consecución de la finalidad indicada mediante la subordinada:

  (i) Me sacudió para que me despertara.
  (ii) Empujaron la puerta para abrirla.
  (iii) El tigre sangró hasta morir.

Agradecemos estos tres ejemplos a uno de los revisores anónimos de este trabajo.

En la versión inglesa de los ejemplos anteriores, el verbo (*shake* 'sacudir', *push* 'empujar' o *bleed* 'sangrar') expresa cómo se lleva a cabo o cómo se produce el evento de cambio expresado por la oración entera; en otras palabras, el verbo se encarga de especificar el evento secundario perteneciente al macroevento de cambio, cuyo evento principal, el de cambio propiamente dicho, viene determinado por una expresión adverbial o adjetival, es decir, por un elemento satélite (*awake* 'despierto', *open* 'abierto' o *death* 'muerto').

En cambio, en la versión española de los mismos ejemplos, es el verbo (*despertar, abrir* o *morir*) el que designa el evento principal, el de cambio; y el satélite (*a sacudidas/sacudiéndome, empujándolo* o *sangrando/desangrado*) se encarga de indicar el evento secundario, aportando información sobre la manera como se efectúa el evento principal o sobre su causa.

Ejemplos como los de (1)–(3) parecen confirmar, junto con el tercer ejemplo de la tabla 2, la pertenencia del inglés a las lenguas de marco de satélite y la del español a las lenguas de marco verbal en el dominio conceptual de cambio de estado.

No obstante, la situación de dichas lenguas es más compleja de la que podrían sugerir los ejemplos anteriores. Aunque pocos autores ponen en duda la caracterización del inglés como lengua de marco de satélite, no podemos ignorar que esta lengua también admite una estructuración eventiva correspondiente al marco verbal, como la que se observa en la versión (b) de los ejemplos siguientes (extraídos del trabajo de Talmy 2000, 241; la traducción al español es nuestra):

(4) a. He choked to death on a bone. (marco de satélite)
     b. He died from choking. (marco verbal)
     'Murió atragantando con un hueso'

(5) a. I burned him to death. (marco de satélite)
     b. I killed him by burning him. (marco verbal)
     'Lo maté quemándolo (vivo)'

(6) a. I kicked the door shut. (marco de satélite)
     b. I shut the door with a kick. (marco verbal)
     'Cerré la puerta de una patada'

(7) a. I shook him awake. (marco de satélite)
     b. I awoke him with a shake. (marco verbal).
     'Lo desperté con una sacudida'

En la versión (b) de los ejemplos anteriores, a diferencia de lo que ocurre en la correspondiente versión (a), el evento principal de cambio está codificado en el significado del verbo principal (*die* 'morir', *kill* 'matar', *shut* 'cerrar' o *awake* 'despertar'), ya que es este el que define el resultado del cambio expresado; y el satélite (*from choking* 'debido al atragantamiento', *by burning* (*him*) 'quemándo(lo)', *with a kick* 'de una patada' o *with a shake* 'con una sacudida') se encarga de aportar la información sobre el evento secundario, indicando la causa o manera del cambio correspondiente a ese evento principal.

Por otro lado, tampoco es cierto que la lengua española carezca de posibilidad de expresar el evento principal de cambio mediante un satélite. Nos referimos a la existencia en dicha lengua de construcciones como las de (8)–(10):

(8) Dibujé la línea demasiado torcida.

(9) Construyeron la casa demasiado pequeña.

(10) Se tiñó muy rubia.

El paralelismo entre los ejemplos anteriores y los que se exponen en (11)–(13), en cuanto a la conceptualización eventiva, resulta más que evidente[8]:

(11) Mary painted the wall green.
      'Mary pintó la pared de verde'

(12) The boy broke the vase to pieces.
      'El niño rompió el florero en pedazos'

(13) She polished the mirror to a brilliant shine.
      'Ella limpió el espejo hasta dejarlo reluciente'

Tanto los ejemplos españoles de (8)–(10) como los de lengua inglesa expuestos en (11)–(13) se caracterizan por la presencia de un predicado resultativo, que indica el estado resultante la acción expresada por el verbo principal.

Dada esta situación, consideramos preciso indagar cuál es la forma adecuada de tratar los datos españoles como los de (8)–(10) dentro de la tipología

---

8 Véase Demonte/Masullo (1999, §38.2.2) para más información sobre este paralelismo; y, en especial, para una clasificación de los predicados resultativos de la lengua española, según la cual algunos de los predicados en cuestión deberían ser considerados «pseudo-resultativos».

ampliada de Talmy; y, al realizar esa pesquisa, no podemos descartar la posibilidad de que sea necesario replantear la situación de la lengua española dentro
de dicha tipología.

Antes de tratar de contestar a la pregunta anterior, nos apresuramos a reconocer que el predicado resultativo en español no goza del mismo grado de productividad en la lengua inglesa, como ha sido señalado por varios autores (véanse,
entre otros, Bosque 1990; Demonte 1991; Zagona 1993; Demonte/Masullo 1999).

Una de las restricciones más básicas y más ampliamente reconocidas en el
empleo del predicado resultativo en la lengua española puede enunciarse como
sigue: en esta lengua la presencia del predicado resultativo solo es posible
cuando el verbo principal denote un cambio resultativo que afecta a lo referido
por el objeto directo (o por el sujeto, si el verbo es reflexivo). Ejemplos como los
de (14)–(21) sirven para ilustrar este punto:

(14) Hacer el mueble demasiado grande.

(15) Cavar el agujero hondo.

(16) Picar la cebolla bien picadita.

(17) Freírlo bien frito.

(18) *Golpear la puerta abierta.

(19) *Soplar la vela apagada.

(20) *Ladrar a los vecinos cansados.

Los primeros cuatro ejemplos representan dos usos relativamente productivos del
predicativos resultativos de la lengua española (véase a este respecto, Morimoto
2001): los predicativos resultativos de los verbos de creación —(14) y (15)— y los
llamados predicados «cognados» —(16)–(17)—. Nótese que, en todos ellos, el
verbo junto con su complemento directo (*hacer el mueble, cavar el agujero,
picar la cebolla* o *freírlo*) denotan un evento de cambio con un estado resultante inherente: el evento referido por *hacer el mueble* termina cuando el
mueble queda hecho; el de *cavar el agujero* acaba con el agujero cavado; y
así sucesivamente). El predicativo (*demasiado grande, hondo, bien picadita* o
bien frito) sirve para especificar cómo queda hecho el mueble —(14)—, cavado
el agujero, picada la cebolla y frito lo referido por el pronombre *lo*.

En cambio, los ejemplos (18)–(20), basados en un predicado verbal sin referencia a un estado resultante (*golpear la puerta*, *soplar la vela* y *ladrar a los vecinos*), rechazan la presencia de un predicativo resultativo. En este punto, el español se separa de aquellas lenguas que, como el inglés, admiten la combinación de un predicado verbal no resultativo y un predicado secundario de carácter resultativo:

(21) He pound the metal flat.
      '(Él) golpeó el metal hasta dejarlo plano'

(22) The door rolled open.
      'La puerta (se movió y) se abrió'

(23) He drank himself to death.[9]
      '(Él) murió de tanto beber'

Tenemos que advertir, de todos modos, que la condición sobre la propiedad aspectual del verbo principal no es suficiente para explicar las restricciones relativas al empleo del predicativo resultativo en la lengua española. De hecho, dicha condición no es capaz de prever la agramaticalidad de combinaciones como las siguientes, donde el verbo y su complemento directo expresan un evento resultativo[10]:

(24) *Mojar la toalla húmeda.

(25) *Limpiar la mesa reluciente.

(26) *Barrer el suelo limpio.

---

9 Nótese que, en este ejemplo, la presencia del pronombre reflexivo *himself* no es previsible a partir de la estructura argumental del verbo *drink* 'beber' al no representar una sustancia líquida que pueda ingerirse; la presencia de dicho pronombre depende crucialmente de la de la expresión resultativa *to death* (*He drank himself*). Véase Jackendoff (1990, 226–227) para más ejemplos de la construcción resultativa inglesa que no respetan la estructura argumental del verbo principal. Asimismo, en Morimoto (2001, §3.3) se presenta un análisis contrastivo de las expresiones de resultado en español y en inglés.

10 En los tres ejemplos siguientes, el juicio de gramaticalidad solo tiene en cuenta la lectura del adjetivo posnominal como predicado secundario resultativo. Descártese, por lo tanto, la interpretación del tipo de 'mojar la toalla (que ya estaba) limpia', 'limpiar la mesa (que ya estaba) reluciente' o 'barrer el suelo (que ya estaba) limpio'. Agradecemos esta puntualización a uno de los revisores anónimos del presente trabajo.

Aun y así, los datos examinados hasta ahora indican que la principal diferencia entre el inglés y el español con respecto a la expresión de macroevento de cambio estriba en que el predicado resultativo en español, a diferencia de lo que ocurre en inglés, no puede «añadir» información sobre el posible resultado del evento denotado por un verbo no resultativo. En otras palabras, el predicado resultativo de la lengua española se limita a aportar información adicional al estado resultante ya implícito en el significado del sintagma verbal, especificando algún aspecto de este último (p. ej., *hacer el mueble demasiado grande*) o intensificando su grado de alcance (p. ej., *picar la cebolla bien picadita*); asimismo, un sintagma verbal que no haga referencia a un cambio resultativo no constituye un contexto adecuado para dicho tipo de predicado.

Ahora bien, a pesar de su reducida productividad, lo cierto es que ejemplos como los de (8)–(10) y (14)–(17) representan un patrón de estructuración eventiva poco propio de una lengua considerada de marco verbal como es la lengua española. Llegados a este punto, la pregunta que se plantea es la siguiente: ¿cómo debemos tratar dicho tipo de datos dentro de la tipología de macroeventos propuesto por Talmy? En el siguiente apartado, intentaremos contestar a la pregunta anterior, adoptando una perspectiva construccionista, que nos permita superar los límites estrictos de la oposición entre el verbo principal y su satélite.

4 Construcción y macroeventos

Como punto de partida del presente apartado, volvamos a fijarnos en el predicado resultativo de la lengua española:

(27) Dibujar la línea torcida.

(28) Escribir la carta muy corta.

(29) Aplastarlo bien aplastado.

Nótese que en los ejemplos anteriores —similares a los presentados en el apartado anterior— tanto el verbo como el predicado resultativo (*torcida, muy corta* y el cognado *bien aplastado*, respectivamente) participan en la definición del estado resultante. Dibujar una línea torcida deriva en un estado en que la línea queda dibujada de forma torcida; si escribimos una carta muy corta, como resultado estará escrita una carta con la característica de ser muy corta; y, por último, la acción de aplastar algo bien aplastado dejará como resultado un objeto aplastado en un grado alto. Resulta, por lo tanto, bastante obvio que en nuestros ejemplos españoles la función semántica del verbo no se reduce a la indicación de la manera (es decir, la manera de llevarse a cabo el evento de cambio), a diferencia de lo que ocurre en las construcciones inglesas del tipo de *kick the door shut* 'cerrar la puerta de una patada'.

Una posible forma de dar cuenta de los datos españoles como los de (14)– (17) y de (27)–(29) sería adoptar, como defiende Pedersen (2009; 2016), un punto de vista construccionista en la descripción y análisis de las expresiones de macroeventos.

Para comprender dicho punto de vista, conviene aclarar primero el concepto de construcción tal como se entiende desde el punto de vista de la gramática de construcciones (Goldberg 1995; 2006; entre otros), ya que el citado autor sigue los principios básicos de esta teoría gramatical.

Según la definición de Goldberg (1995, 6), en traducción nuestra, constituye una construcción toda «correspondencia de forma-significado que no es estrictamente predecible a partir del conocimiento del resto de la gramática». Dada esta premisa, la gramática contendría un único nivel, consistente en un *gran lexicón* (según la expresión de Koenig 1999, 6), que registra desde los morfemas hasta las construcciones complejas. Es importante señalar que en la gramática de construcciones no solo se consideran construcciones complejas las que constan de elementos fijos (p. ej., *coger el toro por los cuernos*), sino también las que combinan elementos fijos con posiciones libres (p. ej., *tomar el pelo a* OBJ)[11] e, incluso, aquellas que carecen por completo de elementos fijos (p. ej., construcción ditransitiva inglesa: [SUJ, V, OBJ, OBJ$_2$], que daría lugar a oraciones concretas como *Mary handed his mother a letter*, *They gave John a book*, etc.); este último tipo de construcciones complejas, es decir, las que carecen de elementos fijos, se denominan construcciones esquemáticas.

Volvamos ahora nuestra atención a la representación construccionista que propone Pedersen para la construcción inglesa referida a un macroevento de movimiento —(30a)— y su correspondiente traducción al español —(30b)—:

(30) a. How beautiful it looks when **it stretches out its tongue**.
    CIP esquemática: [SUJ, V, OBJ, OBL]/ 'IP'
    CIS léxica: [V] / 'IS'
    b. Qué bien le sienta eso de **sacar la lengua**.
    CIP léxica: [V] / 'IP'
    (Basados en Pedersen, 2016, 8a y 8c, respectivamente)

---

11 Para el significado de las abreviaturas utilizadas en el presente trabajo, consúltese la lista de abreviaturas incluida tras el último apartado.

Pedersen entiende que la secuencia en negrita del ejemplo (30a), *it stretches out its tongue* 'saca la lengua estirándola', representa un macroevento que consta de dos construcciones: una esquemática y otra léxica. La primera, consistente en el esquema sintáctico [SUJ, V, OBJ, OBL], aporta la información central del macro evento, es decir, la correspondiente al evento principal (información principal (IP), para Pedersen), mientras que la segunda, formada por el verbo de la construcción anterior, [V], aporta información sobre el evento secundario (información secundaria (IS), para Pedersen). En el caso del ejemplo español expuesto en (30b), es el verbo, que sería una construcción léxica desde la perspectiva de la gramática de construcciones, el que codifica la información principal.

Paralelamente, el mismo autor representa como en (31a) la construcción del tipo de *The bottle floated into the cave*, que expresa un movimiento no causativo, y como en (31b) su correspondiente traducción a la lengua española, *La botella entró en la cueva flotando*[12]:

(31) a. The bottle floated into the cave.
CIP esquemática: [SUJ, V, OBL]/ 'IP'
CIS léxica: [V] / 'IS'
     b.   La botella entró en la cueva flotando.
CIP léxica: [V] / 'IP'
CIS léxica: [ADV] / 'IS'
(Basados en Pedersen, 2016, (16))

Estas representaciones no se diferencian sustancialmente de las de (30), salvo en dos puntos: por un lado, la construcción esquemática (31a), [SUJ, V, OBL], a diferencia de la de (30a) carece de la posición de objeto directo; por otro, el ejemplo (31b), en contraste con el ejemplo (30b), contiene una expresión adverbial (el gerundio *flotando*) correspondiente a la información secundaria.

Asimismo, en la misma línea, el autor defiende que una expresión de macroevento de cambio como *I blew the candle out* 'Apagué la vela {de un soplo/soplando}' puede representarse como sigue:

(32) I blew the candle out. 'Apagué la vela {de un soplo/soplando}'
CIP esquemática: [SUB, V, OBJ, PRED] / 'IP'
CIS léxica: [V] / 'IS'

---

12 Como advierte el propio Pedersen, los ejemplos de (31) pertenecen a Talmy (1985), aunque Talmy utilizaba la preposición *a*, en lugar de *en* para el ejemplo en español.

En la representación de (32), la construcción esquemática [SUJ, V, OBJ, PRED] define la información principal, y la construcción léxica, [V], consistente en el verbo perteneciente a la construcción esquemática, aporta información secundaria, correspondiente al evento secundario.

Pues bien, basándonos en las propuestas de Pedersen hasta ahora expuestas, proponemos atribuir una representación como la de (33) a las construcciones con predicado resultativo de la lengua española ejemplificadas en (14)–(17) y (27)–(29):

(33) teñirse de rubia/dibujar la línea torcida/picar la cebolla bien picadita
     CIP esquemática: [SUJ, V, OBJ, PRED]/ 'IP'
     CIS esquemática: [SUJ, V, OBJ]] / 'IS'

La idea que subyace a nuestra propuesta consiste en reconocer que, en las construcciones españolas en cuestión, la información principal se corresponde con el «cumplimiento y confirmación en el ámbito de realización» (véase arriba la tabla 2); esta información queda expresada mediante la construcción esquemática que incluye el predicado resultativo: [SUJ, V, OBJ, PRED]. En el macroevento de cumplimiento y confirmación, el cambio de estado resultativo expresado por la construcción esquemática [SUJ, V, OBJ] desempeña un papel secundario. Naturalmente, esta última construcción tendría su propia entrada en el lexicón de la lengua española, pues es el que da lugar a oraciones denotadoras de cambio de estado resultativo (sin referencia explícita al concepto de cumplimiento o confirmación) como *dibujar una línea, escribir dos cartas*, etc.

Recapitulemos: tanto [SUB, V, OBJ, PRED] de (32) como [SUB, V, OBJ] de (33) expresan un cambio de estado resultativo. A su vez, los macroeventos representados por las construcciones españolas de (33) en su forma completa (*teñirse de rubia, dibujar la línea torcida, picar la cebolla bien picada*, etc.), creemos, pertenecen al dominio de cumplimiento y confirmación en el ámbito de realización. Esta hipótesis se fundamenta en la observación de que en las construcciones españolas en cuestión el predicado resultativo incide en el estado resultante definido por el resto de la oración.

Creemos que el análisis de (33) nos permite diferenciar, en términos formales, las construcciones españolas con predicado resultativo de las construcciones resultativas de la lengua inglesa. Con estas últimas, que hemos clasificado en el dominio de cambio de estado, es el verbo el que aporta la información secundaria; en el caso de las primeras, pertenecientes al dominio de cumplimiento y confirmación en el ámbito de realización, es la construcción [SUB, V, OBJ] la encargada de expresar dicha información.

5 Conclusiones

Este trabajo ha puesto de manifiesto la viabilidad de dos ideas que considera-mos clave para el mejor desarrollo y aprovechamiento de la investigación tipo-lógica surgida a partir de los trabajos seminales de Talmy (1985; 1991): i) la ampliación de la tipología inicialmente limitada al campo semántico de movi-miento al dominio general de macroeventos; ii) el reconocimiento e incorpora-ción de construcciones esquemáticas como unidad de análisis para avanzar en dicha investigación.

Al adoptar la perspectiva construccionista, hemos logrado articular en tér-minos formales la diferencia fundamental entre las construcciones resultativas de la lengua inglesa y las construcciones con predicado resultativo de la lengua española. La distinción establecida concuerda con la función semántico-aspec-tual del predicado resultativo de esta última lengua: en español el predicado resultativo se limita a aportar información sobre el estado resultante ya exis-tente en el significado del resto de la oración. Teniendo en cuenta esta caracte-rística, hemos sugerido la posibilidad de que las construcciones españolas en cuestión pertenezcan al dominio de cumplimiento y confirmación en el ámbito de realización, en lugar de al de cambio de estado.

Dado que el predicado resultativo de la lengua española solo aparece en SSVV que denotan un cambio de estado también resultativo, podemos conside-rar que en dicha lengua la presencia del predicado resultativo provoca el paso del dominio de cambio de estado al de cumplimiento y confirmación. Como es obvio, una afirmación como la anterior solo tendría sentido en una tipología de macroeventos que se extienda más allá del dominio conceptual de movimiento.

Lista alfabética de abreviaturas

ADV	adverbio o expresión adverbial
CIP	construcción correspondiente a la información principal (*main information construction*, en la terminología original inglesa de Pedersen 2016)
CIS	construcción correspondiente a la información secundaria (*supportive information construction*, en la terminología de Pedersen 2016)
IP	información principal (*main información*, en la terminología de Pedersen 2016)
IS	información secundaria (*supportive information*, en la terminología de Pedersen 2016)
OBJ	objeto
OBL	complemento oblicuo
PRED	predicado
SUJ	sujeto
V	verbo

Bibliografía

Ameka, Felix K./Essegbey, James, *Serialising languages: satellite-framed, verb-framed or neither*, Ghana Journal of Linguistics 2, 1 (2013), 19–38.
Bosque, Ignacio, *Las categorías gramaticales*, Madrid, Síntesis, 1990.
Choi, Soonja/Bowerman, Melissa, *Learning to express motion events in English and Korean: the influence of language-specific lexicalization patterns*, Cognition 41 (1991), 83–121.
Cuartero Otal, Juan, *Cómo se dice salir en alemán y otras serias dificultades para la lexicografía contrastiva*, in: Castell, Andreu (ed.), *Sintaxis y diccionarios: la complementación en alemán y en español*, Berlin, Lang, 2016, 161–197.
Demonte, Violeta, *Temporal and aspectual constraints on predicative AP's*, in: Campos, Héctor/Martínez-Gil, Fernando (edd.), *Current studies in Spanish linguistics*. Washington D.C., Georgetown University Press, 1991, 1–34.
Demonte, Violeta/Masullo, Pascual José, *La predicación: los complementos predicativos*, in: Bosque, Ignacio/Demonte, Violeta (dirs.), *Gramática descriptiva de la lengua española*, vol. 2, Madrid, Espasa Calpe, 1999, 2461–2523.
Goldberg, Adele, *Constructions: a construction grammar approach to argument structure*, Chicago, The University of Chicago Press, 1995.
Goldberg, Adele/Jackendoff, Ray, *The English resultative as a family of constructions*, Language 80, 3 (2004), 532–568.
Ibarretxe-Antuñano, Iraide, *Dicotomías frente a continuos en la lexicalización de los eventos de movimiento*, Revista Española de Lingüística 34:2 (2004), 481–510.
Ibarretxe-Antuñano, Iraide, *Path salience in motion events*, in: Guo, Jiansheng, et al. (edd.), *Crosslinguistic approaches to the psychology of language: research in the tradition of Dan Isaac Slobin*, New York, Psychology Press, 2009, 403–414.
Jackendoff, Ray, *Semantic structures*, Cambridge, MA, The MIT Press, 1990.
Koenig, Jean-Pierre, *Lexical relations*, Stanford, CA, CSLI Publications, 1999.
Morimoto, Yuko, *Los verbos de movimiento*, Madrid, Visor, 2001.
Noonan, Michael, *Motion events in Chantyal*, in: Shay, Erin/Seibert, Uwe (edd.), *Motion, direction, and location in languages. In honor of Zygmunt Frajzyngier*, Amsterdam/Philadelphia, Benjamins, 2003, 211–234.
Ohara, Kyoko H., *Manner of motion in Japanese: not every verb-framed language is poor in manner*, Comunicación presentada en el *8th ICLC*, Universidad de La Rioja, 22 de julio de 2003.
Pedersen, Johan, *The construction of macro-events*, in: Butler, Cristopher S./Martín Arista, Javier (edd.), *Deconstructing constructions*, Amsterdam, Benjamins, 2009, 25–62.
Pedersen, Johan, *Spanish constructions of directed motion -a quantitative study: typological variation and framing strategy*, in: Yoon, Jiyoung/Gries, Stefan Th. (edd.), *Corpus-based approaches to construction grammar*, Amsterdam, Benjamins, 2016, 95–144.
Slobin, Dan I., *Two ways to travel: verbs of motion in English and Spanish*, in: Shibatani, Masayoshi/Thompson, Sandra A. (edd.), *Grammatical constructions: their form and meaning*, Oxford, Clarendon Press, 1996.
Slobin, Dan I., *The many ways to search for a frog: linguistic typology and the expression of motion events*, in: Strömqvist, Sven/Verhoeven, Ludo (edd.), *Relating events in narrative: typological and contextual perspectives*, Mahwah, NJ, Lawrence Erlbaum Associates, 2003, 219–257.

Talmy, Leonard, *Lexicalization patterns: semantic structure in lexical forms*, in: Shopen, Timothy (ed.), *Language typology and semantic description*, vol. 3: *Grammatical categories and the lexicon*, Cambridge, Cambridge University Press, 1985, 136–149.

Talmy, Leonard, *Path to realization: a typology of event conflation*, in: *Proceedings of the seventeenth annual Berkeley linguistics society*, 1991, 480–519.

Talmy, Leonard, *Toward a cognitive semantics*, Cambridge, Massachusetts, MIT Press, 2000.

Zagona, Karen, *Spanish adjectival secondary predicates, time adverbs and subevent structure*, Cuaderno de Lingüística 1 (1993), 317–354.

Zlatev, Jordan/Yangklang, Peerapat, *A third way to travel: the place of Thai (and other serial verb languages) in motion event typology*, in: Stromqvist, Sven/Verhoeven, Ludo (edd.), *Relating events in narrative: typological and contextual perspectives*, Mahwah, NJ, Lawrence Erlbaum, 2004, 159–190.